新时代理论研究文丛

中国式现代化之路丛书

洪银兴 ◎ 主编

中国式现代化论纲

洪银兴 著

江苏人民出版社

图书在版编目(CIP)数据

中国式现代化论纲 / 洪银兴著. -- 南京：江苏人民出版社，2025.2. -- (中国式现代化之路丛书 / 洪银兴主编). -- ISBN 978-7-214-29447-0

Ⅰ.D61

中国国家版本馆 CIP 数据核字第 2024BN0501 号

中国式现代化之路丛书
洪银兴　主编

书　　　名	中国式现代化论纲
著　　　者	洪银兴
责 任 编 辑	陈　颖　强　薇　汪思琪
装 帧 设 计	赵春明
责 任 监 制	王　娟
出 版 发 行	江苏人民出版社
地　　　址	南京市湖南路 1 号 A 楼，邮编：210009
照　　　排	江苏凤凰制版有限公司
印　　　刷	江苏凤凰通达印刷有限公司
开　　　本	718 毫米×1000 毫米　1/16
印　　　张	19　插页 2
字　　　数	293 千字
版　　　次	2025 年 2 月第 1 版
印　　　次	2025 年 2 月第 1 次印刷
标 准 书 号	ISBN 978-7-214-29447-0
定　　　价	78.00 元

(江苏人民出版社图书凡印装错误可向承印厂调换)

"中国式现代化之路丛书"总序

现代化作为中国人的百年梦想,反映人民对美好生活的向往。新中国成立以来,中华民族的现代化追求形成了从探索"中国的现代化"到践行"中国式现代化"的历史转变。在党的八大上,毛泽东提出"要把一个落后的农业的中国改变成为一个先进的工业化的中国"①。1979年3月,邓小平最早提出中国式的现代化概念。他指出:"中国式的现代化,必须从中国的特点出发。"②他从中国底子薄、人口多、耕地少的特点出发,擘画了从温饱到小康再到基本实现现代化的"三步走"发展战略。在新中国成立以来特别是改革开放以来的长期探索和实践基础上,经过党的十八大以来在理论和实践上的创新突破,习近平新时代中国特色社会主义思想成功推进和拓展了中国式现代化。在全面建成小康社会基础上,开启了中国式现代化的新征程。

正如党的二十届三中全会指出的:"当前和今后一个时期是以中国式现代化全面推进强国建设、民族复兴伟业的关键时期。"③实现这个目标需要坚持问题导向,以中国式现代化为中心,推进理论和实践创新。

一个国家走向现代化,既要遵循现代化一般规律,更要符合本国实际、具有本国特色。中国式现代化道路不仅是马克思主义经济学说同中国具体实际相结合的道路,也是现代化的一般理论与中国国情相结合的道路。习近平总书记依据中国国情,明确指出:"我们推进的现代化,是中国共产党领导的社会主义现代化,必须坚持以中国式现代化推进中华民族伟大复兴,既不走封闭僵化的老路,也不走改旗易帜的邪路,坚持把国家和民族发展放在自己力量的基点上、把中国

---

① 《毛泽东文集》第七卷,人民出版社1999年版,第117页。
② 《邓小平文选》第二卷,人民出版社1994年版,第164页。
③ 《中共二十届三中全会在京举行》,《人民日报》2024年7月19日。

发展进步的命运牢牢掌握在自己手中。"①根据他的概括，中国式现代化有五个特点：人口规模巨大的现代化，全体人民共同富裕的现代化，物质文明和精神文明相协调的现代化，人与自然和谐共生的现代化，走和平发展道路的现代化。这是中国式现代化的五大特征。

党的十八大以来，我们党在已有基础上不断实现理论和实践上的创新突破，成功推进和拓展了中国式现代化，进一步深化对中国式现代化的内涵和本质的认识，概括形成中国式现代化的中国特色、本质要求和重大原则，初步构建中国式现代化的理论体系。习近平总书记指出，"推进中国式现代化是一个系统工程，需要统筹兼顾、系统谋划、整体推进，正确处理好一系列重大关系"，"推进中国式现代化是一个探索性事业，还有许多未知领域，需要我们在实践中去大胆探索，通过改革创新来推动事业发展"。②习近平总书记的这些重要讲话精神，就成为我们编著"中国式现代化之路丛书"的指导思想。一方面，我们要全面系统地研究和阐述已经初步构建的中国式现代化的理论体系；另一方面，也要从经济学的视角系统研究探索中国式现代化各个方面的理论和实践问题，涉及中国式现代化的目标、进程和道路，以及推动中国式现代化的动力和制度保证。这些都需要我们对中国发展的实践进行探索，并在过程中充分体现守正与创新。基于这些考虑，本丛书从选题到内容要充分反映中国式现代化的特色。

第一，中国式现代化是以人民为中心的现代化。习近平总书记强调中国式现代化既要创造比资本主义更高的效率，又要更有效地维护社会公平。中国式现代化是人口规模巨大的现代化，是全体人民共同富裕的现代化，是物质文明和精神文明相协调的现代化，是人与自然和谐共生的现代化，是走和平发展道路的现代化。其物质基础是人均国内生产总值达到中等发达国家水平。在物质资源和环境资源供给趋紧的背景下，中国式现代化需要在高质量发展中推进。相应

---

① 习近平：《高举中国特色社会主义伟大旗帜　奋力谱写全面建设社会主义现代化国家崭新篇章》，《人民日报》2022年7月28日。
② 习近平：《推进中国式现代化需要处理好若干重大关系》，《求是》2023年第19期。

的,本丛书系统研究和阐述的现代化道路就是贯彻新发展理念的更高质量、更有效率、更加公平、更可持续、更为安全的现代化之路。

第二,在发展中大国推进的中国式现代化是史无前例的。当代中国的伟大社会变革,不是简单延续我国历史文化的母版,不是简单套用马克思主义经典作家设想的模板,不是其他国家社会主义实践的再版,也不是国外现代化发展的翻版。对中国式现代化的探索和研究正如习近平总书记所要求的,需要树立世界眼光,胸怀"国之大者",把历史、现实、未来贯通起来,把中国和世界连接起来,增强战略思维能力,使我们制定的战略符合实际、行之有效,为中国式现代化提供强大的战略支撑。因此,本丛书对现代化的选题和研究需要有宽广的视野,向纵深逐渐展开,既要有现实的逻辑,也要有历史的分析;既要有中国的立场,也要有国际的比较;既要有理论的高度,也要有实践的深度。

第三,本丛书更多的是从经济学视角研究中国式现代化。经济学家对经济现代化的研究可以分为两种范式。一种范式是以发达国家为对象,研究发达国家所经历的从传统到现代的历史过程。代表性理论有库兹涅茨的现代经济增长理论和罗斯托的经济成长阶段论。另一种范式是以发展中国家为对象,研究其追赶发达国家的发展进程。代表性的理论有刘易斯、舒尔茨的二元结构理论。从这些现代化理论研究中能够发现一些可资借鉴的关于现代化一般规律的经济学理论及推进现代化的发展战略。但是,研究中国式现代化必须从中国的国情出发,尤其重视习近平经济思想对推进中国式现代化的指导作用。

第四,中国式现代化兼具理论意义与实践进程两个层面的原创性。中国式现代化的研究必须坚持问题导向,同中国式现代化的具体实际相结合。因此本丛书的选题和内容以回答中国之问、世界之问、人民之问、时代之问为出发点,在理论联系实际的研究中作出符合中国实际和时代要求的正确回答,形成与时俱进的理论成果,目的是更好指导中国式现代化的实践。

本丛书为南京大学全国中国特色社会主义政治经济学研究中心和长三角经济社会发展研究中心研究成果,得到中共江苏省委宣传部的大力支持,列入江苏省习近平新时代中国特色社会主义思想研究中心的"新时代理论研究文丛"。本丛书不仅是关于中国式现代化的学术著作，也可作为干部群众、青年学生进行理论学习的重要读物。我们期望广大读者喜欢这套丛书，也期望学术界和相关政府部门关注这套丛书。

洪银兴

2024 年 12 月

目　录

导　论 　　　001

第一章　世界现代化的理论和历程　　　019
　　第一节　世界现代化进程　　　021
　　第二节　现代化的一般理论　　　026
　　第三节　社会主义现代化理论的建构　　　032

第二章　中国式现代化思想的演进　　　037
　　第一节　中国式现代化的不懈探索　　　039
　　第二节　中国式现代化的主要特征　　　045
　　第三节　中国式现代化开创人类文明新形态　　　051

第三章　以人民为中心的现代化　　　055
　　第一节　人的现代化是现代化的重要目标　　　057
　　第二节　富裕全体人民　　　061
　　第三节　人的素质现代化　　　065
　　第四节　人的全面发展　　　069

第四章　建设现代化产业体系和制造业现代化　　077
　　第一节　产业结构的现代化转型　　079
　　第二节　制造业现代化之路　　087
　　第三节　产业创新和产业链现代化　　091

第五章　数字经济和产业基础高级化　　099
　　第一节　信息化的现代发展　　101
　　第二节　互联网、大数据、人工智能与实体经济深度融合　　105
　　第三节　产业基础高级化　　111

第六章　新型城镇化和城乡一体现代化　　119
　　第一节　城镇化道路的中国创造　　121
　　第二节　在城镇城市化中实现农民市民化　　128
　　第三节　城市现代化和城乡发展一体化　　134

第七章　农业现代化和乡村振兴　　143
　　第一节　农业现代化目标　　145
　　第二节　农业现代化的路径　　153
　　第三节　乡村振兴　　158

第八章　生态现代化和人与自然的和谐共生　　163
　　第一节　生态文明时代的现代化　　165
　　第二节　生态文明时代的生态现代化　　170
　　第三节　绿色发展的现代化道路　　175

第九章　中国式现代化道路的拓展　　183
　　第一节　分阶段推进现代化　　185

第二节　工业化、信息化、城镇化、农业现代化同步推进　　188
　　第三节　供给侧结构性改革和现代化经济体系　　192
　　第四节　新发展理念指引中国式现代化之路　　196

第十章　科技创新引领现代化　　205

　　第一节　创新在现代化建设全局中的核心地位　　207
　　第二节　科技和产业革命及现代化的机遇　　212
　　第三节　国家创新体系和创新链　　219

第十一章　现代化的区域协调　　227

　　第一节　区域发展差距　　229
　　第二节　区域现代化的基本逻辑　　232
　　第三节　促进后发展地区的现代化　　238

第十二章　新发展格局中推进现代化　　249

　　第一节　以国内大循环为主体、国内国际双循环相互促进　　251
　　第二节　依托超大规模的国内市场　　255
　　第三节　新发展格局中的开放发展　　264

第十三章　国家治理体系和治理能力现代化　　269

　　第一节　推动现代化的制度创新　　271
　　第二节　社会主义基本经济制度的完善　　274
　　第三节　有效市场和有为政府的合力　　279

参考文献　　290

后　　记　　293

导　论

基于中国仍是发展中大国的基本国情和对实现现代化的向往,2022年10月,党的二十大报告明确指出:"从现在起,中国共产党的中心任务就是团结带领全国各族人民全面建成社会主义现代化强国、实现第二个百年奋斗目标,以中国式现代化全面推进中华民族伟大复兴。"推进中国式现代化是一个探索性事业,还有许多未知领域,需要我们在实践中去大胆探索。本书从经济学维度研究中国式现代化。

一、现代化的一般性和中国式

"现代化"可以说是当今世界的热词,在历史学、社会学、科技史和经济学等学科中广泛运用,但各自的表述不尽一致。从历史学的角度定义现代化指的是发达国家所经历的从传统到现代的历史过程。具体地说,是指人类社会从传统的农业社会向现代工业社会转变的历史过程。从社会学的角度定义现代化指的是在科技革命推动下社会已经和正在发生的转变过程,不仅涉及经济,还涉及政治、社会、文化、心理等方面的变化。

经济学对现代化的研究更为关注其进程和发展战略。美国经济学家罗斯托的经济成长阶段论直接使用了"经济现代化"的概念,他认为:一个国家从贫穷走上富有,从传统走上现代,要经过传统社会、为起飞创造条件、起飞、向成熟推进、高额群众消费、追求生活质量六个阶段。其中起飞阶段是传统社会与现代社会的分水岭。也就是说,过了起飞阶段就进入了现代化阶段。

经济学家对经济现代化的研究可以分为两种研究范式。一种范式是以发达国家为对象,研究其所走过的现代化历程。最为典型的是1971年诺贝尔经济学奖获得者西蒙·库兹涅茨的现代经济增长理论。他在考察了欧美发达国家近百年经济发展进程的基础上提出,自19世纪后半叶开始,发达国家经济增长的主要源泉一直是科学技术进步,标志着这个经济时代的重大创新是科学被广泛运用于经济生产领域。他把这个时代称为"现代经济增长阶段",经济发展成为现代化的中心问题。现代化程度的衡量涉及人口和人均产值的持续稳定增长,工业化和城市化等巨大的结构性变化。另一种范式是以发展中国家为对象,研究其追赶发达国家的发展进程,以1979年诺贝尔经济学奖获得者刘易斯和舒尔茨为代表。他们的基本思想是从存在的二元结构出发,以发达国家的现代化为蓝本,推动工业化和改造传统农业。不能忽视的是中国发展经济学家张培刚教授的贡献。他在其作于哈佛大学的博士学位论文《农村的工业化》中指出:所谓现代化,首先的也是最本质的,必须包括工业化的基本内容;但除此而外,它还要包括其他如政治思想、生活观念、文化修养等方面的许多新的内容,其中不少部分又是由工业化这一大变革过程所必然引起而发生的。

已有的现代化理论基本上属于过去时,而社会主义发展中国家的现代化理论则属于现在时和将来时,需要依据国情和所处的发展阶段进行创造和建构。中国特色社会主义进入新时代后推进的现代化,既要体现社会主义的要求,也要反映中国进入新时代后的经济特征,走中国特色社会主义现代化道路。

现代化作为中国人的百年梦想,实际上反映的是人民对美好生活的向往。就如习近平总书记所强调的,一个国家走向现代化,既要遵循现代化一般规律,更要符合本国实际,具有本国特色。[①] 中国的现代化作为世界现代化进程中的重要组成部分,折射出现代化的诸多共性,反映了现代化过程中的一般规律。我国作为处于社会主义初级阶段的发展中大国,尊重现代化的一般规律,重视从其他国家现代化的成败得失中总结经验,关注世人普遍认可的现代化一般标准。之所以提出"中国式现代化"命题,是因为世界上不存在定于一尊的现代化模式,不存在放之四海而皆准的现代化标准。每个国家都有自己的国情和文化,各自的现代化道路都有各自的特色,打上了不同社会制度的烙印。已有的实现了现代化的国家都是资本主义国家。中国是在社会主义国家推进现代化,是在发展中的大国推进现代化。中国的发展阶段、政治制度、经济体制和文化背景迥异于

---

① 习近平:《中国式现代化是强国建设、民族复兴的康庄大道》,《求是》2023年第16期。

西方国家,中国的现代化不可能是西方现代化的"翻版"。从中国的国情出发,走出一条有别于西方的现代化道路,既要发挥自己的后发优势,在引进国外现代化技术的同时,避开先行现代化国家所走过的弯路;更要发挥自己的制度优势——中国的社会主义基本经济制度和举国体制对高质量推进现代化具有制度优势。

邓小平最早提出中国式的现代化概念。他指出:"中国式的现代化,必须从中国的特点出发。"[①]他从中国底子薄、人口多、耕地少的特点出发,擘画了从解决人民的温饱问题到人民生活达到小康水平,再到基本实现现代化的"三步走"发展战略。在改革开放以来的长期探索和实践基础上,经过党的十八大以来在理论和实践上的创新突破,习近平经济思想成功推进和拓展了中国式现代化。

何为中国式现代化?习近平总书记依据中国国情,明确指出:"我们推进的现代化,是中国共产党领导的社会主义现代化,必须坚持以中国式现代化推进中华民族伟大复兴,既不走封闭僵化的老路,也不走改旗易帜的邪路,坚持把国家和民族发展放在自己力量的基点上、把中国发展进步的命运牢牢掌握在自己手中。"[②]根据他的概括,中国式现代化有以下五个特点:

第一,人口规模巨大的现代化。中国人口已达14亿,占世界人口总量的近五分之一,其规模超过现有发达国家人口的总和。14亿多人口的国家整体实现现代化,将彻底改写现代化的世界版图。当然,在人口规模如此巨大的国家推进现代化对GDP总量的增长提出了更高的要求。

第二,全体人民共同富裕的现代化。这涉及两方面内容:一是富裕,所要满足的人民群众日益增长的美好生活需要,不仅仅有经济方面的,还有文化、精神、健康、生态等多方面的。二是共同,不是富裕一部分人,而是富裕全体人民。以人民为中心的现代化要以人民群众的切身感受为前提。生活水平、环境质量、公共服务、法治环境的纵向和横向比较直接影响人民对现代化的评价和认可。

第三,物质文明和精神文明相协调的现代化。现代化不能只见物不见人,必须促进人的现代化。与过于追求物质文明层面的西方式现代化不同,中国式现

[①]《邓小平文选》第二卷,人民出版社1994年版,第164页。
[②] 习近平:《高举中国特色社会主义伟大旗帜 奋力谱写全面建设社会主义现代化国家崭新篇章》,《人民日报》2022年7月28日。

代化不仅注重物质文明,还强调精神文明。促进人的现代化,既离不开物质生活的改善,也离不开精神生活的丰富和思想道德、科学文化素质的提高。物质文明与精神文明本身相互促进、相辅相成。物质文明会对精神文明提出更高的要求,精神文明的发展也会成为物质文明建设的动力。中国不仅要成为经济强国,也要成为文化教育强国。

第四,人与自然和谐共生的现代化。尊重自然、顺应自然、保护自然,是全面建设社会主义现代化国家的内在要求。其意义不仅在于维护当代人的健康和安全,提供更多优质生态产品以满足人民日益增长的优美生态环境需要,还在于推进可持续发展,实现生态、资源的代际公平。因此,中国式现代化坚决抛弃轻视自然、破坏自然的现代化模式,坚定不移走生态优先、绿色发展之路。

第五,走和平发展道路的现代化,也就是在构建人类命运共同体中推进现代化。中国式现代化不走当年资本主义发达国家掠夺他国资源的现代化道路,而是走和平发展的现代化道路,秉持人类命运共同体理念,坚持开放发展,深化互利共赢。

总的来说,中国式现代化坚持和发展了中国特色社会主义,推动了物质文明、政治文明、精神文明、社会文明、生态文明协调发展,这是中国式现代化新道路,创造了人类文明新形态。新时代新征程,我们必须坚持和加强党的全面领导,坚持中国特色社会主义道路,坚持以人民为中心的发展思想,坚持深化改革开放,坚持发扬斗争精神,以全面建设社会主义现代化国家。

二、中国式现代化的目标

中国式现代化既承认现代化的一般规律和国际标准,也是中国共产党领导的社会主义现代化。"中国式现代化的本质要求是:坚持中国共产党领导,坚持中国特色社会主义,实现高质量发展,发展全过程人民民主,丰富人民精神世界,实现全体人民共同富裕,促进人与自然和谐共生,推动构建人类命运共同体,创造人类文明新形态。"[①]具体地说,现代化一般标准和中国式要求体现在以下现

---

① 习近平:《高举中国特色社会主义伟大旗帜 为全面建设社会主义现代化国家而团结奋斗》,《人民日报》2022年10月26日。

代化目标中:

(一) 高质量发展

库兹涅茨描述的现代化的重要指标是人口和人均产值同时快速增长。早在邓小平擘画中国式现代化蓝图时,基本实现现代化的具体目标就定在达到中等发达国家水平上了。党的二十大报告进一步明确将人均国内生产总值达到中等发达国家水平作为2035年基本实现现代化的目标之一。2022年中国的人均GDP达到1.2741万美元,此时中等发达国家的人均GDP已经达到3万美元(如韩国2020年人均GDP为3.14万美元)。并且中等发达国家水平是动态的,到2035年时其人均GDP会更高。因此,按14亿多人口规模计算的人均GDP如果要达到中等发达国家水平就必须要有更高的GDP总量。中国在开启现代化新征程时,经过多年的高速增长,已有的潜在的增长要素已经得到充分释放;如果没有新的要素被动员,潜在经济增长率就有下降的趋势。尤其是随着自然资源供给及生态环境约束趋紧,中国要如期达到中等发达国家人均GDP水平,就必须由高速增长转向高质量发展。要立足新发展阶段,贯彻新发展理念,构建新发展格局,迈上更高质量、更有效率、更加公平、更可持续、更为安全的现代化之路。

(二) 高品质生活

高品质生活是人民看得见摸得着的现代化。正如党的二十大报告所描述的:幼有所育、学有所教、劳有所得、病有所医、老有所养、住有所居、弱有所扶,建成世界上规模最大的教育体系、社会保障体系、医疗卫生体系,人民群众获得感、幸福感、安全感更加充实、更有保障、更可持续。为此,生活品质现代化有以下表现:

首先,人民收入水平显著提高,这是高品质生活的基础。其表现为库兹涅茨所说的,受制于分配的各种收入的提高几乎与国民总产值的提高并驾齐驱,收入差距趋向缩小,即倒U形曲线。中等收入群体比重明显提高是人民收入水平显著提高的重要标志。中国现在的中等收入人口已达4亿,预计到2035年将增加到8亿。

其次,消费水平升级。高额群众消费是进入现代化阶段的重要标志。中国式现代化推动的消费升级就以高额群众消费为目标,表现为由低收入人群的消费层次转向中等收入人群的消费层次,由满足中低端消费转向满足中高端消费。具体地说,是更为关注消费的品质、档次、品牌、卫生、健康和安全。消费升级与产业升级的方向是一致的。产业升级的产品和服务基本上是满足升级后的消费需求。消费升级对产业升级有明显的拉动作用。

最后,提高生活质量。追求生活质量也是进入现代化阶段的标志,涉及自然(居民生活环境的美化和净化)和社会(教育、卫生保健、交通、生活服务、社会风尚、社会秩序)两个方面。与医疗、教育、文化娱乐、旅游有关的服务部门加速发展,成为主导部门。中国式现代化提高人民生活质量的具体表现是人居环境的绿色化和美化。人与自然和谐共生,现代化在保护和改善生态环境的同时也能使人民获得生态财富回报。党的二十大报告提出,未来五年是全面建设社会主义现代化国家开局起步的关键时期,主要目标任务之一是城乡人居环境明显改善,美丽中国建设成效显著。为此,需要实施城市更新行动,加强城市基础设施建设,打造宜居、韧性、智慧城市;同时要使农村基本具备现代生活条件。

(三) 全体人民共同富裕

一个国家人民的富裕程度和福利水平与生产力的发展水平相关。社会主义现代化的重要标志是全体人民共同富裕。

首先是富裕。富裕程度与生产力发展水平密切相关。虽然目前中国人民享受的社会福利水平同某些发达国家(如北欧国家)有差距,但中国式现代化以人民为中心,在建成富强民主文明和谐美丽的社会主义现代化强国后,人民享受的福利水平和富裕程度一定会更高。

其次是共同。共同富裕不可能完全消除富裕程度的差距,不可能回到过去的平均主义分配制度,需要在共享发展中推动共同富裕。中国式现代化与西方式现代化的最大区别就在于中国的现代化与共同富裕同时推进,而不是在实现现代化后再去推进共同富裕。无论是最终目标还是在进程中,都不能够出现"富者累巨万,而贫者食糟糠"的现象。

共同富裕需要政府主导。其内容包括健全基本公共服务体系,提高公共服务水平,推进基本公共服务的平等化,增强均衡性和可及性。增大用于科学、文化教育、卫生保健、环境保护等方面的消费比重。以政府财政为主导健全社会保障体系,扩大社会保障覆盖面,建设各类养老服务机构和设施。在财政能力有限的条件下扩大公共消费,需要政府改革和转型,逐步由经济建设型政府转向公共服务型政府。

(四) 促进人的现代化

与西方式现代化单纯追求物质层面的现代化不同,中国式现代化是物质文明与精神文明相协调,不断促进人的全面发展的现代化。党的二十大报告指出:"物质富足、精神富有是社会主义现代化的根本要求。物质贫困不是社会主义,精神贫乏也不是社会主义。"中国式现代化就是要"促进物的全面丰富和人的全面发展"。

第一,发展社会主义先进文化。经济现代化有个追赶发达国家的问题;文化现代化就不完全是追赶发达国家,更不是文化的西化。发展社会主义先进文化的根本任务是用社会主义核心价值观铸魂育人,建设具有强大凝聚力和引领力的社会主义意识形态,巩固和壮大奋进新时代的主流思想舆论。经济和文化在相互促进中实现共同繁荣。

第二,推进健康中国建设,把保障人民健康放在优先发展的战略位置。不仅要提高医疗水平,还要提高公共卫生和防疫水平,增强城乡居民抗疾病风险的能力。健康中国建设需要加大力度推进生物技术和医疗技术的科技进步,使其成为经济和社会发展的新动能。

第三,实施人才强国战略,提高全民族的教育水平,实现知识和技能的现代化。这是应对科技进步的必要过程。马克思基于"现代工业的技术基础是革命的"判断,指出:"大工业的本性决定了劳动的变换、职能的更动和工人的全面流动性。"[1]由此,对工人提出的生死攸关的问题是,"用那种把不同社会职能当作互相交替的活动方式的全面发展的个人,来代替只是承担一种社会局部职能的

---

[1] [德] 马克思:《资本论》第 1 卷,人民出版社 2004 年版,第 560 页。

局部个人"①。面对日新月异的技术进步,教育要同技术赛跑,使劳动者提升学习能力,不断更新自己的知识结构,增强就业能力,尤其是要克服"数字鸿沟"以提高就业能力。

第四,以文化人。诺贝尔经济学奖得主诺思针对亚当·斯密的"看不见的手"理论指出:将什么都解释为人们按自我利益行事的理论,不能解释问题的另一面,即社会利益的实现并不都是在大家追求自身利益中实现的。在中国式现代化进程中以文化人需要解决两个问题:一是企业家文化建设。企业家文化是企业家道德观、价值观的体现。企业唯利是图是一种文化,企业承担社会责任也是一种文化,尤其需要弘扬承担社会责任的企业家文化。二是公民道德建设。从社会资本角度来说需要建设整个社会的道德规范。在一个相互信任的社会中,加强合同监督管理、规范和维持市场秩序,从而推进现代化的成本是最低的。党的二十大要求实施公民道德建设工程,在全社会弘扬劳动精神、奋斗精神、奉献精神、创造精神、勤俭节约精神。这种文化建设将同法治建设一起优化营商环境。

三、中国式现代化的进程

低收入国家现代化的一般进程就是摆脱贫困。对于以二元结构为特征的发展中国家来说,其现代化,如库兹涅茨所说的需要依靠非农业部门的份额持续上升,现代部门迅速增长并通过各种链条带动经济中其他方面的增长。因此,工业化、城市化和改造传统农业成为现代化的一般进程。

建构中国特色社会主义现代化理论毫无疑问需要借鉴已有的现代化理论,包括把发达国家达到的现代化水平作为参照系,把工业化、城市化、信息化作为现代化的必由之路。但是在发展方式上不可能是一样的。从中国国情出发,已经推进的中国式现代化进程有两个重要特征:

一是分阶段推进现代化。当年邓小平擘画的"三步走"发展战略的第一步就是解决人民的温饱问题,至 2000 年这个第一步目标已经实现,第二步目标人民

---

① [德]马克思:《资本论》第 1 卷,人民出版社 2004 年版,第 561 页。

生活达到小康水平也总体达成。此后开启的现代化新征程又分两步。第一步，2035年基本实现现代化；第二步，2050年建成富强民主文明和谐美丽的社会主义现代化强国。

二是将现代化概括为工业化、信息化、城镇化、农业现代化，并且创造了"四化同步"的经验。就如习近平总书记所指出的："我国现代化同西方发达国家有很大的不同。西方发达国家是一个'串联式'的发展过程，工业化、城镇化、农业现代化、信息化顺序发展，发展到目前水平用了二百多年时间。我们要后来居上，把'失去的二百年'找回来，决定了我国发展必然是一个'并联式'的过程，工业化、信息化、城镇化、农业现代化是叠加发展的。"①中国的创造突出在两个方面：一方面工业化与城镇化、农业现代化同步推进；另一方面，工业化同信息化融合发展，实现工业化的跨越式发展。基于这种创造，就如习近平总书记所肯定的："我们用几十年时间走完西方发达国家几百年走过的工业化历程，创造了经济快速发展和社会长期稳定的奇迹，为中华民族伟大复兴开辟了广阔前景。"②进入中国式现代化新阶段，中国式现代化的"四化"进程有了新内容。

（一）在工业化基础上建设现代化产业体系

2021年三次产业增加值占国内生产总值比重：第一产业7.3%，第二产业39.4%，第三产业53.3%。这表明全国范围内传统意义上的以降低农业比重为内容的工业化任务已基本完成。在此基础上进一步的任务是建设现代化产业体系，其内容主要涉及三个方面：

一是推进新型工业化：工业化是现代化的基础和原动力。建设现代化产业体系需要推动制造业高端化、智能化、绿色化发展。建设制造强国、质量强国、网络强国、数字中国。

二是构建优质高效的服务业新体系：推动现代服务业同先进制造业、现代农业深度融合。加快发展物联网，建设高效顺畅的流通体系，降低物流成本。

三是打好产业基础高级化、产业链现代化的攻坚战。每一次产业革命都创

---

① 《习近平关于社会主义经济建设论述摘编》，中央文献出版社2017年版，第159页。
② 《正确理解和大力推进中国式现代化》，《人民日报》2023年2月8日。

造了新的产业基础。当今,随着以数字化、智能化为代表的新产业革命的推进,产业基础高级化的具体内容是促进数字经济和实体经济深度融合。产业链现代化就是围绕产业链部署创新链,围绕创新链布局产业链,在新发展格局中补链强链,增强以我为主的产业链的国际竞争力,推动产业迈上全球价值链中高端。

习近平总书记在阐述新质生产力概念时指出:"要及时将科技创新成果应用到具体产业和产业链上,改造提升传统产业,培育壮大新兴产业,布局建设未来产业,完善现代化产业体系。"[①]新质生产力概念的提出实际上赋予了现代化产业体系新内涵。

(二)在信息化基础上发展数字经济

信息化就是当今的科技现代化。在现代,科技革命和产业革命是结合在一起的。以信息化为代表的产业革命至今没有结束,就如里夫金所描述的,20世纪90年代和21世纪的前10年,信息与通信技术革命和第二次工业革命完成了整合。互联网信息技术与可再生能源的出现让我们迎来了第三次工业革命。[②] 当前,世界范围的信息化进入数字经济阶段,数字经济正在成为国际经济和科技竞争的新赛道。数字经济指以信息和知识的数字化为关键生产要素,以现代信息网络为重要载体、以有效利用信息通信技术为提升效率和优化经济结构重要动力的广泛经济活动。[③]

在现实中人们的经济活动已离不开数字技术、互联网平台和大数据,越来越多的产品、服务、财富通过数字化供人们享用。数字网络技术和服务正在成为经济发展的主要推动力,也正在使各个产业的技术基础发生革命性变化。现在我国跨入现代化的关口就在于主动融入以数字经济为代表的新科技和产业革命。其路径主要在两个方面:

一是数字产业化。人们的经济活动都在产生数字。作为生产要素的数据是对海量数字通过科学的算力算法进行采集、处理、研究后形成的大数据。大数据

[①] 《加快发展新质生产力 扎实推进高质量发展》,《人民日报》2024年2月2日。
[②] [美]杰里米·里夫金:《第三次工业革命:新经济模式如何改变世界》,张体伟、孙豫宁译,中信出版社2012年版,第15、31页。
[③] 《二十国集团创新增长蓝图》,《人民日报》2016年9月6日。

成为比石油资源还重要的资源。大数据产业成为谁都离不开的基础性产业,为各个产业赋予现代动能。

二是产业数字化,即数字化赋能各个产业。互联网、大数据、人工智能与实体经济深度融合,表现为制造业、服务业和农业各个产业都实现数字化。物联网、大数据、云计算、人工智能、机器人、增材制造、新材料、增强现实、纳米技术和生物技术等很多新兴技术在各个产业广泛运用。现代工业和服务业以新一代信息技术(数字化)和智能化为支撑。数字化不完全摒弃传统产业,而是通过数字技术和互联网、物联网平台对传统产业进行渗透。移动互联网进入哪个产业领域,哪个产业领域就能得到根本改造并得到提升,传统产业部门一跃进入数字化社会。制造业数字化的特征就如某位著名企业家所描述的:核心业务全部在网上,管理流程全部靠软件,产品必须高度智能化。

数字经济还会渗透到政府和社会管理的各个领域,实现政府治理数字化和社会管理数字化。

(三)在城镇化基础上回归城市化

中国已有的城镇化基本上属于农民进城的城镇化,我国常住人口城镇化率至2023年达到66.16%。传统的农民进城意义上的城镇化基本到位。进入现代化新征程后,虽然在提高农业转移人口的城镇化率方面还有空间,但需要进一步根据以人为核心的城镇化要求,推进农业转移人口的市民化。市民化不仅要实现进入城镇的转移人口享受平等的市民权利,还要进一步实现留在农村的农民享受市民权利。现有的大中城市无力解决巨大数量的农业转移人口的市民化问题,可行的路径是农业转移人口进入当地城镇实现市民化。

中国曾经成功地创造了农民发展城镇实现农村人口就地转移的城镇化道路。开启现代化新征程需要更新两个概念:一是城镇不能代替城市,二是城镇化不能代替城市化。城市化并不限于农业劳动力转移和市民化问题。相比于农民进城的城镇化,城市的功能就是集聚经济,城市化也就意味着经济的集聚化。城市功能包括集聚各类市场,集聚人口,集聚经济发展要素,集聚每个时期的主导产业,充当一个地区的发展极。中国式现代化需要充分发挥城市化功能,主要涉及城镇城市化和城市现代化两个方面。

城镇城市化不是农业人口向城市转移意义上的城市化,而是倒过来,推动城市发展的势头和要素"化"到农村城镇,在城市和城镇深度融合发展的基础上实现城镇城市化。增强广大农村城镇的产业发展、公共服务、吸纳就业、人口集聚功能,使农村基本具备现代生活条件,引导优质基本公共服务资源进入城镇,引导社会资本在城镇建设现代商业设施。

在中国式现代化中,城市是现代化的中心和策源地,是城乡现代化的动力源。城市成为科技和文化创新中心,成为市场中心;是人流、物流、信息流和资金流的集聚地,也是区域现代要素的集散地。实践证明,区域中心城市的现代化水平越高,其外围包括农村的现代化水平也越高。城市现代化的基本路径是增加现代城市要素供给,实现产、城、文化、生态四位一体的融合发展。党的二十大提出了加快转变超大特大城市发展方式,构建大中小城市协调发展格局的要求。

(四)在农业农村现代化基础上建设农业强国

根据木桶原理,现代化进程是由短板决定的,相比工业化、信息化、城镇化,我国的农业现代化仍然是"四化同步"的短板。现代化新征程中的农业现代化需要从根本上克服农业的弱势状态,改变农村的落后面貌。党的二十大提出:坚持农业农村优先发展,加快建设农业强国。如何实现农业由弱变强?关键在于实现习近平总书记在党的二十大召开不久后的中央农村工作会议上指出的:促进农业高质高效、乡村宜居宜业、农民富裕富足。按此要求,推动农业农村现代化主要涉及以下四个方面:

一是改变农业发展范式,即由农产品"数量剩余"范式转向"品质加附加值"范式,发展优质、高效、高附加值农业,推动农产品的品种优化、品质提升,农产品由初级品向最终产品延伸,农业全产业链中的产品附加值提升,由此构建与居民消费快速升级相适应的高质高效的现代化农业产业体系。生物技术创新成为农业技术创新的重点:优化品种、提升品质和附加值、提供绿色技术。这种发展范式下的农业可能改变自身的弱势地位。

二是改变农业农村的发展路径。过去基本上是靠农业农村外部的发展带动农业农村发展,即以非农化发展农业,以城镇化发展农村,以市场化富裕农民。现代化新征程上则需要直面农业和农村。现代化需要发展现代农业,也就是构建现代农业产业体系、生产体系、经营体系。发展现代农业的关键是科技进步和解决好谁来种田的问题。为加强农业科技人才队伍建设,培养新型职业农民,要实施乡村振兴行动。

三是解决谁来经营现代农业的问题。在农业中青壮年劳动力大量流出的情况下,我国粮食到2023年已经是连续20年丰收,说明农业效率并不低。但是经营现代农业,发展"品质加附加值"范式农业,靠目前种田的老人妇女就力不从心了。现代农业需要从城市引入知识型职业农民,尤其是需要农业投资者,需要新型农业经营主体。想要吸引农业投资者、新型农业经营主体进入,不仅需要保证其收益,还需要使农村达到城市水准的现代生活条件。因此乡村振兴是吸引农业投资者和新型农业经营主体的必要条件,尤其是需要改善乡村的居住和卫生条件,建设和美乡村。

四、中国式现代化新道路

现有的发达国家基本上都是先后在三次产业革命中实现现代化的。每次现代化浪潮都是由产业革命或科技革命推动的。因此库兹涅茨把现代经济增长看作以划时代的创造发明为基础的一个过程。后发国家要实现现代化就需要对外开放,这也是库兹涅茨等经济学家所强调的:后发国家现代化可以利用世界范围内的技术和知识存量,通过引进技术等途径进入现代经济增长阶段。因此后发国家的现代化道路一般有两条:一是科技创新,二是对外开放。中国错过了之前的产业革命,因此在现代化上落伍了。现代化新征程不能再错过新科技和产业革命。尤其是进入生态文明时代后推进现代化,中国已经没有先行国家当时所拥有的资源、环境。走和平发展道路的中国式现代化也不可能像当年西方发达国家那样掠夺他国资源,只能走绿色发展之路。实现绿色发展归根到底还是要靠科技创新。因此中国式现代化只能走创新发展之路,把创新摆在国家发展全局的突出位置,以应对发达国家采取断供、"卡脖子"等途径阻碍后发国家科技进步的行为。2023年9月习近平总书记在黑龙江考察时提出,要以科技创新引领产业全面振兴。要整合科技创新资源，引领发展战略性新兴产业和未来产业，加快形成新质生产力。新质生产力概念的提出对中国式现代化的航向有重要的指导意义。

（一）构建新发展格局

新发展格局是以国内大循环为主体、国内国际双循环相互促进的发展格局。新发展格局下的经济发展需要依托规模处于世界前列的国内市场，抓住扩大内需这个战略基点，使生产、分配、流通、消费更多依托国内市场，提升供给体系对国内需求的适配性，形成需求牵引供给、供给创造需求的更高水平的动态平衡，同时要依托国内市场促进内外循环的相互促进。根据党的二十大报告，内循环的要求是增强国内大循环内生动力和可靠性；外循环的要求是提升国际循环质量和水平。

低收入阶段的经济增长主要是靠高投资拉动，也就是长期以来的以高积累（高储蓄）支持高投资。进入新发展阶段，培育消费力与发展生产力同等重要。相比投资需求，消费需求增长的潜力更大，消费对经济增长的贡献更大。消费对经济发展的基础性作用在于以需求牵引供给。中国式现代化所要扩大的消费需求，不仅是消费总量，更重要的是消费需求结构即消费结构的升级，中高端消费对经济的拉动作用更大。

扩大消费需求不只是消费环节的问题，还需要生产、分配和流通环节共同发力，建立扩大消费的长效机制，解决好能消费、愿消费和敢消费问题。具体地说，第一，在生产和分配环节解决能消费的收入支撑问题，不仅需要稳定的高就业率，还需要扩大中等收入者比重并使中等收入者达到大多数，这部分群体的消费需求最为旺盛。第二，在流通环节解决愿消费的市场环境问题，相关的决定性因素包括稳定的物价水平和规范的市场秩序。第三，以扩大的公共消费、完善的社会保障解决敢消费的预期问题，在国民收入分配中提高消费的比例，改变高积累低消费状况。第四，消费增长离不开服务业发展，借助"互联网＋"平台，网络消费和共享经济等新服务业态可以从广度和深度上扩大消费需求。适应新业态、新模式引领的消费新动能，信息消费、绿色消费、旅游休闲消费、教育文化体育消费、养老健康家政消费等都是扩大消费的强大推动力。

在新发展格局中,投资需求对优化供给结构起关键作用,不仅要解决供给对需求的适配性,还要以自主可控、高质量的供给创造引领新的需求。

(二) 高水平科技的自立自强

本来根据前述经济学家的观点,后发国家的现代化可以通过引进和模仿从发达国家获取技术,但是实践证明最前沿的技术是引不进来的。尤其是当中国的科技水平显著提升并接近现代化水平时,就会遇到发达国家采取断供、"卡脖子"等途径阻碍我国科技进步的情况。近代以来,西方国家之所以能称雄世界,一个重要原因就是掌握了高端科技。真正的核心技术是买不来的。只有拥有强大的科技创新能力,才能提高我国国际竞争力。这就提出了科技自立自强的要求:以原创性创新成果,突破发达国家的围堵和遏制,占领科技和产业的世界制高点。就要如党的二十大要求的,把高水平科技自立自强作为国家发展的战略支撑。科技创新需坚持"四个面向",即面向世界科技前沿、面向经济主战场、面向国家重大需求、面向人民生命健康。实现高水平科技自立自强的道路主要涉及以下方面:

第一,科技创新与发达国家并跑,就是与国际接轨。库兹涅茨说,不管创新资源的来源如何,"任何单个国家的经济增长都有其国外的基础",科技和产业的"时代划分是以许多国家所共有的创造发明为依据的。这是现代经济增长的一条特殊真理"。[①]在现代具有划时代意义的共有的创造发明是数字化、智能化、绿色化科技。这些新科技同样成为我国科技创新的主攻方向,只有处于并跑中的科技创新才能平等地进行新科技相关问题的国际交流和对话。我们要不断提升自己的科技创新能力,突破发达国家对我国断供和"卡脖子"难题。

第二,在重要科技领域领跑。所谓领跑就是与未来接轨,直接瞄准国际最新技术取得突破性进展,在重要科技领域成为全球领跑者,在前沿交叉领域成为开拓者,成为世界主要科学中心和创新高地。这种领跑者地位不是在实现现代化

---

① [美] 西蒙·库兹涅茨:《现代经济增长:速度、结构与扩展》,戴睿、易诚译,北京经济学院出版社1989年版,第250—251页。

以后形成,而是要在现代化进程中就不断开拓领跑领域,如发展数字经济。经济发展的每一个时期都会产生反映当时最新科技水平的新产业和新动能,被称为"新经济"。现在所讲的新经济就是数字经济。这是崭新的、基于数字技术的经济。习近平总书记指出:"综合判断,发展数字经济意义重大,是把握新一轮科技革命和产业变革新机遇的战略选择。"[①]在数字经济这个新赛道上与发达国家并跑领跑,进入国际前沿,必将加快我国的现代化进程。

第三,与自主可控的现代化产业体系结合,建立创新引领的现代化产业体系,围绕产业链部署创新链、围绕创新链布局产业链。不仅要依靠具有自主知识产权的创新成果突破产业链上的"卡脖子"技术,还要推动产业迈上全球价值链中高端。

实现高水平科技的自立自强需要一系列的基础性安排。首先是基础性制度安排,充分发挥科学家和企业家的创新主体作用,形成关键核心技术攻坚体制。根据科技是第一生产力,实施科教兴国战略。根据人才是第一资源,实施人才强国战略。根据创新是第一动力,实施创新驱动发展战略。其次是建设实现创新驱动发展的新基础设施,主要涉及基于新一代信息技术演化生成的基础设施,以及深度应用互联网、大数据、人工智能等技术支撑传统基础设施转型升级的融合基础设施,支撑科学研究、技术开发、产品研制的具有公益属性的基础设施,等等。

(三)高水平对外开放

新发展格局不排斥对外开放,但要升级对外开放。新发展格局是更高水平的对外开放。改革开放后,我国主要以资源禀赋的比较优势融入经济全球化。中国开启现代化新征程,对外开放也进入新时代,需要更高质量的开放发展。不仅需要在开放中获取国际资源和市场,更要获取高端技术。实现中国式现代化需要在更大范围、更宽领域、更深层次上提高开放型经济水平。

第一,从培育国内科技和产业优势的需要出发利用国际资源和国际市场,包括创新要素的引进、外商直接投资的升级、引资引技引智并举等,以推动开放式

[①] 习近平:《不断做强做优做大我国数字经济》,《求是》2022年第2期。

创新。我国参与国内国际双循环的环节要与创新链融合,提升产业链现代化水平。要更大力度吸引和利用外资。纵观全球,发达国家和新兴经济体都把吸引和利用外资作为重大国策,对招商引资的国际竞争更加激烈。

第二,依托我国超大规模市场优势,以国内大循环吸引全球资源要素,既要把优质存量外资留下来,还要把更多高质量外资吸引过来,提升贸易投资合作质量和水平。坚持引进来和走出去并重,以"进"促"出",推动形成陆海内外联动、东西双向互济的开放格局,实行高水平的贸易和投资自由化便利化政策。加快建设贸易强国,维护多元稳定的国际经济格局。

第三,参与经济全球化和国际竞争,由资源禀赋的比较优势转向竞争优势,依靠科技创新培育竞争优势。参与外循环的竞争优势,不是建立在原来的资源禀赋的比较优势基础上的,而是如党的二十大报告所说的,加快建设世界重要人才中心和创新高地,形成人才国际竞争的比较优势。按此要求形成具有全球竞争力的开放创新生态,需要着力引进创新资源(尤其是创新人才),进行开放式创新,创新处于国际前沿、引领产业创新的具有自主知识产权的核心技术和关键技术,重视研究型大学的基础性研究的开放。其着力点是发展创新导向的开放型经济,着力引进创新资源。过去通过引进外资来利用国际资源,现在开放式创新就要根据创新链环节需要着力引进掌握高端核心技术的科技和管理人才。

第四,由政策型开放转向规则、规制、管理、标准等制度型开放。利用制度型开放,升级外商直接投资。在有序放宽市场准入的同时,注重外资质量。引进的外资以创新为导向进行选择:进入的环节是高新技术研发环节,鼓励外资在中国本土创新研发新技术。新发展格局不排斥产业链的国际布局,尤其是以全球价值链进入"一带一路"国家和地区,形成面向全球的贸易、投融资、生产、服务的价值链,培育国际经济合作和竞争新优势。

第五,在开放中统筹发展与国家经济安全,防止中国的现代化被国际风险打断。这就是习近平总书记所警示的:"应对外部经济风险、维护国家经济安全的压力也是过去所不能比拟的。"[①]世界金融危机和通货膨胀的输入、国际市场及

---

① 《习近平总书记关于社会主义经济建设论述摘编》,中央文献出版社2017年版,第24页。

汇率风险、全球产业链中的脱钩断链等都可能危及国家经济安全,而经济安全是国家安全的基础。因此,越是开放,越要重视安全,统筹好发展和安全两件大事,增强自身竞争能力、开放监管能力、风险防控能力。这就要求建立多元平衡、安全高效的全面开放体系;创新和完善宏观调控,尤其要防止系统性金融风险,有效防范各类风险连锁联动。

社会主义制度和举国体制是中国式现代化的制度基础。在此基础上,推进中国式现代化需要一系列的制度改革。改革和创新是中国式现代化的两大动力。改革的目标就是习近平总书记所指出的:"既要创造比资本主义更高的效率,又要更有效地维护社会公平,更好实现效率与公平相兼顾、相促进、相统一。"[1]这就需要坚持和完善社会主义基本经济制度。基于完善基本经济制度的要求,当前推动中国式现代化特别需要推进三个方面的制度建设。一是依法规范和引导资本健康发展,形成国企敢干、民企敢闯、外企敢投的制度环境。二是完善产权保护、市场准入、公平竞争、社会信用等市场经济基础制度,建设法治化营商环境。三是构建初次分配、再分配、三次分配协调配套的基础性制度安排,促进共同富裕。

总的来说,中国式现代化道路不仅是马克思主义经济学说同中国具体实际相结合的道路,也是现代化的一般理论与中国国情相结合的道路。贯彻新发展理念的现代化是中国式现代化的新道路,拓展了发展中国家转向现代化的新路径。

---

[1] 《正确理解和大力推进中国式现代化》,《人民日报》2023年2月8日。

第一章
世界现代化的理论和历程

对现代化的学理性定义指的是从传统文明社会向现代社会的转变。经济学、历史学和社会学等不同学科依所处不同阶段对现代化有不同的定义。现代化涉及经济、政治、社会、文化多方面的过程，其中经济现代化是基础和核心。现代化是世界性现象，其发展方向有相似性，但是具体到某个国家，其发展道路、模式、进程和成效各不相同。

第一节
世界现代化进程

经典现代化指的是人类社会由传统农业社会向现代工业社会的转变,以及由此带来的巨大的社会变迁。现代化以工业化为推动力,促使传统的农业社会向工业社会转变,并引发整个经济领域及政治、思想、文化等方面发生深刻的变化。

一、世界现代化的三次浪潮

现代化是18世纪工业革命以来人类社会的一种深刻变化,是从传统社会向现代社会转型的过程。它既发生在先行国家,也存在于后发国家追赶世界先进水平的过程中。现代化进程最早发端于英国及西欧地区,随后扩展到世界其他地区。国际上对世界现代化进程有多种说法,我国国内最有代表性的是罗荣渠教授的世界现代化三次浪潮说——每次现代化浪潮都是由工业革命或科技革命推动的。[1]

18世纪,起源于英国的第一次工业革命,正式开启了世界现代化的进程。这次工业革命在英国发生后,在世界范围内不断扩散、发展,使资本主义工业生产力得到迅速提高,世界开始进入了工业化时代。马克思身处的时代正是第一次工业革命所导致的英国的现代化阶段。"资产阶级在它的不到一百年的阶级统治中所创造的生产力,比过去一切世代创造的全部生产力还要多,还要大。自然力的征服,机器的采用,化学在工业和农业中的应用,轮船的行驶,铁路的通行,电报的使用,整个整个大陆的开垦,河川的通航,仿佛用法术从地下呼唤出来的大量人口——过去哪一个世纪料想到在社会劳动里蕴藏有这样的生产力呢?"[2]马克思在《资本论》中还指出:"工业较发达的国家向工业较不发达的国家

---

[1] 罗荣渠:《现代化新论:世界与中国的现代化进程》,北京大学出版社1993年版,第4页。
[2] 《马克思恩格斯文集》第2卷,人民出版社2009年版,第36页。

所显示的，只是后者未来的景象。"①这就指出了当时工业不发达国家的现代化方向。

第二次现代化浪潮从19世纪六七十年代开始，西方各国先后开始了第二次工业革命。电力的广泛应用使人类跨进了电气时代，内燃机的发明及广泛应用为工业、农业、交通运输业及相关产业的发展创造了新的有利条件，化学工业及其应用技术也有了重大突破。这次现代化的物质技术基础是电与钢铁，由内燃机和电动机带动的"电工技术革命"的经济增长速度大大超过了蒸汽机带动的第一次工业革命。铁路建设成为这一时期新兴工业化的中心。生产单位规模扩大，技术和投资量增长，使银行和国家在推进现代化方面发挥前所未有的重大作用。工业化向整个欧洲扩散并取得胜利。年轻的美国搭上了这班现代化列车，一跃超过英国成为最发达的现代化国家。同时非西方世界走向现代化的序幕也已拉开。第二次工业革命最重要的影响是直接促进了生产力的突飞猛进的发展，欧美国家的产业结构开始由以轻工业为主导转变为以重工业为主导，基本实现了工业化。工业的高速发展还促进了资本和生产的进一步集中，使人类社会在经济、政治等方面发生了一系列广泛而深刻的适应性变化，资本主义向垄断阶段过渡。这一阶段的现代化进程中，资本主义遭遇了前所未有的发展危机，工业革命加剧了资本主义各国经济发展的不平衡性。老牌资本主义国家受到陈旧设备和旧式资本主义的拖累，经济发展速度落后于新兴国家，新兴国家经济出现跳跃式发展。这种发展的不平衡及其加剧，促使资本主义国家间矛盾日趋尖锐化。

第三次现代化浪潮发生在第二次世界大战结束以后的第三次工业革命。"这次现代化的新物质技术基础是石油能源、人工合成材料、微电子技术。高科技、新能源、新原材料与人工智能相结合，使科学直接转化为生产力，而巨型跨国公司的出现则引起现代发展的结构性的重大变化。"②据"第三次工业革命"概念

---

① ［德］马克思：《资本论》第1卷，人民出版社2004年版，第8页。
② 罗荣渠：《论现代化的世界进程》，《中国社会科学》1990年第5期。

提出者里夫金的描述①，这是以可再生能源替代化石能源的革命，同时产生低碳的经济发展模式。这场革命伴随着新科技革命，催生了新一次现代化浪潮：一方面继续延续第二次工业革命的成果，另一方面产生了以电子信息为代表的新科技革命。在新的工业革命的冲击下，发达工业国开始工业换代，初级工业化向高级工业化升级。先行现代化的美国和西欧国家的现代化水平在电子信息革命的推动下达到了新的高度。同时工业化和现代化的浪潮向全球扩散，大批欠发达国家积极争取进入现代经济增长过程。广大亚非拉国家和地区明确地把"现代化"作为发展的口号。他们利用新科技革命带来的发展机遇，有目的、有计划地推动现代化，并且由"被动性"现代化向"主动性"现代化转变，形成了各自的特色。东亚地区迅速崛起，日本紧接着韩国、新加坡等国搭上了现代化的列车，形成了"东亚经济奇迹"。1978年，中共十一届三中全会召开，开启了改革开放和社会主义现代化的伟大征程。之后，邓小平提出了"中国式的现代化"概念。

二、现代化的拉美模式及其教训

二战以后，一些殖民地和半殖民地国家独立并走上发展经济的道路。拉美地区一些国家在达到中等收入国家发展水平后开启了现代化进程。拉美国家一开始普遍采取国家主导型进口替代发展战略。由起初的普通工业消费品进口替代过渡到耐用消费品和中间产品的进口替代，最后实现机器、设备等生产资料的进口替代，形成了较为完整的工业体系，为拉美国家的经济发展奠定了基础。但在发展过程中，拉美国家的进口替代工业化遇到了越来越多的问题和矛盾。为了保证较快的经济增长速度，拉美国家大多采用财政赤字和举借外债的政策，以至于20世纪80年代初，拉美各国相继陷入严重债务危机和恶性通货膨胀的泥潭。债务危机的爆发标志着拉美地区经济在二战后的增长期结束，进入持续的衰退期。

在严重的债务危机冲击下，拉美国家全盘接受"华盛顿共识"的政策建议，从

---

① 现阶段还有"第四次工业革命"之说。这个概念最早在2013年的德国汉诺威工业博览会上正式推出，是基于工业发展的不同阶段作出的划分：工业1.0是蒸汽机时代，工业2.0是电气化时代，工业3.0是信息化时代，工业4.0则是智能化时代。

进口替代工业化的内向发展战略转向以出口为导向的外向发展战略,从贸易保护向贸易自由化转变,从国家对经济的直接干预向经济自由化转变。拉美各国都不同程度地推行了新自由主义的改革,不断开放国内市场,融入世界经济体系,促进地区经济一体化,减少国家对经济的直接干预。改革具体包括以下几个方面的内容:一是实行贸易自由化战略,基本取消了用行政手段控制进口的做法。拉美国家还降低了非关税壁垒。世界银行20世纪90年代初的一份研究报告指出,墨西哥的非关税壁垒已低于西欧和日本的水平。同时,许多国家基本取消对经常项目的交易限制,对资本项目交易的限制也大大减少或者完全取消。二是国有企业私有化。其方式主要包括直接出售、公开上市、管理人员和雇员购买、与私人资本合资、特许经营和租赁等。阿根廷、墨西哥推行了较为激进的国有企业私有化计划。经过10年的时间,墨西哥的国有企业从1150家下降到124家,原国家控制的60家银行也全部私有化。[①] 三是金融市场自由化。进入20世纪90年代后,拉美国家加快了金融改革的步伐,其重点包括降低政府在银行信贷配置方面的作用,最大限度地放开存款和贷款利率,降低存款准备金率,加强中央银行的独立性,强化对金融机构的监督和管理。阿根廷和墨西哥在金融业方面已全部开放,在通信、电力、石化等领域逐步扩大外资自由进入比重。四是税收制度改革。拉美国家税制改革的共同特点是努力实行税制的中性化,简化税收体系的法律程序和行政管理程序,以增加政府的财政收入。[②] 五是劳工制度和社会保障制度改革。劳工制度改革的重点在于减少解雇成本和简化招聘程序;社会保障制度改革的重点在于加大社会保障支出,改革社会保障制度结构,加强对弱势群体的保护。

拉丁美洲国家的经济转型取得了一定成效。进入20世纪90年代后,拉美经济摆脱了"失去的十年"的阴影,走上了复苏之路,[③]但也产生了一系列严重问题:一是国家失去了经济的控制力。拉美国家由于历史原因和现实因素的制约,

---

[①] 彭森:《拉美三国改革发展及经验教训》,《经济学动态》1996年第5期。
[②] 参见美洲开发银行《拉美改革的得与失:美洲开发银行论拉丁美洲的经济改革》,江时学等译,社会科学文献出版社1999年版。
[③] 参见江时学《新自由主义、"华盛顿共识"与拉美国家的改革》,《当代世界与社会主义》2003年第6期。

内部储蓄不足，产生了对外资的高度依赖，特别是对国外直接投资的依赖。在经济受到冲击时，政府无能为力，导致经济不稳定增长和经济危机频繁爆发。20世纪90年代后期起，拉美国家经历了三次经济衰退。二是国有企业全面私有化后，失业问题更为严重。国民经济的重大结构调整导致结构性失业加剧。一方面，新出现的技术密集型产业缺乏知识密集型工人；另一方面，大批工人因得不到培训而只能沦为失业者。三是两极分化加剧，贫困化问题日益严重。据联合国拉丁美洲和加勒比经济委员会（ECLAC）发表的拉美社会展望报告，2021年拉美国家贫困人口总数为2.01亿，贫困率从33%下降到32.1%；极端贫困人口增加500万人，再次攀升至8600万人，倒退27年，极端贫困率从2020年的13.1%增加到13.8%。四是社会发展被忽视，社会问题非常严重。国家经济结构出现新的不平衡，涉外经济部门、服务部门发展迅速，大公司财团对经济的垄断程度提高，农业、基础工业发展滞后。政府贪污腐败现象日趋严重，贩毒、恐怖、暴力事件增多，社会治安混乱，民众情绪不满。

世界银行《东亚经济发展报告（2006）》发现，一些新兴市场国家在进入中等收入国家行列后，陷入"中等收入陷阱"[①]：其人均国内生产总值（人均GDP）长期挣扎在中等收入阶段，见不到上升到高收入阶段的动力和希望。典型案例就是拉美国家。其基本原因是，低收入发展阶段的经济增长机制和发展模式所推动的经济增长容易出现大幅波动或陷入停滞；在进入中等收入国家发展阶段后，如延续原先在低收入阶段的高投入高消耗的发展方式，将导致既无法在工资方面与低收入国家竞争，又无法在尖端技术研制方面与发达国家竞争的后果，国际竞争力明显下降。同时，经济快速增长所积累的社会矛盾在进入中等收入国家阶段后会集中爆发。这些国家长期在中等收入阶段徘徊，人均GDP难以突破1万美元，迟迟不能进入高收入国家行列。虽然进入2010年以后，这些国家的人均GDP也有突破1万美元的年份，但总体上还是没有能够逃脱"中等收入陷阱"的

---

① 所谓"中等收入陷阱"是世界银行在2006年一份研究报告中提出的概念，指的是第二次世界大战后一些发展中国家（如拉美国家）摆脱了贫困，解决了温饱，在跨越了低收入阶段进入中等收入阶段后，不适应新阶段的新变化，延续低收入阶段的发展方式，经济社会发展长期陷入停滞的现象。

魔咒,原因就在于发展方式没有得到根本转变。[①]

当然在拉美国家发生的"中等收入陷阱"不是在所有国家都会发生,如在新加坡、韩国等东亚国家就没有发生,它们通过其推动的现代化进程跨过了这个阶段。但是"中等收入陷阱"的警示作用是显而易见的。

第二节
现代化的一般理论

现代化是一个世界范畴,任何一个国家、民族、社会的现代化都离不开同世界现代化的联系。现代化又是一个历史范畴,是人类社会文明发展到一定程度的产物。现代化还是一个发展的概念和动态的概念。社会学、经济学、政治学的经典论述和当代学界分别提出了关于现代化的各种"标准",对现代化的含义做了分类和概括。

一、现代化的定义

"现代化"这个词广泛运用于当今的历史学、社会学、科技史和经济学等学科中,但各自的表述不尽一致。

从历史学的角度定义,现代化指的是发达国家所经历的从传统到现代、从不发达到发达的历史过程。具体地说,是指人类社会从传统的农业社会向现代工业社会转变的历史过程。根据此定义,在相当长的时期中人们把现代化等同于工业化过程。而在现代,西方发达国家的经济发展进入了信息化阶段,因此有人把现代化分为两个阶段:第一阶段是工业化;第二阶段以第一阶段为基础,进入以信息化为内容的现代化阶段。

从社会学的角度定义,现代化指的是在科技革命推动下社会已经和正在发生的转变过程,不仅涉及经济,还涉及政治、社会、文化、心理等方面。最为典型的是美国社会学家英格尔斯依据对几个现代化国家的实证分析概括的 10 项现

[①] 以巴西为例,2011 年巴西人均 GDP 曾经达到 1.32 万美元,此后经济形势一路走低,2015 年人均 GDP 已降到了 8800 美元,2020 年则仅为 6450 美元。

代化水平指标：人均国民生产总值（GNP）在3000美元以上，农业增加值在GNP中占12％—15％，第三产业在GNP中占45％以上，非农业就业人口在总就业人口中占70％以上，识字人口占总人口的30％以上，接受高等教育的人数占适龄青年总人数的10％以上，城市人口占总人数的50％以上，平均每个医生服务的人口数在100以下，平均人口预期寿命在70岁以上，人口自然增长率在1％以下。这些指标对后起的发展中国家推进现代化有一定的参考价值，但随着经济和社会的发展，这些指标越来越不能准确而全面地反映现代化水平。

经济学对现代化的研究并不完全关注其结果的评价指标，而是更为关注其进程和发展战略。这一点可以从库兹涅茨的现代经济增长理论，刘易斯、舒尔茨的二元结构理论和罗斯托的经济成长阶段论中得到说明。

1971年诺贝尔经济学奖获得者西蒙·库兹涅茨没有直接使用"现代化"概念，而是使用了"现代经济增长阶段"的概念。他是在考察了欧美发达国家近百年经济发展进程的基础上提出。自从19世纪后半叶开始，发达国家经济增长的主要动力一直是科学技术，标志着这个经济时代的重大创新是科学被广泛运用于经济生产领域。库兹涅茨把这个时代称为"现代经济增长阶段"，经济发展成为现代化的中心问题。发展的程度除了用国民产值来衡量外，重要的是巨大的结构性变化，其内容包括经过工业化和城市化过程，人口和人均产值的持续稳定增长；科学被广泛地运用于经济生产领域；现代部门迅速增长并通过各种链条带动经济中其他方面的增长；非农业部门的份额持续上升；受制于分配的各种收入的提高几乎与国民总产值的提高并驾齐驱，收入差距趋向缩小，即著名的库兹涅茨倒U形曲线。他也注意到，在现代经济增长的进程中，技术、社会和时代精神变化之间的相互关系显得特别重要。没有社会制度上的变革，不可能产生科学在技术上的应用。

1979年同时获诺贝尔经济学奖的刘易斯和舒尔茨面对的是在技术和生产方式上传统农业部门和现代工业部门并存的二元结构的发展中国家。他们提出了不同的现代化方案。刘易斯突出工业化，即增加现代工业部门积累，农业剩余劳动力向现代工业部门转移，在进入刘易斯转折点时，转向工业支持农业技术进步。舒尔茨强调改造传统农业。他在《论农业中的经济学与政治学的冲突》一文中,就曾多处使用"经济现代化"一词,如"当经济现代化实现之时,就会有人力资本的递增收益。从长期看,经济现代化和发展中的关键部分是人力资本"。

美国经济学家罗斯托的经济成长阶段论直接使用了"经济现代化"的概念。他认为,现代经济增长源于新技术在有效基础上的不断扩散。他将一个国家从贫穷走上富有、从传统走上现代分为六个阶段:传统社会阶段,为起飞创造条件的阶段,起飞阶段,向成熟推进阶段,高额群众消费阶段,追求生活质量阶段。其中起飞阶段是传统社会与现代社会的分水岭;起飞阶段以后的三个阶段,其各个特征尽管有时间先后,但都可以看作是进入经济现代化阶段后的各种表现。例如,向成熟推进阶段是指现代技术在各个经济领域中广泛使用,实现经济长时期的持续的增长。高额群众消费阶段是指资源越来越倾向于被引导到耐用消费品的生产和大众化服务的普及。追求生活质量阶段涉及自然(居民生活环境的美化和净化)和社会(教育、卫生保健、交通、生活服务、社会风尚、社会秩序)两个方面。一方面,与医疗、教育、文化娱乐、旅游有关的服务部门加速发展,成为主导部门;另一方面,认真处理和解决环境污染、城市交通拥挤和人口过密等问题。

建构现代化理论,不能忽视国内经济学家的贡献。最具代表性的观点是发展经济学家张培刚教授在其作于哈佛大学的博士论文《农村的工业化》中指出的:所谓现代化,首要的也是最本质的,必须包括工业化的基本内容;但除此而外,它还要包括其他如政治思想、生活观念、文化修养等方面许多新的内容,其中不少部分又是由工业化这一大变革过程所必然引起而发生的。他认为,在一定情况下,现代化可以而且应当看作是有阶段性的。在这一阶段内,现代化的活动内容和变化情景,基本上是同工业化一致的。

二、现代化的一般特征

关于现代化的一般特征,学者们有不同认识。美国亨廷顿教授指出,现代化是一个革命性的过程,一个复杂化的过程,一个系统而全面的过程,一个全球性过程,一个长期的过程,一个加速度发展的过程,一个趋同的过程,一个不可逆转的过程,一个进步的过程。[1] 我国著名学者罗荣渠教授把现代化的特征概括为

---

[1] 参见[美]塞缪尔·亨廷顿《从变化到变化:现代化、发展和政治》,《比较政治学》1971年第3期。

民主化、法制化、工业化、都市化、均富化、福利化、社会阶层流动化、宗教世俗化、教育普及化、知识科学化、信息传播化、人口控制化等。①

归结起来,现代化的内涵包括以下内容:一是现代化是一个历史范畴,是人类社会文明发展到一定程度的产物。现代化实质上是工业化,是人类从传统的农业社会向工业社会转变的历史过程。二是现代化是一个世界范畴,任何一个国家、民族、社会的现代化都离不开同世界现代化的联系。现代化是自科学革命以来人类社会急剧变动的过程的总称。三是现代化是代表我们所处时代的"文明形式"。四是现代化是近代资本主义兴起后的特定国际关系格局下,经济落后国家通过技术革命,在经济和技术上赶上世界先进水平的历史过程。五是现代化是一个发展的概念,随着时代的变化和新技术革命的发展而发展,是一种不断向前、不断创新的社会运动。因此,现代化是指人类社会自工业革命以来所经历的一场急剧的变革;这一变革以工业化为推动力,导致传统的农业社会向现代工业社会的全球性大转变。现代化既是一个从传统农业社会向现代工业社会转变的历史过程,也是一种发展状态——完成现代化过程的工业化国家的发展状态。

现代化是以工业化为核心,以技术进步为根本动力,经济、政治、社会结构、文化心理等社会各个领域发生广泛而深刻的变化,从传统农业社会向现代工业社会演进的过程。在历时两个多世纪的世界现代化进程中,先行国家的现代化既有成功的经验,也有失败的教训,总结这些基本经验对于推进中国式现代化具有重要意义和启示。总体来看,现代化的一般特征主要表现在以下几个方面。

第一,工业化是现代化的前提和核心。世界现代化进程从工业革命开始,以大工业的兴起为标志,由工业化推动和引导。工业革命引起了整个世界的巨变,带来了世界的大分化,改变了世界文明传播方式,因而成为人类社会发展的分水岭和标志。② 工业文明的到来是人类社会进步中最伟大、深刻的一次变革,它所带来的不仅是物质生产方式的转变、社会财富的快速增长,而且推动着社会关系、生产方式与生活方式发生与之相应的历史变革;正是这些历史变革同工业化

---

① 参见罗荣渠《现代化新论:中国的现代化之路》,华东师范大学出版社 2013 年版。
② 贾建芳:《世界现代化进程的基本经验》,《江汉论坛》2003 年第 10 期。

进程之间的互动，构成了整个社会的现代化进程，在改变世界面貌的过程中塑造出新的人类文明。在新科技革命的推动下实现工业化的先行国家，已大体上完成了工业化，相继进入工业化的高级阶段，正在探索从工业社会过渡到后工业社会之路。大批欠发达国家较快地进入新兴工业化国家行列。各国工业化进程促进了经济社会结构的变迁和经济的增长，推进了现代化进程。

任何国家的经济发展和现代化都必须以工业化为前提，工业化是任何国家现代化都不可逾越的发展阶段。工业化的主体是制造业。制造业是实现工业化的保障，是实现现代化的原动力，是国家实力的支柱。在数字经济初见端倪的今天，工业经济仍然是其物质技术基础，制造业在发达国家国民经济中仍然占重要地位。高度发达的制造业特别是装备制造业和先进的制造技术已成为衡量一个国家国际竞争力的重要标志。在新时代推进中国式现代化的过程中，我国需要通过各种途径促进制造业的快速健康发展。为了加快工业化进程，我国提出走新型工业化道路，用信息化带动制造强国建设，实现工业化的跨越式发展。

第二，科技进步是现代化发展的根本动力。工业革命是经济发展、政治变革、思想文化变革和科技革命综合作用的产物，而科学技术的进步和创新是实现工业化和现代化的根本动力。在世界现代化的历史进程中，每一次产业革命都是由科技突破带动的。随着科学飞速进步和技术创新不断涌现，工业生产从机械化走向自动化，人类对自然界的支配开始越出地球飞向外层空间。20世纪中叶以来，世界经历第三次科技革命浪潮，促使科学技术转化为直接的生产力，从而引起工业化进程发生质的变化，使人类进入信息和数字经济时代，数字经济的发展必将大大加速世界现代化的历史进程。

总结先行国家现代化的经验，科学技术和教育现代化是经济现代化的实质。发达国家高度重视和充分发挥科学技术和教育在经济发展中的先导作用，它们的科技和教育的发展也总是处于领先地位。在世界上，日本、美国、西欧等发达国家和地区在现代化过程中推行教育先行的战略都收到良好的效果。在推进中国式现代化的过程中，科技和教育要先行，要把科技进步作为现代化发展的根本动力。

第三，经济发展和社会结构变迁是现代化推进的动因。唯物史观认为，一个国家文明不文明、发达不发达，首先取决于经济发展的状况。经济发展是现代化的基础，经济发展必然引起社会其他方面的变革。经济发展引起的所有变化推动了传统社会向现代社会的变迁，推动了先行国家的现代化的进程。推进现代化进程首先必须保持经济的快速持续健康增长，同时相应地调整经济结构、经济体制和其他方面的结构和体制。社会结构是决定现代化进程的重要条件。西欧的工业革命是受市场经济这只看不见的手支配的自发的历史进程。市场经济的发展形成现代化所需的物质技术条件和推动创新的机制。在现代化过程中，不能只重视引进技术和工业化成果，更要重视社会结构和制度的变革。借鉴先行国家现代化的经验，在推进中国式现代化的过程中，一方面要大力发展实体经济，筑牢现代化经济体系的坚实基础，加快发展先进制造业，推动数字经济与实体经济深度融合，加快实施创新驱动发展战略，强化现代化经济体系的战略支撑。另一方面要大力推进社会的结构改进，筑牢社会和谐稳定及未来发展的基础，持续提高民生福祉，创造高品质生活，推进基层社会治理创新，提升社会参与的能力和水平，推动社会结构现代化。

第四，现代化观的内涵不断深化。从现有国家现代化的经验来看，现代化的内涵是不断扩展和深化的。现代化是一个历史范畴，随着社会的发展和发展观的变化而不断丰富。现代化的发展观经历了由传统发展观向现代发展观的转变。传统现代化观的判断指标和评价指向工业化，以经济增长为标志衡量发展，把一个国家的工业化当作实现现代化的标准。在这种现代化观的支配下，人类在享受着工业文明所带来的巨大物质财富的同时，也不断地品尝着传统发展模式所产生的一系列恶果，如环境污染、资源危机、人口剧增、分配不公、社会腐败、道德沦丧、人性异化及拜金主义、享乐主义、利己主义蔓延等。20世纪六七十年代以来，发达国家的现代化观和发展模式引起了越来越深刻的反思。新的现代化观应时而生，对现代化的认识逐步从经济视角转换到社会视角再转换到人及人与自然和谐的视角。可持续发展观强调经济增长与保护环境、维护生态平衡、合理开发利用资源、控制人口和开发人力资源相协调，反对以牺牲环境为代价去求得发展。现代化观强调经济发展与社会发展的均衡和协调，强调社会发展的整体性、综合性、内生性，强调科技、教育、文化与经济的协调共进，强调发展以人为中心以及人与自然的和谐统一。借鉴先行国家现代化的经验,我国现代化必须坚持新现代化观,确立经济、政治、文化、社会、人、自然全面发展、协调发展、可持续发展的目标,走出一条中国式的现代化道路。

第三节
社会主义现代化理论的建构

迄今所述的各种关于现代化的定义都是以发达国家的现代化进程为蓝本的;其走过的道路对后起的发展中国家推进现代化有一定的参考价值,所达到的现代化水平也成为发展中国家现代化的参照系。但其并不能成为所有国家仿效的样板。中国所要构建的现代化理论不仅要从发展中大国的国情出发,还要反映处于社会主义初级阶段的要求。

一、科学认识西方现代化理论

西方现代化理论概括总结了人类进入工业社会以来文明演进的过程与经验,揭示了现代化的一般过程,提出了带有普遍性的原则,从一定程度上反映了人类共同的精神财富。但是由于缺乏科学的历史观,西方现代化理论无法深刻地理解现代化运动与人类历史命运的关系,不能正确把握现代化的历史本质是人类走向彻底解放的历史过程。西方现代化理论的局限性、片面性集中表现在从西方国家的价值观与利益立场出发,把西方国家现代化的具体道路与模式作为全人类现代化的唯一道路与模式,把西方文化的价值观强加给广大发展中国家;把发展中国家凡是与之不同的制度、文化等一律斥之为必须彻底抛弃的传统,把现代化与各国、各民族的传统完全对立了起来。

明确发展中国家的现代化与先行国家的现代化的区别,涉及对发展中国家现代化理论的建构。发展中国家的现代化理论为以先行现代化国家作为追赶目标的发展道路、发展方式和发展战略提供了理论指导。从一定意义上说,已有的现代化理论属于过去时,而发展中国家的现代化理论则属于现在时和将来时,需要结合发展中国家的实际进行创造和建构。

二、先行国家现代化的启示

我国从改革开放开始实际上已与其他新兴工业化国家一道进入了现代化的轨道。中国需要搭上现代化的列车,但不能因为发达国家的现代化进程中先后经过工业化和信息化的阶段而亦步亦趋,走所谓的先完成工业化后推进信息化的两次现代化历程。要搭上现代化的列车就需要采用最新现代技术,不仅要利用第二次产业革命的信息化成果,还需要研发并采用新科技和工业革命成果。否则,永远赶不上发达国家,更谈不上现代化。

建构发展中国家的现代化理论毫无疑问需要借鉴已有的现代化理论,包括把发达国家达到的现代化水平作为参照系,把工业化、城市化、信息化作为现代化的必由之路。但是在发展方式上不可能是一样的。

过去的100多年中,先行现代化国家在推进工业化时,世界上有很大一部分地区还处于传统农业社会,是其附属国或殖民地,先行国家可以无所顾忌、无障碍地通过掠夺国外资源来支持其粗放的工业化发展方式。而现在,发展中国家作为后起的国家已经没有先行国家当时那种资源环境,不仅是物质资源的供给严重不足,环境资源的供给也受到更多的约束。因此其现代化的必要环节——工业化不能走先行国家的老路,必须走低消耗、低排放的新型工业化道路。

在发展中国家启动现代化时,先行现代化国家与之并存。这就给发展中国家现代化提供了后发优势。就如库兹涅茨所分析的,在现代经济增长阶段,创新的知识和技术可以在世界范围进行全面传播。一个国家经济的增长日益受到别国新知识和新技术的影响。较晚进入现代经济增长阶段的国家,可以选择和利用的世界知识和技术的存量丰富,因而有可能有较高的经济增长率,其现代化所需的时间也不需要像先行现代化国家那么长。关键是后起国家要具备相应的学习和利用世界上新知识和新技术的能力。因此发展中国家对外开放参与全球化经济是最为重要的。

先行国家的现代化经验对我国走好中国式现代化新道路具有重要启示,但也要在借鉴的基础上有所创新:

第一,以工业化为基础推动现代化。应该采取工业化的逻辑,将传统产业的改造和新兴产业的发展相结合。以实体经济的发展和制造业的现代化为核心，通过再工业化改造提升传统产业，通过新型工业化发展新型产业，以工业化的逻辑来推动现代化。

第二，以创新驱动现代化。科技进步和技术创新是现代化的动能，先行国家的现代化是技术创新的产物。在中国式现代化发展中，要重视科技创新，实施创新驱动战略。推进科技体制改革，通过科技创新推动体制改革和促进经济转型发展。以科技创新、技术进步为动力，支撑传统产业优化升级。

第三，以高标准的市场经济体制推动现代化。先行国家的经济现代化是同市场经济体系的现代化紧密相关的。实践证明，成熟的市场体系，对优化资源配置、提高经济运行效率，从而推动经济现代化做出了贡献。在中国式现代化推进过程中要建设高标准商品市场体系、高标准生产要素市场体系、高标准价格体系和高标准市场制度体系，建立健全统一开放、竞争有序的全国大市场，提高资源配置效率。

第四，重视生态环境现代化。在二战后初期，发达国家由于迅速发展工业化，产生了破坏生态平衡、污染环境的严重问题。自20世纪六七十年代以来，发达国家开始注重环保，保持生态平衡，使经济可持续发展。各国政府开始建立并完善生态环境法律法规体系，综合使用各种环境政策措施，大力推进经济发展方式的转型升级，依靠科学技术解决环境与发展的协调问题。在中国式现代化发展中，要重视生态环境现代化，实施绿色发展，在现代化发展中实现人与自然的协调发展。

第五，重视社会发展。先行国家的现代化重视社会发展，经过多年的探索和实践建立了一整套比较完备的社会发展体系。在中国式现代化中，在推动物质的现代化、制度的现代化的同时，需要同步推进人的现代化，大力提升人的素质，使之成为推动中国式现代化的动力。同时全面深化改革，推进国家治理现代化，加快社会治理体系的制度化、规范化和法治化。

三、现代化模式具有多样性

20世纪冷战结束后，弗朗西斯·福山提出的"历史终结论"流行开来，很多人认为现代化只有一种选择，现代化就是西方化。但沿着西方模式前行的国家，其现代化进程却并不成功。原因在于，在旧有的世界格局下，以全面学习西方模式为特征的现代化，只能是一种依附性的现代化，在国际交流合作中很难获得平等地位，加之西方模式与本国国情的"水土不服"，现代化就难以获得成功。

二战以前，世界范围内的现代化只有一种模式，那就是欧美的资本主义模式。战后出现了两大阵营，新诞生的社会主义国家开始走工业化和现代化道路。世界范围内就形成了资本主义现代化道路模式和社会主义现代化模式，西方模式一统天下的格局被逐渐打破。20世纪70年代崛起的东亚国家和地区独创了一种新的现代化发展途径，更为强调政府在推动现代化中的作用。这种新型模式一般被称为"东亚模式"或"亚洲模式"。

现代化从中心向外围推进的方式把众多国家卷入世界潮流。各国都以不同的速度和不同的方式突破原来的农业社会形态，向工业社会形态转型。世界各国现代化既具有共同特征也带有不同特点，这主要表现在世界各国现代化的起步与前进步伐参差不齐。20世纪前半叶及以前被卷入世界现代化进程的国家被称为"先发现代化国家"，20世纪后半叶及以后被卷入世界现代化进程的国家被称为"后发现代化国家"。起步晚的发展中国家与先发现代化国家相比，有独特的历史规定性。资本主义现代化与社会主义现代化虽然是性质完全不同的现代化发展模式和发展道路，但都要受到现代化发展规律的支配。这两种不同的现代化模式和道路除了社会制度的性质不同以外，其主要区别在于配置资源的方式不同、工业化道路不同。先行国家现代化的经验表明，任何一个国家都必须遵循世界现代化的发展规律，一个国家现代化模式和道路的选择主要是由一定时空背景下各国国情决定的，世界现代化的模式和道路不止一种，应该具有多样性。

学术界根据不同的分类方法，把现代化分为各种不同的模式。罗荣渠根据所有制和经济运行、权力结构的不同，将现代化模式分为三类：西方资本主义现代化，即资本主义私有制＋自由市场＋分权型或集权型的现代国家机构；苏联式社会主义现代化，即社会主义公有制＋计划指令与有限市场结构＋集权型现代国家机构；发展中国家的混合式现代化，即混合经济＋自由市场＋集权或分权型现代国家机构。[①] 陈峰君根据现代化启动来源、经济运行方式、政权运行机制、文化主体的差异,将世界现代化分为西欧模式、东欧模式、北欧模式、北美模式、东亚模式、西亚模式、南亚模式、拉美模式、非洲模式等,并把西方(西欧、北欧、北美)和东亚这一对反差极大的模式作为两类成功的现代化模式。[②]

现代化包括经济、社会、政治、文化、生态和人自身的现代化等基本要素,涉及工业化、城市化、市场化、民主化、福利化、信息化、知识化、生态化、全球化等多个过程。不同国家、民族的内部条件、外部环境和动力机制都是有差异的,各个国家现代化的起步和现代化模式、道路不可能相同,应当尊重各国的历史文化、社会制度和发展模式。各国各民族必须根据自己的情况,依靠自己的努力,探索适合自己的发展道路,选择自己的发展模式。我国在中国共产党的领导下,坚定不移地走社会主义现代化道路,目的是避免和减少资本主义现代化进程中的弊病和灾难,以共同富裕和人的全面发展为目标,更快地实现中国式现代化。

经过中国共产党百年来的探索、新中国 70 多年的努力和改革开放 40 多年的发展,中国式现代化新道路形成。中国式现代化蕴含的独特世界观、价值观、历史观、文明观、民主观、生态观等及其伟大实践,是对世界现代化理论和实践的重大创新。中国式现代化已经和正在取得的成功具有重要的世界意义,其成功的理论价值在于,现代化不等于西化或欧化,现代化道路并非只有一条。中国式现代化创造了人类文明新形态。

[①] 罗荣渠:《现代化新论:世界与中国的现代化进程》,北京大学出版社 1993 年版,第 150—158 页。
[②] 陈峰君:《东亚与印度:亚洲两种现代化模式》,经济科学出版社 2000 年版,第 9—10 页。

第二章
中国式现代化思想的演进

现代化作为中国人的百年梦想,实际上反映的是人民对美好生活的向往。中国的现代化作为世界现代化进程中重要组成部分,折射出现代化的诸多共性,反映了现代化过程中的一般规律。但是每个国家都有自己的国情和自己的文化,各自的现代化道路都各有特色。在不同的发展阶段、不同的国家有不同的发展道路,也都会打上不同社会制度的烙印。我国作为处于社会主义初级阶段的发展中大国,尊重现代化的一般规律,重视从其他国家现代化的成败得失中总结经验。但是,作为一个发展阶段、政治制度、经济体制和文化背景迥异于西方的国家,我国的现代化历程不可能是西方现代化的"翻版",必然渗透着本民族的特色。中国特色的社会主义现代化无论是目标内涵还是道路都需要探索。既要发挥自己的后发优势,又要避开先行现代化国家所走过的弯路,走出一条有别于西方的社会主义现代化道路。

第一节
中国式现代化的不懈探索

实现现代化是中国人的百年梦想。早在 19 世纪末,康有为、梁启超等资产阶级改良派推动的戊戌变法,就希望通过改革,使中国走向独立、民主和富强。后来胡适评价:"主张'维新'的人,即是当日主张现代化的人。"1911 年的辛亥革命为中国进步拉开了闸门。后来的五四运动实际上也是在探索中国的现代化之路。但由于中国连年陷入战争和动乱,"现代化"这个命题在相当长的时期内只是停留在知识分子的话语中。

一、"站起来"时代提出的现代化目标

自 1921 年建党起,中国共产党就带领着中国人民为建设一个崭新的中国而不断努力。1922 年,中国共产党第二次全国代表大会第一次提出了明确的反帝反封建的民主革命纲领,同时提出"渐次达到一个共产主义的社会"的党的最高纲领。1940 年,毛泽东在《新民主主义论》中明确提出了建立"新民主主义的国家"的理想,进一步明确了党的现代化理想目标。他在文章中指出:"我们不但要把一个政治上受压迫、经济上受剥削的中国,变为一个政治上自由和经济上繁荣的中国,而且要把一个被旧文化统治因而愚昧落后的中国,变为一个被新文化统治因而文明先进的中国。一句话,我们要建立一个新中国。"[①]1945 年,毛泽东在中国共产党第七次全国代表大会上指出:"中国工人阶级的任务,不但是为着建立新民主主义的国家而斗争,而且是为着中国的工业化和农业近代化而斗争。"[②]他指出,没有工业,就没有巩固的国防,就没有国家的富强。1949 年 3 月召开的党的七届二中全会指明了中国由农业国转变为工业国的发展方向。

1949 年中华人民共和国成立,我们党掌握了社会主义现代化建设事业的领导权,我国现代化开始从理想向实践转变,真正开启了中国现代化的实践进程。

---

① 《毛泽东选集》第二卷,人民出版社 1991 年版,第 663 页。
② 《毛泽东选集》第三卷,人民出版社 1991 年版,第 1081 页。

中国社会主义现代化建设进入了一个新的发展阶段,翻开了新的篇章。

1952年底我国恢复国民经济的任务顺利完成,党中央从我国发展实际出发,提出了我们党在过渡时期的总路线,并把"逐步实现国家的社会主义工业化"写入党在过渡时期的总路线。

我国从1951年就着手编制第一个五年计划;1953年起一面开始实施,一面继续讨论修改;1954年形成草案。"一五"计划确定的经济建设指导方针,突出了集中主要力量发展重工业,建立国家工业化和国防现代化初步基础的核心要点,掀起了全国人民参加和支援工业化建设的热潮。

1954年9月,在中华人民共和国第一届全国人民代表大会第一次会议开幕词中,毛泽东就提出了"准备在几个五年计划之内,将我们现在这样一个经济上文化上落后的国家,建设成为一个工业化的具有高度现代文化程度的伟大的国家"[①]的发展道路构想。在这次全国人大会议上,周恩来在政府工作报告中首次提出"四个现代化",强调了"把我国建设成为强大的社会主义的现代化的工业国家"问题的重要性。周恩来指出:"如果我们不建设起强大的现代化的工业、现代化的农业、现代化的交通运输业和现代化的国防,我们就不能摆脱落后和贫困,我们的革命就不能达到目的。"[②]

1956年,社会主义改造基本完成,我国社会主义制度建立起来了。同年,党的八大召开,毛泽东在开幕词中满怀信心地说:"一定能够一步一步地把我国建设成为一个伟大的社会主义工业化的国家。"[③]

1964年12月,在第三届全国人大一次会议的政府工作报告中,周恩来正式宣告:"在不太长的历史时期内,把我国建设成为一个具有现代农业、现代工业、现代国防和现代科学技术的社会主义强国,赶上和超过世界先进水平。"[④]这里所讲的"四个现代化","交通运输业"已改为"科学技术",强调了科学技术现代化的关键作用。

[①]《毛泽东文集》第六卷,人民出版社1999年版,第350页。
[②] 中共中央文献研究室:《建国以来重要文献选编》第五册,中央文献出版社1993年版,第584页。
[③]《毛泽东文集》第七卷,人民出版社1999年版,第117页。
[④]《周恩来选集》下卷,人民出版社1984年版,第439页。

为实现"四个现代化"的目标,党中央提出了分两步走的战略规划:第一步是"建立一个独立的比较完整的工业体系和国民经济体系";第二步是"全面实现农业、工业、国防和科学技术的现代化,使我国经济走在世界的前列"。

1975年1月,在"文革"艰难的环境下,周恩来在第四届全国人大一次会议上作政府工作报告时又重提:"在本世纪内,全面实现农业、工业、国防和科学技术的现代化,使我国国民经济走在世界的前列。"[1]继党的八大之后,1977年党的十一大将"四个现代化"的目标再次写入党章。

在"站起来"时代,中国共产党带领中国人民在艰难曲折的发展环境中,逐步形成了现代化建设赖以发展的物质技术基础。1960年,我国第一枚导弹发射成功。1964年,我国第一颗原子弹爆炸成功;1967年,我国第一颗氢弹爆炸成功。1970年我国第一颗人造卫星发射成功。我国的"两弹一星"是20世纪中华民族最伟大的业绩,为我国现代化建设事业提供了保障。"站起来"时代,我国在"四个现代化"方面取得了一定的成就,为实现现代化提供了一定的物质基础。

二、"富起来"时代提出中国式现代化思想

1978年,党的十一届三中全会召开,历史性地做出了把党的工作重点转向社会主义现代化建设的重大决策,吹响了改革开放的号角,实现了我国历史上具有深远意义的伟大转折,我国现代化事业迈出新步伐。1979年3月21日,邓小平明确提出"中国式的四个现代化"概念,指出:"我们定的目标是在本世纪末实现四个现代化。我们的概念与西方不同,我姑且用个新说法,叫做中国式的四个现代化。"[2]邓小平强调:"中国式的现代化,必须从中国的特点出发。"[3]中国式的现代化主要有四个特点:

第一,现代化的起始条件受制于国情。1979年3月30日,邓小平在党的理论工作务虚会上的讲话中指出:"要使中国实现四个现代化,至少有两个重要特点是必须看到的:一个是底子薄。……第二条是人口多,耕地少。……在生产还

---

[1] 《周恩来选集》下卷,人民出版社1984年版,第479页。
[2] 中共中央文献研究室:《邓小平思想年编(1975—1997)》,中央文献出版社2011年版,第225页。
[3] 《邓小平文选》第二卷,人民出版社1994年版,第164页。

不够发展的条件下,吃饭、教育和就业就都成为严重的问题。……我们地大物博,这是我们的优越条件。但有很多资源还没有勘探清楚,没有开采和使用,所以还不是现实的生产资料。土地面积广大,但是耕地很少。耕地少,人口多特别是农民多,这种情况不是很容易改变的。这就成为中国现代化建设必须考虑的特点。……现代化的生产只需要较少的人就够了,而我们的人口这样多,怎样两方面兼顾? 不统筹兼顾,我们就会长期面对着一个就业不充分的社会问题。"[1]

第二,中国式现代化是社会主义现代化。1987年4月30日,邓小平在会见西班牙工人社会党副总书记、政府副首相格拉时的谈话中指出:"中国要解决十亿人的贫困问题,十亿人的发展问题。如果搞资本主义,可能有少数人富裕起来,但大量的人会长期处于贫困状态,中国就会发生闹革命的问题。"因此,"中国搞现代化,只能靠社会主义,不能靠资本主义"。[2]

第三,"三步走"的现代化进程。1987年党的十三大根据邓小平绘就的现代化蓝图,制定了"三步走"发展战略。第一步,实现国民生产总值比1980年翻一番,解决人民的温饱问题;第二步,到20世纪末,使国民生产总值再增长一倍,人民生活达到小康水平;第三步,到21世纪中叶,人均国民生产总值达到中等发达国家水平,人民生活比较富裕,基本实现现代化。这里首次提出了"基本实现现代化"的概念,并明确了具体标准。"三步走"发展战略不仅明确了分步走实现现代化的进程,而且以人民切身感受的生活水平(温饱—小康—富裕)作为现代化的发展阶段。1992年,党的十四大报告提出,要"力争经过20年的努力,使广东等有条件的地方成为我国基本实现现代化的地区"。

第四,改革开放。为了实现现代化,邓小平认为中国要引进西方的先进技术和资金,并且要善于吸收,善于使用,善于管理。1992年初,邓小平《在武昌、深圳、珠海、上海等地的谈话要点》中指出:"社会主义要赢得与资本主义相比较的优势,就必须大胆吸收和借鉴人类社会创造的一切文明成果,吸收和借鉴当今世界各国包括资本主义发达国家的一切反映现代社会化生产规律的先进经营方

---

[1] 《邓小平文选》第二卷,人民出版社1994年版,第163—164页。
[2] 《邓小平文选》第三卷,人民出版社1993年版,第229页。

式、管理方法。"①

进入21世纪,得益于改革开放和以经济建设为中心的发展导向,中国式现代化的第一个阶段任务即人民温饱问题得到有效解决,第二个阶段任务也总体达成。2002年,党的十六大报告适时提出了全面建设小康社会的战略目标,明确指出:"我们要在本世纪头二十年,集中力量,全面建设惠及十几亿人口的更高水平的小康社会……经过这个阶段的建设,再继续奋斗几十年,到本世纪中叶基本实现现代化。"将全面建设小康社会包含在现代化的进程中,并作为现代化的具体阶段来推进,是中国式现代化的重要创造。2007年,党的十七大报告进一步提出"建设富强民主文明和谐的社会主义现代化国家"。

在改革开放的推动下,我国现代化建设进入快速发展时期,2010年我国GDP首次超过日本成为世界第二大经济体,人民生活水平明显提高,我们党带领中国人民实现了从站起来到富起来的伟大飞跃。

三、新时代中国式现代化的新探索

在我国GDP总量稳居世界第二大经济体的背景下,党的十八大胜利召开。在以习近平同志为核心的党中央领导下,中国特色社会主义进入新时代。我们党也进一步深化了对中国式现代化的认识。

党的十八大明确提出"两个一百年"奋斗目标:在中国共产党成立一百年时全面建成小康社会;在新中国成立一百年时,建成富强民主文明和谐的社会主义现代化国家。党的十八大以后,全面小康社会建设进入快车道。特别是习近平总书记在党的十九大报告中提出:"要坚决打好防范化解重大风险、精准脱贫、污染防治的攻坚战,使全面建成小康社会得到人民认可、经得起历史检验。"进入新时代后,习近平总书记就现代化所作出的重大决策和重要讲话反映了现代化新时代要求,丰富了中国式现代化思想的内容。

党的十八届三中全会通过《中共中央关于全面深化改革若干重大问题的决定》,提出把"完善和发展中国特色社会主义制度,推进国家治理体系和治理能力

---

① 《邓小平文选》第三卷,人民出版社1993年版,第373页。

现代化"作为全面深化改革的总目标。如果说工业、农业、国防和科学技术的"四个现代化"属于经济基础的现代化，那么国家治理体系和治理能力现代化则属于上层建筑的现代化，被称为"第五个现代化"，是中国式现代化理论与实践的重大创新，推动中国式现代化从经济基础现代化向上层建筑现代化迈进。中国式现代化明确了政府在现代化进程中的角色和作用。现代政府的构建及其作用发挥是市场经济深化和拓展的前提；现代政府的构建及其对资源的动员能力，构成中国式现代化的重要条件和动力。这是中国式现代化的制度安排，符合现代化的一般规律。

2021年7月1日，习近平总书记在庆祝中国共产党成立100周年大会上的讲话中宣布，在中华大地上全面建成了小康社会，历史性地解决了绝对贫困问题，由此开启了现代化建设的新征程。在这次大会上，习近平总书记强调，我们坚持和发展中国特色社会主义，推动物质文明、政治文明、精神文明、社会文明、生态文明协调发展，创造了中国式现代化新道路，创造了人类文明新形态。中国式现代化既有各国现代化的共同特征，更有基于国情的中国特色。中国式现代化特征的决定性因素概括起来，一是中国的大国国情，二是社会主义要求，三是中国式现代化进入新时代后的新要求。

2022年10月16日，党的二十大报告明确指出，从现在起，中国共产党的中心任务就是团结带领全国各族人民全面建成社会主义现代化强国、实现第二个百年奋斗目标，以中国式现代化全面推进中华民族伟大复兴。党的二十大报告总结了中国式现代化的中国特色和本质要求，指出中国式现代化为人类实现现代化提供了新的选择。中国共产党和中国人民为解决人类面临的共同问题提供了更多更好的中国智慧、中国方案、中国力量，为人类和平与发展的崇高事业作出了新的更大的贡献。

2023年2月7日，习近平总书记在学习贯彻党的二十大精神研讨班开班式上发表重要讲话，深刻阐述了中国式现代化的一系列重大理论和实践问题，对中国式现代化的世界意义作了更为丰富的阐释。习近平总书记指出，中国式现代化蕴含的独特世界观、价值观、历史观、文明观、民主观、生态观等及其伟大实践，是对世界现代化理论和实践的重大创新。中国式现代化为广大发展中国家独立自主迈向现代化树立了典范,提供了全新选择。

第二节
中国式现代化的主要特征

习近平总书记指出,我国现代化有五个特点:人口规模巨大的现代化,全体人民共同富裕的现代化,物质文明和精神文明相协调的现代化,人与自然和谐共生的现代化,走和平发展道路的现代化。① 这五个方面的中国式现代化,亘古未有,史无前例,需要中国共产党带领中国人民持续奋斗和创造。习近平总书记对中国式现代化新道路的重大论断,不仅深刻阐述了中国式现代化的特征和优势,更从开拓人类文明发展进步崭新形态和广阔空间的高度,指明了中国式现代化新道路。

一、人口规模巨大的现代化

这是中国式现代化的显著特征。中国是拥有14亿多人口的大国,是全世界最大的发展中国家。中国实现现代化,将深刻改变世界现代化的版图和进程。在此之前,世界的现代化只是少数人的现代化。第一次工业革命时期,英国的人口不到900万人;第二次工业革命时期,美国的人口不到8000万人。而当今中国有14亿多人口,占全世界人口比重近五分之一。相较而言,中国实现现代化,对世界现代化进程作出的贡献是巨大的,也是历史上绝无仅有的。现在,全球进入现代化的国家也就20多个,总人口10亿左右。中国有14亿多人口,中国实现现代化,意味着比现在所有现代化国家人口总和还要多的中国人民实现现代化,同时意味着全世界实现现代化的人口规模占比将从现有的不到七分之一迅速提升为近三分之一。这将彻底改写世界现代化的版图,是全世界经济社会发展的奇迹,是人类文明的巨大进步,也是对世界现代化进程作出的伟大贡献。

但是,我们又要清醒地看到,目前我国的人均GDP才过1万美元,位居世界第60多位。党的二十大报告再次明确2035年基本实现社会主义现代化,人均

---

① 习近平:《把握新发展阶段,贯彻新发展理念,构建新发展格局》,《求是》2021年第9期。

GDP 达到中等发达国家水平。目前中等发达国家的人均 GDP 已经达到 3 万美元。2035 年人均 GDP 达到中等发达国家水平,对我国来说,有两点必须考虑。第一,中等发达国家人均 GDP 是动态的,到那时中等发达国家的人均 GDP 肯定会有更高的水平。第二,中国是有 14 亿多人口的大国,按如此大规模的人口计算,人均 GDP 达到中等发达国家水平就必须要有更高的 GDP 总量。这意味着,中国要基本实现现代化,不能没有必要的增长速度。

二、全体人民共同富裕的现代化

这是中国式现代化的本质特征,也是区别于西方现代化的显著标志。世界上现有的现代化国家,都是资本主义发达国家。许多关于后现代化的文献都在批判这些国家在贫富分化等方面的现代化病。

中国式现代化所要求的共同富裕首先是富裕人民。一是人民收入水平大幅度提高。二是居民家庭财产明显增加,居民财产性收入随之增加。三是居民享有的公共财富明显增加,特别是社会保障覆盖面扩大,城乡基本公共服务均等化。四是居民消费水平明显提升和消费结构优化升级,这是人民富裕程度的集中表现。特别需要关注的是,进入新时代,虽然我国仍然处于社会主义初级阶段的基本国情没有变,但我国社会主要矛盾转化为人民日益增长的美好生活需要和不平衡不充分的发展之间的矛盾。这就是说,现代化进程所要关注的人民群众日益增长的美好生活需要,不仅仅是经济方面的,还有文化、精神、健康、生态等多方面的需求。现代化就是要解决不能满足人民美好生活需要的发展的不平衡不充分问题。因此,中国式现代化是人民物质和精神富裕水平不断提高的过程。

中国式现代化所要求的共同富裕是要富裕全体人民,不是一部分人。其"路线图"如下:2020 年,全面建成小康社会,决战脱贫攻坚取得决定性胜利;2035 年,全体人民共同富裕取得更为明显的实质性进展;21 世纪中叶,全体人民共同富裕基本实现。中国创造了人类发展史上的减贫奇迹,也将在现代化的过程中实现共同富裕。

2013 年 11 月,习近平总书记首次提出"精准扶贫"。2015 年,在为全面建成小康社会而奋斗阶段,针对当时存在的绝对贫困人口,习近平总书记指出:"我们不能一边宣布实现了全面建成小康社会目标,另一边还有几千万人口生活在扶贫标准线以下。如果是那样,这既影响人民群众对全面建成小康社会的满意度,也影响国际社会对我国全面建成小康社会的认可度。"①2017年6月,习近平总书记在深度贫困地区脱贫攻坚座谈会上的讲话中指出:"到2020年,稳定实现农村贫困人口不愁吃、不愁穿,义务教育、基本医疗和住房安全有保障。实现贫困地区农民人均可支配收入增长幅度高于全国平均水平,基本公共服务主要领域指标接近全国平均水平。"②

2021年8月,在全面建成小康社会、开启现代化建设新征程的关键时刻,习近平总书记作了关于扎实推动共同富裕的讲话,强调共同富裕是社会主义的本质要求,是中国式现代化的重要特征。共同富裕包含"共同"和"富裕"两个方面。共同就是要"分好蛋糕",共享发展成果;富裕就是要"做大做好蛋糕"。显然,共同富裕的前提是发展,不但要做大蛋糕,还要做好蛋糕。以人民为中心的现代化的实现,重视人民群众的切身感受。生活水平、环境质量、公共服务、法治环境是否提升和改善直接影响人民对现代化的评价和认可。习近平总书记指出:"让广大人民群众共享改革发展成果,是社会主义的本质要求,是社会主义制度优越性的集中体现,是我们党坚持全心全意为人民服务根本宗旨的重要体现。"③

我国现在的经济发展水平已经到了上中等收入阶段,仍然面临"中等收入陷阱"的威胁。实现现代化需要跨越"中等收入陷阱",吸取陷入"中等收入陷阱"国家的教训,克服两极分化是避开和跨越"中等收入陷阱"的必要路径。因此,推进共同富裕,绝不能出现"富者累巨万,而贫者食糟糠"的现象。

共同富裕程度是随着现代化进程循序渐进的。根据党的十九大和二十大关于现代化目标的蓝图,基本实现现代化时,城乡区域发展差距和居民生活水平差距显著缩小,基本公共服务均等化基本实现,全体人民共同富裕迈出坚实步伐;全面实现现代化时,全体人民共同富裕基本实现。显然,社会主义现代化是共同

---

① 《习近平关于协调推进"四个全面"战略布局论述摘编》,中央文献出版社2015年版,第47页。
② 《习近平谈治国理政》第二卷,外文出版社2017年版,第87页。
③ 《习近平关于社会主义经济建设论述摘编》,中央文献出版社2017年版,第25页。

富裕逐步实现的过程,决不能也绝不会出现西方发达国家在现代化过程中出现的两极分化现象。因此,中国式现代化是现代化与共同富裕同步推进的现代化,是富裕程度差距逐步缩小的现代化。

三、物质文明和精神文明相协调的现代化

既要物质富足,也要精神富有,是中国式现代化的崇高追求。西方国家的现代化,主要是指物质文明层面的现代化。不同于西方国家单向的过于追求物质的现代化,中国式现代化不仅注重物质上的现代化,还强调精神上的现代化,就如党的二十大报告指出的,"物质富足、精神富有是社会主义现代化的根本要求。物质贫困不是社会主义,精神贫乏也不是社会主义"。中国式现代化的本质是为了实现人的全面发展;而实现人的全面发展,既离不开物质生活的改善,也离不开精神生活的丰富和思想道德及科学文化素质的提高。物质文明与精神文明相互促进、相辅相成。物质文明的发展会对精神文明的发展提出更高的要求,精神文明的发展也会成为物质文明建设的动力。中国实现现代化,不仅要成为经济强国,也要成为文化强国。因此,中国式现代化是坚持物质文明和精神文明并重的现代化,为人类文明开拓了新境界。

中国式现代化,不仅要求物质生活水平提高,而且要求人民精神文化生活丰富、人人知礼节明荣辱,是物质文明和精神文明相协调的现代化。党的十八大以来,以习近平同志为核心的党中央高度重视物质文明和精神文明协调发展,强调实现中华民族伟大复兴的中国梦,物质财富要极大丰富,精神财富也要极大丰富,为推动"两个文明"协调发展、全面建设社会主义现代化国家指明了前进方向。

人的现代化是社会主义现代化特有的目标。现代化不能只见物不见人,人的现代化即人的全面发展,体现物质文明和精神文明相协调。人的现代化,不仅是现代化的目标,也是现代化的动力,主要涉及两个方面:一是人自身的发展,即人的身体、文化和道德素质达到现代化水准,人的文明程度和能力达到现代水平;二是人的生活方式达到现代水平,人民不仅在物质上富裕,还在精神上富有,包括受教育机会增多、政治民主、法治完备、文化繁荣、基本公共服务均等化诸多

方面。例如,作为现代化重要方面的城镇化,也被我国明确为以人为核心的城镇化。

四、人与自然和谐共生的现代化

尊重自然、顺应自然、保护自然,促进人与自然和谐共生,是中国式现代化的鲜明特点。西方发达国家的现代化进程大多是在工业文明时代推进的,当时资源和环境的约束相对宽松,地球上绝大部分地区还处于传统农业社会,因而先行国家可以无所顾忌、无障碍地掠夺国外物质和环境资源来支持其高消耗、高排放的工业化,以较高资源环境代价换取经济增长。但一旦进入后工业化阶段,在无视生态环境的工业文明价值取向创造巨大物质财富的同时加速对自然资源的攫取,就打破了地球生态系统原有的循环和平衡。一些西方国家曾发生多起环境公害事件,损失巨大,震惊世界,引发了人们对资本主义发展模式的深刻反思。正如习近平总书记所指出的:"人类社会在生产力落后、物质生活贫困的时期,由于对生态系统没有大的破坏,人类社会延续了几千年。而从工业文明开始到现在仅三百多年,人类社会巨大的生产力创造了少数发达国家的西方式现代化,但已威胁到人类的生存和地球生物的延续。"[①]

中国式现代化是由工业文明时代转向生态文明时代的现代化,一方面已经不具备早期发达国家现代化进程拥有的资源和环境;另一方面洁净的空气、干净的水和无污染的食品已经成为当前老百姓切身感受到的美好生活需要。中国式现代化不仅要克服长期的粗放型增长方式所遗留的环境和生态破坏问题,还要满足人民日益增长的生态财富需要。中国式现代化的价值取向,向世界树立了现代化的生态文明价值取向。中国式现代化坚持"绿水青山就是金山银山"理念,反对轻视自然、破坏自然,更加尊重自然、顺应自然、保护自然,追求人与自然和谐共生的现代化。党的十九大上,习近平总书记指出:"我们要建设的现代化是人与自然和谐共生的现代化,既要创造更多物质财富和精神财富以满足人民日益增长的美好生活需要,也要提供更多优质生态产品以满足人民日益增长的

---

① 习近平:《之江新语》,浙江人民出版社 2007 年版,第 118 页。

优美生态环境需要。"在 2035 年中国基本实现现代化的远景目标中,就包括"广泛形成绿色生产生活方式,碳排放达峰后稳中有降,生态环境根本好转,美丽中国建设目标基本实现"等多个方面。2020 年 9 月 22 日,习近平主席在第七十五届联合国大会上宣布了中国力争于 2030 年前碳达峰、2060 年前实现碳中和的时间表。无论是碳达峰,还是碳中和,其时间都显著快于西方发达国家同等条件下的时间表。这表明,中国式现代化坚决抛弃轻视自然、支配自然、破坏自然的现代化模式,绝不走西方现代化的老路,而是坚定不移走生态优先、绿色发展之路,建设人与自然和谐共生的现代化。

五、走和平发展道路的现代化

坚持和平发展,在坚定维护世界和平与发展中谋求自身发展,又以自身发展更好维护世界和平与发展,推动构建人类命运共同体,是中国式现代化的突出特征。西方的现代化是建立在"霸权崛起"逻辑基础上的现代化。欧美主要发达国家在实现现代化的过程中均有主动发起战争的历史,尤其是现代化所需要的资源依靠其对殖民地的掠夺而获得。其现代化道路是一种"对内掠夺、对外殖民"的扩张之路。中国式现代化,不可能走发达国家掠夺他国资源的道路,打破了现代化的霸权崛起模式,向世界树立了现代化的和平崛起模式。中国在实现现代化的过程中,从未向任何国家发起侵略、掠夺和战争,呈现出和平崛起的内在本质。中国在经济、社会等各方面的国家实力增强后,也向世界作出"永远不称霸"的庄严承诺,这超越了"国强必霸"的逻辑,超越了"修昔底德陷阱"的逻辑。近年来,在经济低迷、国际局势纷乱复杂等多重因素的影响下,世界不稳定性和不确定性增强。习近平主席提出推动构建人类命运共同体,构建相互尊重、公平正义、合作共赢的新型国际关系,高质量共建"一带一路",积极参与全球治理体系变革,同世界各国一起共同发展、合作共赢。这反映了我们走和平发展道路的信念和决心。这充分表明,中国式现代化新道路,是一条既发展自身又造福世界的现代化之路,是一条和平发展道路,将为世界和平与发展作出巨大贡献。中国式现代化新道路,遵循的是和平主义而非霸权主义,依靠的是自主探索而非依附西方。

第三节
中国式现代化开创人类文明新形态

2023年2月7日,习近平总书记在学习贯彻党的二十大精神研讨班开班式上发表重要讲话,指出:"中国式现代化,深深植根于中华优秀传统文化,体现科学社会主义的先进本质,借鉴吸收一切人类优秀文明成果,代表人类文明进步的发展方向,展现了不同于西方现代化模式的新图景,是一种全新的人类文明形态。"中国式现代化,不仅在中国发展进程中具有重大的理论与实践意义,更具有深远的世界意义。中国式现代化是21世纪马克思主义政治经济学指导下的现代化。马克思主义政治经济学关于生产力与生产关系的原理,为中国实现现代化提供了理论指导,也是中国式现代化模式的理论基础。中国必须要在本国具体实际的基础上探索符合本国国情的现代化发展模式和现代化道路,制定符合本国生产力发展情况的现代化发展目标,追求与本国发展阶段相适应的现代化发展速度,实现中国的社会主义现代化的理想。中国式现代化,打破了"现代化=西方化"的迷思,展现了现代化的另一幅图景,拓展了发展中国家走向现代化的路径选择,为人类对更好社会制度的探索提供了中国方案。

一、从先发国家的现代化到后发国家的现代化

沿着西方现代化模式前行的发展中国家,其现代化却并不成功。原因在于,在旧有的世界格局下,以全面学习西方模式为特征的现代化,只能是一种依附性的现代化,在国际交流合作中很难获得平等地位,加之西方模式与本国国情的"水土不服",现代化就难以获得成功。中国式现代化,是一种自主性的现代化,是符合本国国情的现代化。习近平总书记指出:"现代化道路并没有固定模式,适合自己的才是最好的,不能削足适履。每个国家自主探索符合本国国情的现代化道路的努力都应该受到尊重。"[1]西方的现代化是基于西方历史文化的独特的现代化道路,并非普世模式。中国式现代化打破了现代化模式的一元论谬误,

---

[1] 习近平:《加强政党合作 共谋人民幸福》,《人民日报》2021年7月7日。

中国式现代化表明"现代化不是西方化"。这向世界彰显了现代化道路选择的自主性,给全世界盼望通过自主发展实现现代化的国家提供了一种新的可能与新的希望。各国历史条件不同,所选择的现代化道路也有所不同。世界经济增长史的"大分流"现象表明,先发国家的现代化道路,在后发国家缺乏成功案例。随着经济的发展,绝大多数后发国家并未能实现对先发国家的成功追赶。如陷入"低收入陷阱"的多数亚非经济体和陷入"中等收入陷阱"的拉美经济体。在具备一定人口规模的经济体中,从低收入状态进入现代化的成功案例极为缺乏。作为全世界最大的发展中国家,中国进入现代化,是现代化历史形态的新突破——中国式现代化是发展中国家的现代化,是后发国家的现代化。中国全面建成小康社会并开启现代化新征程意味着后发国家对先发国家的成功追赶,拓展了发展中国家走向现代化的途径,为全世界的后发国家提供了宝贵的现代化道路的经验借鉴,贡献了中国式的智慧与方案。中国式现代化模式开辟了发展中国家走向现代化的崭新道路,拓展了发展中国家走向现代化的途径,并且证明了坚持走符合自身国情的发展道路是可行的,给那些既希望加快发展又希望保持自身独立性的发展中国家提供了全新选择。

二、从资本主义的现代化到社会主义的现代化

20世纪80年代末东欧剧变发生以后,世界格局发生了巨大变化。目前全世界已进入现代化的均是资本主义经济体。而中国进入现代化,是世界社会主义运动的成功,是马克思主义中国化的成功。在社会主义革命和建设时期,中国共产党就将马克思的科学社会主义理论与中国具体国情相结合,组织工农武装,成立中华人民共和国,并建立起完整的工业体系,为中国式现代化打下政权与工业基础。改革开放时期,中国共产党围绕"什么是社会主义、怎样建设社会主义"这个根本问题,开拓性地发展了社会主义市场经济,为中国式现代化打下制度与经济基础。进入新时代后,中国共产党带领全体人民,取得了脱贫攻坚战的全面胜利和全面建成小康社会的伟大历史性成就,从根本上解决了绝对贫困,并进一步明确了实现现代化的战略路径。历经百年奋进,在中国共产党领导下,中国创造了新民主主义革命、社会主义革命和建设、改革开放和社会主义现代化建设以

及新时代中国特色社会主义四个伟大成就。中国式现代化，走的是一条由中国共产党领导的中国特色社会主义现代化道路，在吸取人类现代化进程中的有益成果和经验教训的基础上，形成了对资本主义现代化道路的超越。中国式现代化新道路，宣告了"社会主义失败论"本身的失败，这是全世界社会主义运动的巨大进步与成就。中国共产党成立以来的百年历史证明，只有中国共产党领导的社会主义制度才能实现中国式现代化的梦想。中国是社会主义国家，中国式现代化模式除了要符合现代化的一般内涵，还要顺应社会主义的本质。中国式现代化模式打破了只有遵循资本主义现代化模式才能实现现代化的神话，将西方现代化模式从"唯一"模式还原为"之一"模式。

西方国家的现代化依靠的是资本逻辑，发展以资本为中心。以资本为中心的发展逻辑尽管带来了物质财富的巨大增长，但也带来了巨大的贫富分化，并进一步演变为社会阶级冲突与撕裂。无论是皮凯蒂在《21世纪资本论》中所论证的当代西方国家贫富分化的客观趋势，还是西方主要发达国家发生的"占领华尔街"等群众运动，都反映了资本逻辑的现代化所带来的问题。中国式现代化，打破了现代化的资本逻辑，向世界彰显了现代化道路中的人本逻辑。人本逻辑的现代化以人民为中心，把解决人民日益增长的美好生活需要和不平衡不充分的发展之间的矛盾作为实现现代化的主线，把共同富裕作为现代化的目标。

第三章
以人民为中心的现代化

习近平总书记指出:"现代化的最终目标是实现人自由而全面的发展。"① 按此要求,中国式现代化既涉及物质方面,要使人民过上美好的高品质的生活,又不能只见物质不见人,而是要物质文明和精神文明相协调,不断促进人的全面发展。在社会主义中国实现现代化,归根结底就是要实现人的全面发展,提高人的文明程度,从而实现人的现代化。这是由我国的社会主义性质所决定的。人的现代化对社会发展和精神文明建设提出了更高的要求。

---

① 习近平:《携手同行现代化之路》,《人民日报》2023年3月16日。

第一节
人的现代化是现代化的重要目标

中国式现代化离不开人的现代化。人是历史的创造者,是生产力中最活跃、起主导作用和决定作用的因素,现代化是以满足人的需要为前提的。对社会主义现代化来说,现代化包含人自身的现代化。人的现代化不仅是现代化的目标,也是推动现代化的重要手段。

一、马克思的自由人联合体思想

在马克思看来,人的自由而全面的发展是未来的共产主义社会的本质体现。在《共产党宣言》中,马克思描述共产主义:"是这样一个联合体,在那里,每个人的自由发展是一切人的自由发展的条件。"①在《资本论》中,马克思明确指出未来社会的一个重要特征是人的自由而全面的发展。马克思对未来社会的人的自由而全面的发展作了如下描述:"像野蛮人为了满足自己的需要,为了维持和再生产自己的生命,必须与自然搏斗一样,文明人也必须这样做;而且在一切社会形式中,在一切可能的生产方式中,他都必须这样做。这个自然必然性的王国会随着人的发展而扩大,因为需要会扩大;但是,满足这种需要的生产力同时也会扩大。这个领域内的自由只能是:社会化的人,联合起来的生产者,将合理地调节他们和自然之间的物质变换,把它置于他们的共同控制之下,而不让它作为一种盲目的力量来统治自己;靠消耗最小的力量,在最无愧于和最适合于他们的人类本性的条件下来进行这种物质变换。"②

习近平总书记提出的"现代化的最终目标是实现人自由而全面的发展"③,在马克思的《资本论》中是这样描述的:只有发展社会生产力,"才能为一个更高级的、以每一个个人的全面而自由的发展为基本原则的社会形式建立现实基

---

① 《马克思恩格斯选集》第1卷,人民出版社1995年版,第294页。
② [德]马克思:《资本论》第3卷,人民出版社2004年版,第928—929页。
③ 习近平:《携手同行现代化之路》,《人民日报》2023年3月16日。

础"①。发展社会生产力就是我们现在讲的现代化。根据马克思的分析，发展社会生产力对人的现代化的意义涉及四个方面：一是社会生产力高度发展，相应地每个人以及整个社会可自由支配的时间增加。"创造可以自由支配的时间，也就是创造产生科学、艺术等等的时间。"②这将为人的自由选择、发展提供时间保障。如果人们还要把主要的精力和时间用于解决生存问题，还要严重依赖自然产物，那么，自由就只能是一句空话。二是生产资料已归社会占有，任何人都不能再通过劳动以外的手段谋得消费资料，富裕全体人民问题得以解决。三是"未来教育对所有已满一定年龄的儿童来说，就是生产劳动同智育和体育相结合，它不仅是提高社会生产的一种方法，而且是造就全面发展的人的惟一方法"③。四是劳动的普遍化。"在劳动强度和劳动生产力已定的情况下，劳动在一切有劳动能力的社会成员之间分配得越平均，一个社会阶层把劳动的自然必然性从自身上解脱下来并转嫁给另一个社会阶层的可能性越小，社会工作日中用于物质生产的必要部分就越小，从而用于个人的自由活动，脑力活动和社会活动的时间部分就越大。"④

马克思设想的未来社会，不仅需要社会生产力高度发展，存在可以自由支配的时间用于科学、艺术等活动，也需要生产劳动同智育和体育相结合，造就全面发展的人，还需要发展支持人的全面发展的文化、教育和科学。因此，在经济发展的基础上充分重视社会发展，是中国式现代化的应有之义。

自由时间对人的全面发展的基础性作用表现在以下三个方面。首先，自由时间是每个人分享历史上遗留下来的科学、艺术、交际方式等文化成果，从而发展自由个性的保证。"个性得到自由发展，因此，并不是为了获得剩余劳动而缩减必要劳动时间，而是直接把社会必要劳动缩减到最低限度，那时，与此相适应，由于给所有的人腾出了时间和创造了手段，个人会在艺术、科学等等方面得到发

---

① ［德］马克思：《资本论》第 1 卷，人民出版社 2004 年版，第 683 页。
② 《马克思恩格斯全集》第 46 卷（上），人民出版社 1979 年版，第 381 页。
③ ［德］马克思：《资本论》第 1 卷，人民出版社 2004 年版，第 556—557 页。
④ ［德］马克思：《资本论》第 1 卷，人民出版社 2004 年版，第 605 页。

展。"①其次,自由时间是衡量未来社会财富的重要尺度。马克思认为,以劳动时间作为财富的尺度表明财富本身还是建立在贫困的基础上的;而当自由时间成为财富增长的决定性因素时,表现为生产和财富的宏大基石的,既不是人本身完成的直接劳动,也不是人从事劳动的时间,而是对人本身的一般生产力的占有。到那时,衡量财富的价值尺度将由劳动时间转变为自由时间,增加自由时间"即增加使个人得到充分发展的时间,而个人的充分发展又作为最大的生产力反作用于劳动生产力"②。最后,每个人拥有更多的自由时间,从而得到自由而全面的发展,是未来理想社会的基本特征和基本内容。"整个人类的发展,就其超出对人的自然存在直接需要的发展来说,无非是对这种自由时间的运用,并且整个人类发展的前提就是把这种自由时间的运用作为必要的基础。"③

根据马克思的人的全面发展观,社会主义现代化尤其重视人的全面发展。现代化最终是由人来推动的,人的素质没有达到现代水准,也就不可能有现代化。人的素质和能力现代化是人的现代化的基础。一般来说,人的素质和能力主要包括品质、体质、智能和潜能。马克思当年所提出的未来社会人的全面发展就涉及这些方面。现代化不能见物不见人。机器设备的先进、高楼大厦的耸立、物质财富的增加只是现代化的"物"的方面。相比物质资本和物质财富,人才资源是第一资源,人力资本是更为重要的现代化资源。因此,在经济发展的基础上充分重视社会发展和精神文明,是中国式现代化的应有之义。

二、 人的现代化是现代化的中心内容

美国社会学家英格尔斯在其著作《人的现代化》中,有这样一个论断:"一个国家,只有当它的人民是现代人,它的国民从心理和行为上都转变为现代的人格,它的现代政治、经济和文化管理机构中的工作人员都获得了某种与现代化发展相适应的现代性,这样的国家才可真正称之为现代化的国家。否则……即使经济已经开始起飞,也不会持续长久。"④针对20世纪60年代一些国家只注重经

---

① 《马克思恩格斯全集》第46卷(下),人民出版社1980年版,第218—219页。
② 《马克思恩格斯全集》第46卷(下),人民出版社1980年版,第225页。
③ 《马克思恩格斯全集》第47卷,人民出版社1979年版,第216页。
④ [美]阿历克斯·英格尔斯:《人的现代化》,殷陆君编译,四川人民出版社1985年版,第8页。

济增长、仅以GDP来衡量现代化水平、仅仅注重"物的因素"的现代化发展模式，他针锋相对地提出现代化要注重"人的因素"，强调"人的现代化是国家现代化必不可少的因素。人的现代化并不是现代化过程结束后的副产品，而是现代化制度与经济赖以长期发展并取得成功的先决条件"。① 英格尔斯提出人的现代化的12条标准——抱负（职业和教育）、可依赖性、变革取向、尊严感、效能感、意见增加、信息、新经验、乐观主义、特殊主义、计划性、技能与分配公平，并进一步提炼出现代人的四大"现代性"要素：能接受并包容新事物和变革，不因循守旧；积极参与社会事务；具有鲜明的个人效能；高度独立自主。当然，个人不是"某个人"或"某些人"，而是"每个人"或"一切人"，起码是一个国家的绝大多数人。没有个人素质的现代化，就没有社会人口素质的现代化，也就没有国家现代化。这个层面的人的现代化主要指人口素质的现代化，包括价值观、人生观、世界观、思想、精神、观念、知识、品质、素质、能力、思维、心态等的现代化。

人的现代化的实现程度是衡量社会发展水平的一个重要方面，国际上和学术界有多种评价指标，其中包括教育经费占国民生产总值的比重、中学生占12—17岁年龄人口的比重、大学生占20—24岁年龄人口的比重、人口自然增长率、平均预期寿命、婴儿死亡率、平均多少人有一名医生等。

最著名的是联合国开发计划署推出的人类发展指数（HDI）。该指数从健康长寿、教育水平、生活水平三大维度衡量经济社会发展水平。其中，健康长寿，用预期寿命来衡量；教育水平，用成人识字率（2/3权重）及小学、中学、大学综合入学率（1/3权重）共同衡量；生活水平，用实际人均GDP（按购买力平价计算）来衡量。每个指标设定了最小值和最大值。（1）预期寿命：25岁和85岁。（2）成人识字率：0%和100%，为15岁以上识字者占15岁以上人口比率。（3）综合入学率：0%和100%，学生人数占6至21岁人口比率（因各国教育系统的差异而有所不同）。（4）实际人均GDP（按购买力平价计算）：100美元和40000美元。

在2010—2020年短短10年时间里，中国的HDI指数有了显著提升。2020

---

① [美]阿历克斯·英格尔斯：《人的现代化》，殷陆君编译，四川人民出版社1985年版，第8页。

年，中国 HDI 指数达到 0.761，属于"高人类发展指数"[①]，在全球 189 个国家和地区中排名第 85。人均预期寿命 76.9 岁，较 2010 年的 74.83 岁有了显著提高，高于世界平均水平的 72.74 岁，2035 年人均预期寿命预计超过 80 岁。15 岁及以上人口的平均受教育年限由 2010 年的 9.08 年提高至 9.91 年。第七次全国人口普查结果显示，中国具有大学文化程度的人口为 21836 万人；每 10 万人中具有大学文化程度的人数与 2010 年相比，由 8930 人上升为 15467 人，比例从 2010 年的 8.9% 上升至 15.5%。所有这些 HDI 指数衡量的中国社会发展水平都明显高于同等人均 GDP 国家。这是中国式现代化的显著特征。

第二节
富裕全体人民

以人民为中心，是进入新时代后以习近平同志为核心的党中央治国理政的核心价值观，也是中国式现代化的目标定位。根据中国式现代化蓝图：基本实现社会主义现代化时，人民生活更为宽裕，全体人民共同富裕迈出坚实步伐；建成富强民主文明和谐美丽的社会主义现代化强国时，全体人民共同富裕基本实现，我国人民将享有更加幸福安康的生活。中国式现代化的阶段性目标可以归结为"温饱—小康—宽裕—幸福安康"。

一、人民生活现代化

中国式现代化所要求的人民富裕包含哪些内容？一是人民收入水平大幅度提高。二是居民家庭财产明显增加，居民的财产性收入随之增加。三是居民享有的公共财富明显增加，特别是社会保障覆盖面扩大，城乡基本公共服务均等化。四是居民消费水平明显提升和消费结构明显改善，这是人民富裕程度的集中表现。特别需要关注的是，进入新时代，虽然我国仍处于并将长期处于社会主义初级阶段的基本国情没有变，但我国社会主要矛盾已转化为人民日益增长的

[①] 据联合国开发计划署于 2010 年 11 月 4 日推出的纪念首份《人类发展报告》发布二十周年特刊——《2010 年人类发展报告》，0.8 以上为极高人类发展指数、0.7—0.8 为高人类发展指数、0.55—0.7 为中等人类发展指数。

美好生活需要和不平衡不充分的发展之间的矛盾。这就是说,现代化进程所要关注的人民群众日益增长的美好生活需要,不仅仅是经济方面的,还有文化、精神、健康、生态等多方面的。现代化就是要解决不能满足人民美好生活需要的发展的不平衡不充分问题。因此,中国式现代化是人民物质和精神富裕水平不断提高的过程。

人民生活现代化的重要表现是人口结构现代化。人的性别结构、年龄结构不断适应经济社会发展要求,使之处于某种与现代化进程相契合的优化状态,可以用出生人口性别比、总人口性别比、65岁及以上老年人口占总人口比重、劳动年龄人口占总人口比重等指标衡量。人口城乡结构现代化则要求城乡社会经济均衡发展、城市化水平与工业化水平相协调、人口数量在城乡分布合理,可以用城镇化率来度量。人口就业结构的变化是人的现代化和经济社会现代化发展的必然结果,要求劳动力从农业产业向非农产业释放与转移,常用测量指标有非农就业人口占总就业人口比重等。

根据罗斯托的经济成长阶段论,现代化的重要标志是进入追求生活质量阶段:涉及自然(居民生活环境的美化和净化)和社会(教育、卫生保健、交通、生活服务、社会风尚、社会秩序)两个方面。与此相应,一方面,与医疗、教育、文化娱乐、旅游有关的服务部门加速发展,成为主导部门;另一方面,环境污染、城市交通拥挤和人口过密等问题亟待认真处理和解决。这些方面就成为与现代化相适应的社会发展的重要内容。

人口结构现代化的重要标志是中等收入群体显著扩大。全社会的收入阶层分为高收入群体、中等收入群体和低收入群体。虽然我国目前已拥有全球规模最大的中等收入群体——超过4亿人,但在14亿多的总人口中还只占到约1/3,我国居民收入结构仍然是低收入群体占大多数的金字塔型结构。共同富裕就是要改变这种结构,转向中等收入群体占大多数的橄榄型收入结构。中等收入群体比重显著提升并达到大多数是我国实现共同富裕的重要标志。原因是,中等收入群体占人口大多数是缩小收入差距的结构性措施,中等收入群体的扩大意味着更多的低收入者上升为中等收入者(当然不是指高收入群体降为中等收入者)。对发展来说,中等收入群体是推动现代化的活力源,是消费升级的推动者。中等收入群体能创造支撑增长所需要的巨大消费市场,释放经济的活力。

在现代化进程中,随着经济迅速发展,基本公共服务保障能力不断提高、居民生活质量不断改善,突出反映在经济生活、社会服务和居住环境三个方面。在经济生活方面,考虑到现代化的人更注重追求生活的高质量和多样性,用于满足基本生活需求的食品支出占比会随人均收入的提高而不断降低,采用恩格尔系数、人均 GDP 作为衡量指标;在社会服务方面,随着经济迅速发展,人们也会追求福利和社会保障的高标准与均等化,这一方面的衡量指标可以采用每万人拥有医院、卫生院床位数,基本养老保险综合参保率,基本医疗保险综合参保率,等等;在居住环境方面,现代化的人往往追求生活的舒适性与环境的优美性,可以采用人均住房面积、人均公园绿地面积等指标来测量。[①] 概括起来就是习近平总书记所指出的:"期盼有更好的教育、更稳定的工作、更满意的收入、更可靠的社会保障、更高水平的医疗卫生服务、更舒适的居住条件、更优美的环境。"[②]当然,人居环境的绿色化和美化也是人居环境现代化的重要方面。此点将在其他章节中详细论述。

二、全体人民共同富裕

全体人民共同富裕是中国式现代化的本质特征。基本实现现代化进程中所要和所能解决的共同富裕问题主要有以下两个方面。

第一,家庭收入和财富占有的差距明显缩小。共同富裕的着力点和切入点是"提低",以克服相对贫困为重点。共同富裕不可能完全消除富裕程度的差别。不仅要允许对发展贡献大的更富裕一些,考虑到个人消费习惯、储蓄投资习惯、个人偏好,还要允许存在住房面积、汽车质量、衣食质量等家庭财产的差异。但是,贫富差距还是应该有底线的。就像全面建成小康社会时期的脱贫攻坚,明确以"两不愁三保障"作为解决绝对贫困问题的底线,也就是以处于收入差距底部的居民收入提高为着力点。收入差距也应该有个"合理区间"。这个"合理区间"如何衡量?可以用平均数和大多数的关系来衡量。目前用"平均数"来反映的各

[①] 王欢、黄健元:《我国人的现代化指标体系的构建》,《统计与决策》2016 年第 6 期。
[②] 《习近平谈治国理政》第一卷,外文出版社 2018 年版,第 4 页。

个地区的收入和财富占有水平并不能反映大多数人实际的收入和财富占有是否达到平均数。如果大多数人实际的收入和财富占有达到平均数,则意味着共同富裕水平的提高。共同富裕会使相对贫困的标准发生变化。根据美好生活的要求,帮助低收入群体摆脱绝对贫困的"两不愁三保障"标准在量和质两个方面都有提升。贫困的底线会不断被提高,相对贫困的底线标准被提高到一定的水平以后,共同富裕就会基本实现。

第二,公共产品的享用水平均等化。更好的教育、更稳定的工作、更满意的收入、更可靠的社会保障、更高水平的医疗卫生服务、更舒适的居住条件、更优美的环境等美好生活的需要大都涉及公共产品供给。基本实现现代化阶段的共同富裕,不能排除在私人产品方面还存在差别,但对公共产品则要求无差别提供。纯公共产品的无差别提供应该是没有问题的,关键是要解决需要享用者付费享用的非纯公共产品(准公共产品)的无差别提供问题。非纯公共产品主要涉及医疗、教育、公共卫生、公共交通、社会保障等。共同富裕提出横向公平和纵向公平的要求。横向公平强调谁享用谁付费,纵向公平则强调根据支付能力付费享用公共产品。向全体人民无差别提供公共产品,反映公共产品享用水平均等化,如全民免费义务教育等。

当下,绝对贫困问题解决了,相对贫困问题还较为突出。发展不平衡不充分、收入分配体制不健全、社会保障体系不完善等是产生相对贫困的主要原因。针对城乡和区域二元结构,实现共同富裕主要涉及三大发展问题:区域二元结构现代化、城乡二元结构现代化和乡村振兴。从共同富裕的要求出发推进现代化,不能只是关注城市和先发展地区现代化的先行,更要关注农村和后发展地区现代化的跨越,体现以高质量发展实现共同富裕的要求。

行业间存在收入差距原因主要有两个:一是所处的产业结构,尤其是朝阳产业与夕阳产业之间的收入差距很大。其收入差距反映市场对各个行业的评价,或者说是市场决定资源配置及其调节的结果。二是不同行业所需要的人力资本水平存在差异。所需人力资本高的行业报酬水平也高,反之则低。因此,缩小行业间的收入差距主要靠结构调整和市场作用。在马克思的理论中,部门之间利润率的差别可以借助市场竞争中资本和劳动力的自由流动得以平均化。至于由行业垄断和非合理收入造成的收入差距,则要靠反垄断和规范市场秩序来解决。

现行收入分配体制产生的收入差距问题是在改革中实行效率优先政策和各种生产要素参与收入分配的体制中,不同个人由于所拥有的要素存在差距导致收入的分化。本来,只是因为效率差别而产生的收入差距还不足以产生贫富两极分化。但是,基于这种体制产生资本收益和投机暴富,贫富两极分化不是不可能的。这就是马克思的积累理论所指出的:在私人投资和积累的背景下就会产生两极的积累,一极是财富的积累,一极是贫困的积累。从分配体制角度出发,推进共同富裕需要解决好效率与公平的关系。既要坚持促进效率提高的理念、体制和政策,又要突出共享发展,使低收入群体能够共享发展成果。

第三节
人的素质现代化

人的素质现代化是人的现代化的核心。人的素质和能力现代化是人的现代化之基。与人口数量相比,人的素质对经济社会发展的影响愈来愈具有决定性作用,是加速地区现代化实现的必要条件,甚至是前提条件。人的素质现代化主要包括人的身体素质现代化、文化素质现代化、思想素质现代化三个方面:在人的身体素质方面,采用出生婴儿死亡率、出生婴儿缺陷率等指标来度量;人的文化素质现代化指人口的知识化水平,可以采用每万人专利授权数、劳动年龄人口平均受教育年限、研究人员数占总人口比重等指标来反映;人的思想素质现代化程度,可以用社会主义核心价值观来界定。与此相应,人民在民主、法治、公平、正义、安全、环境等方面的要求日益增长。男女平等也是人的现代化的重要方面,克服重男轻女的陋习是人的现代化的重要内容。

一、精神文明建设

物质文明和精神文明协调发展,是走好中国式现代化新道路的重要保障与支撑。西方国家的现代化,主要是指物质文明层面的现代化。不同于西方国家单向的过于追求物质的现代化,中国式现代化不仅注重物质上的现代化,还强调精神上的现代化。精神文明建设最终是要解决人的价值观问题，形成社会主义核心价值观，包括富强、民主、文明、和谐的价值目标，自由、平等、公正、法治的价值取向，爱国、敬业、诚信、友善的价值准则。

正因为现代化是由人来推动的，人的观念现代化就成为现代化的关键。只有人的思维和观念达到现代化水准，才能适应和推动现代技术和现代化社会发展。这就是诺贝尔经济学奖得主米尔达尔所指出的："测验一个国家的先进程度，就看它利用现代技术到什么程度。现代技术不是得到和使用一种工具问题。现代技术跟随现代思想而出现。你不能以古代的思想去掌握现代的工具。"[①]在现代社会条件下，人只有全面提高自身素质，全面发展各种能力，才能适应复杂多变的社会发展。人的现代化既要内化于心，又要外化于行，即实现行为方式的现代化。观念现代化是指人的心理态度和价值观念从传统向现代转化，是人的现代化的灵魂，主要包括人的价值观念、精神态度、思想意识、思维方式等方面的现代化。例如，推进现代化需要冲破思想观念的障碍，突破利益固化的藩篱；需要反对故步自封的愚顽意识，反对不思进取的行为准则；需要突破在低收入发展阶段的发展理念，尤其是要对社会主义现代化的目标和路径形成共识和认同。观念现代化突出的特点是根据新发展理念转变发展的理念。其中包括由单纯追求GDP的增长转向追求经济、社会、政治和文化的全面协调发展。过去的发展理念是战胜自然、掠夺自然，中国式现代化则需要树立尊重自然、顺应自然、保护自然的生态文明理念。

公民道德建设是中国式现代化的重要内容。人的现代化的最终目标是成为现代人。社会主义现代化所要求的现代人的标准，可以用社会主义核心价值观来界定：一是对社会主义现代化树立富强、民主、文明、和谐的价值目标；二是在社会层面上明确自由、平等、公正、法治的价值取向；三是参与社会主义现代化建设的个人要明确爱国、敬业、诚信、友善的价值准则。

需要特别强调的是，人的现代化的法治调节。实践证明，道德规范与法治是

---

① [瑞典] G.米尔达尔：《亚洲戏剧》，转引自 [澳] 海因茨·沃尔夫冈·阿恩特《经济发展思想史》，唐宇华、吴良健译，商务印书馆1999年版，第199页。

相辅相成的。在严明的法治下,遵守公民道德就成为公民的自觉行为。

二、文化现代化

文化现代化是精神文明建设的主要方面。文化发展水平不只影响人的现代化水平,同时也影响一个国家和地区的软实力。不能设想一个国家和地区在经济上达到现代化后还是文化的沙漠,也不能设想一个物质上富有但精神上空虚的人会成为现代人。中国的现代化不只表现在经济上进入世界强国之列,还表现在文化上也进入世界强国之列。因此,随着经济现代化的推进,文化发展越来越成为现代化的重点领域。我国积淀了五千多年的文化底蕴,有条件在保持传统文化优势的基础上,高起点发展体现时代和科技特征的新兴文化。正如习近平总书记指出的,中国式现代化赋予中华文明以现代力量,中华文明赋予中国式现代化以深厚底蕴。中国式现代化是赓续古老文明的现代化,而不是消灭古老文明的现代化;是从中华大地长出来的现代化,不是照搬照抄其他国家的现代化;是文明更新的结果,不是文明断裂的产物。中国式现代化是中华民族的旧邦新命,必将推动中华文明重焕荣光。[①]

文化现代化在一定程度上指的是文化的开放性和包容性,不排斥世界文化的进入。中国人积极参与奥运会、世界杯等国际赛事和世博会等国际性展览都可以看作推进文化现代化的重要路径。文化的国际交流可以看作文化现代化的重要方面,人们可以在文化交流中了解世界;更为重要的是,使世界了解和认同中国的现代化。

经济现代化与文化现代化是有区别的。经济现代化有个追赶发达国家的问题;文化现代化就不完全是追赶发达国家,更不是文化的西化。文化产品不同于物质产品,它不仅有一个先进和落后的问题,还有个方向问题。一种文化可能繁荣一个民族,也可能毁灭一个民族。文化实际上是一种价值观、道德观。我国的现代化绝不是要在文化上都仿效西方发达国家。现在西方许多批评后现代的论著都是针对其文化而言的,包括精神的空虚、道德的沦丧、诚信的缺失等。这类文化绝不是现代化的目标。

---

① 习近平:《在文化传承发展座谈会上的讲话》,《求是》2023年第17期。

习近平总书记指出："要共同倡导重视文明传承和创新,充分挖掘各国历史文化的时代价值,推动各国优秀传统文化在现代化进程中实现创造性转化、创新性发展。"[①]我国文化现代化的重要目标是中华民族的先进文化——包括传统的和现代的文化——进入世界,得到世界的认同,也就是民族的文化成为世界的文化。因此现代化的文化的传承和创新都要明确国家和民族的主流价值观念、思想意识和行为方式。这既关系到国家和民族的认同,也关系到国家和民族的凝聚力与社会的风尚。当然,中国文化中也有必须抛弃的糟粕,也有阻碍现代化的观念,如因循守旧、不求进取的文化。这些文化不是中国的主流文化,应该在文化现代化进程中加以克服。

文化现代化更重要的是保持价值观的先进性。我国推进的文化现代化首先是要培育和践行社会主义核心价值观,我国现在所明确的中国特色社会主义理论体系和社会主义核心价值体系就是主流的思想意识和价值观念。它将渗透到文化传承和创新的方方面面。在共同遵守社会主义核心价值观的基础上形成文化认同和自信,需要以社会主义核心价值观为标准弘扬中国几千年来形成的优秀传统文化,同时积极吸纳世界先进文化。文化现代化的目标是,在中国进入现代化社会时,中国人借由优秀文化所体现的民族性仍能得到彰显,并走向世界。

在现代化的进程中,人民群众在物质生活需要得到满足的同时,对精神生活的需要也在日益增长。满足人民群众不断增长的精神生活需要成为文化现代化的重要方面。与此相关的文化供给主要涉及三个方面:一是获取文化信息的现代化信息系统,如现代化的网络和数字媒体。正因为如此,许多地方把上网人数列入现代化的评价指标。二是群众参与并享用的文化设施的现代化。除了传统的剧场、影院、图书馆、文化馆等文化设施的现代化升级,利用网络传输的各种文化设施的现代化要求更高。三是满足不同文化层次消费需求的各级各类作品丰富多彩,从而形成消费者对自身文化的认同。

文化不仅是体现意识形态的事业,也是与经济现代化相伴的文化产业。文化的现代化水平很大程度体现在文化产业的现代化水平上。健康向上的文化产

[①] 习近平:《携手同行现代化之路》,《人民日报》2023年3月16日。

品进入文化市场,是拥有广泛的市场的。文化只有不断创新才能赢得市场。传统的优秀文化是靠创新来传承的。一个民族如果没有创新能力,就不可能保存自己的传统文化;一个民族的传统文化如果不加以创新,就不可能有长久的生命力。文化产业所进行的创新实际上就是以创意为核心。有创意就有创新。如果把文化资源和创意结合起来,就能产生文化产品的竞争力。发展文化产业需要明确文化产品的高附加值。文化产品的高附加值体现在高新技术和文化产品生产的结合上。科技和文化交相辉映,就能推动文化产业的现代化。显然,文化产品如果脱离各种高科技的应用,就很难有高附加值,也就很难不断地创新。从一定意义上说,传统文化的传承很大程度上需要高科技的支撑。总而言之,文化产业的现代化要在明确方向(政治方向和市场导向)和主流价值观的前提下,靠创意传承和创新文化,靠科技支撑产业发展。

文化现代化的一个重要方面是中国的文化产品走出去进入世界。以美国为代表的西方发达国家依靠高科技和创意把影视作品、体育品牌、书刊及各种文化形象向世界传播。不仅产生了良好的经济价值——其文化产品出口占据很大的出口份额,而且达到了向全世界推行价值观的目的。这对我国文化现代化既可构成挑战,又可成为借鉴。我国推进现代化也需要利用各种现代技术手段通过各种文化载体将自己的文化推向世界,传播中国优秀的传统文化和现代文化,充分展示自己的软实力。

第四节
人的全面发展

习近平同志指出:"人,本质上就是文化的人,而不是'物化'的人;是能动的、全面的人,而不是僵化的、'单向度'的人。"[①]中国式现代化要促进人的现代化,着力点在于人的全面发展。这就需要解决人的素质、知识、技能和健康水平在现代化中得到提升的问题。

---

① 习近平:《之江新语》,浙江人民出版社2007年版,第150页。

一、人的全面发展要求

基于"现代工业的技术基础是革命的"这一科学判断,马克思提出了人的全面发展的要求。"现代工业通过机器、化学过程和其他方法,使工人的职能和劳动过程的社会结合不断地随着生产的技术基础发生变革。这样,它也同样不断地使社会内部的分工发生革命……大工业的本性决定了劳动的变换、职能的更动和工人的全面流动性。"① 由此,下面这一点成为生死攸关的问题:"用那种把不同社会职能当作互相交替的活动方式的全面发展的个人,来代替只是承担一种社会局部职能的局部个人。"因而,"工人阶级在不可避免地夺取政权之后,将使理论的和实践的工艺教育在工人学校中占据应有的位置"。② 实现人的知识、能力的全面发展和人的才能全面发挥,足够应对科技和产业变革导致的劳动职能的不断变革。

现代化最终是由人来推动的,人的素质和能力现代化是人的现代化之基。现代化的中国,不仅要成为经济强国,还要成为科技强国、文化强国。

在当下的现代化进程中,正在迅速推进的信息化和智能化,促进了产业基础高级化。这种革命性的变化不可避免地会导致社会分工、技能要求及相应的就业的全面流动性,由此提出更为紧迫的人的全面发展要求。实现这个要求的途径就是教育现代化先行,"教育与技术赛跑",实现人的知识、能力的全面发展和人的才能的全面发挥,以充分应对科技和产业变革导致的劳动职能的不断变革。

人的全面发展体现在人力资本积累上。人力资本积累有外部效应和内部效应。外部效应是指随着个人人力资本的积累,其带来的社会效益是逐渐增加的,且社会效益大于私人效益。内部效应是指提高劳动者自身劳动生产效率与收益,在带来个人收入增长的同时,又增加精神上的满足,从而在知识、技能、生产效率、精神上促进人的现代化。

人力资本积累使物质资本的边际效率下降的趋势减缓。人力资本外化为知识或技术形态影响经济增长,知识与技术具有非竞争性与非排他性,个人知识或

---

① [德]马克思:《资本论》第1卷,人民出版社2004年版,第560页。
② [德]马克思:《资本论》第1卷,人民出版社2004年版,第561—562页。

技术水平的提高会提升整个社会的知识或技术水平,这在经济增长中又表现为全要素生产率影响参与生产所有要素的生产效率。托普莱等证实了人力资本外部效应的存在,认为高技能劳动力是正外部效应的主要产生者。20世纪80年代,卢卡斯分析了人力资本积累的意义,认为劳动力质量是经济增长的主要影响因素,借鉴柯布-道格拉斯生产函数(Cobb-Dauglas Production Function)改进人力资本模型。改进后,人力资本外部效应模型基本假定人力资本的增长率是人们用于积累人力资本的时间比例的线性函数,个人人力资本水平的提高,既能提升自身的生产效率,又能提升整个社会的生产率,将人力资本作为独立生产要素,所以模型中既反映了人力资本的要素作用,又体现了外部效应,考虑了人力资本要素的所有贡献。人力资本投资的外部效应通过提高全社会知识、技能、文化、生产率,进而形成人类的现代性,推动人类群体的现代化和一国的现代化。

人力资本积累源于人力资本投资,主要包括教育投资和健康投资,关系到全民族知识和健康水平的提升。教育和健康投资均作用于人的知识、技能、身体素质,是实现人的现代化的必要手段。相比物质资本,人才资源才是第一资源,人力资本是重要的现代化资源。高质量发展以高质量人才为支撑,不仅需要培育企业家人力资本,激发和保护企业家精神,还需要培育知识型、技能型、创新型劳动者。

二、教育与技术赛跑

现代化以科技创新为重要特征,知识创新和技术进步日新月异。面对这一情况,皮凯蒂在《21世纪资本论》中提出"教育与技术赛跑"理论,认为技术的进步会给教育带来重大挑战。提高劳动者富裕水平需要实现居民知识和技能的共同富裕,这就要求高等教育和职业教育发展的步伐要快于技术发展的步伐。现代化最终是由人来推动的,教育必须与技术赛跑,才能使劳动者的就业能力适应技术进步。

根据皮凯蒂《21世纪资本论》的分析,使财富和收入趋同的力量是知识的扩散和对培训教育的投入,也就是通常说的"富脑袋"。知识和技能的缺失所造成的结构性失业成为相对贫困产生的重要原因。现实中造成贫富差距的一个重要原因是不同区域和城乡居民获取的教育资源尤其是优质教育资源不均衡。相对贫困说到底是能力的贫困。

人的现代化与人的受教育程度相关。教育现代化在推动实现人的现代化中具有首要地位。就如发展经济学家森德鲁姆所说:"现代经济行为的扩散和人吸收现代技术的能力,并以教育、社会基础和制度为基础。根据这个观点,一个社会,它的成员的教育程度较高,它提供的基础结构较大,它的经济制度较好,能鼓励现代技术的学习与运用,它才能被认为是较发达的社会。"[1]库兹涅茨描述现代经济增长的主要特征是知识扩展的速度和领域明显影响经济增长率和经济结构。因此,知识存量的可传播性特征以及一个国家在现代经济增长过程中对知识的依赖性变得非常明显。其必然后果是现代教育特别是高等教育在现代化国家的普及。

教育投资具有倍增效应。提高人均受教育年限的一个明显效果是可以实现个人知识水平的提升;个人受教育程度不同,学习能力、知识消化能力及技术应用能力也不同。人是技术的载体,是技术推广和应用的主力军,而技术推广和应用同劳动者的文化素质密切相关——个人文化素质直接影响其与技术的结合程度,直接影响技术转化为生产力的效果和速度。技能投资是教育投资的重要方面,可以以职业教育、技能培训、技术推广等为手段,以实用技术、职业技能、现代管理等为主要培训内容,提高从业者技能水平。

教育现代化的目标之一是培养能够掌握和发展现代科学技术的劳动者。在发达国家,不仅进入高等学校求学的人数急剧上升,而且在高等学校学习现代专业和新兴专业的学生人数上升得更快。发达国家的现代化是这样,追赶发达国家的发展中国家现代化更应该这样。对发展中国家来说,现代化就是学习和直接利用国际先进技术和知识的过程。经济发展的初期以减少文盲为目标,而推进现代化则要以普及高等教育为目标。因此,接受过高等教育的人口所占的比例成为现代化的重要指标。

---

[1] [英]R.M.森德鲁姆:《发展经济学:分析和政策的框架》,转引自[澳]海因茨·沃尔夫冈·阿恩特《经济发展思想史》,唐宇华、吴良健译,商务印书馆1999年版,第201页。

发展教育,提高全民族的文化水平,是推动人的现代化的必要过程。基于人的现代化目标及教育在现代化中的地位和作用,教育要先于其他方面实现现代化。教育现代化不仅表现为接受教育的年限延长尤其是高等教育的普及率提高,而且也表现为教育质量提高。现代化的第一资源是人才,高质量人才培养需要高质量的教育。因此教育现代化要落实到提高教育质量上。现代化国家教育现代化的重要标志是大学达到现代水准,具体表现为四点:一是具有跟踪并掌握最新现代科学技术的能力和机制;二是具有培养创新型人才的能力和机制;三是具有同企业进行产学研协同创新、推动现代科技成果转化的能力和机制;四是具有弘扬民族文化、吸纳世界先进文化、实现文化传承创新的能力和机制。

教育及教育现代化的所有目标归根结底是通过现代人的培养和现代人的贡献来实现的。教育要使所有的人得到充分、自由的发展,教育应促进人的个性发展,教育要培养人的科学精神、民主精神、人文精神、批判性思维、法治思维、创新思维及能力等,这些都是现代人培养的最基本要求。要让实现人的现代化在现代化教育强国建设中始终处于支配性的地位,须从两个方面作出根本性转变。一是公平观。将受教育权作为一项人权应当树立一个基本信念,那就是只要有公平的机会和足够的资源,每一个孩子都能通过学习成为对家庭和社会有用的人。二是质量观。通过课程、教学及考试评价制度等方面的改革提高教育质量。这两大转变应充分地体现在现代化建设中。

对我国这样的发展中大国来说,教育现代化需要推进优质教育资源的均衡配置,从而实现教育公平。我国教育的地区差别和城乡差别突出表现在优质教育资源配置不均衡,特别是中西部贫困地区与东部经济发达地区、城市与乡村之间教育资源存在较大差距。教育属于基本公共服务,居民有平等享受的权利。因此,社会主义公平正义要求优质教育资源在地区之间、城乡之间均等化配置,这也是教育现代化的基本目标。

教育现代化不能仅限于在校教育,还需要推进劳动者在职培训之类的终身教育机制建设。现代社会的人应处在一个连续不断的教育过程中,终身学习,不断更新自己的知识结构。教育要在社会成员需要学习的时候给他们提供受教育的机会。与在校教育不同,在职教育主要是提供专业知识与技能的教育和培训,包括各类技术的培训和管理的培训。其意义有两个方面,一方面,这是一种人力资本投资。专业化的知识技能和人力资本积累可以产生递增的收益,并使其他投入收益及总规模收益递增。另一方面,这是一种长期性投资。从事不同岗位工作的劳动者和管理者能够不断地适应不断进步的新科技的发展和应用。

对存在二元结构的我国来说,还有个教育农民的问题。占我国总人口相当大比例的农村人口由于历史原因,文化教育水平总体较低,这是我国农业现代化的困难所在。现代化需要的是有较高文化水平的新农民,这就需要对农民进行人力资本投资。对农民,除了要加强现代农业知识与农业技能教育、提高农业的现代化水平外,还要针对他们作为现代产业后备军的特点,加强科学、技术知识教育,以便为其未来身份的转化做好准备。同时也要引导有较高文化水平的城市居民进入农村,从事新农村建设,大力推进乡村振兴。

人才是第一资源,教育要率先基本实现现代化。我国的现代化进程需要坚持教育优先发展,促进教育公平。大力实施科教兴国战略和人才强国战略,全面实施素质教育,深化教育改革,提高教育质量,建设现代国民教育体系和终身教育体系,保障人民享有接受良好教育的机会,在更高的水平上促进我国经济社会的全面、协调和可持续发展。

三、健康中国建设

党的二十大就健康中国建设提出要求,把保障人民健康放在优先发展的战略位置,完善人民健康促进政策。健康投资关系到人口质量的提升。现代化社会所要满足的人民美好生活的需要包括人民在体魄、身体素质、健康水平、预期寿命等方面的需求。人力资本的健康投资不仅需要提高医疗水平,还需要提高公共卫生和防疫水平。这就需要政府加大公共医疗卫生及环境改善方面的资金投入,加强卫生医疗准入制度、卫生监督制度、医疗保障制度等一系列制度建设,加大力度推进生物技术和医疗技术的科技进步,增强城乡居民抗疾病风险的能力。

人力资本的健康投资能够提高劳动参与率。从业者拥有健康的身体能显著增强劳动参与动机,提高劳动参与率,增加劳动者的数量;健康的身体也使劳动者对未来的预期回报更加乐观与自信,一定程度上提高个人对新技术、新装备、新工艺的兴趣,有利于新装备、新技术的推广与应用。人力资本的健康投资还能够提高劳动效率。身体条件是劳动效率的重要影响因素,良好的身体素质是扩大再生产的保障,健康的身体是实现现代装备及技术与人有效结合的重要支撑。健康的从业者使用生产资料(机械装备、技术应用等)的效率比非健康者更高,直接提高了劳动质量。根据健康投资的要求,加强医疗卫生投资、提高医疗卫生水平是积累人力资本促进人的现代化的重要方面。

四、"五位一体"的现代化布局

中国社会主义现代化是经济、政治、文化、社会和生态文明"五位一体"的全面现代化。其中,人的现代化是关键因素,不仅是中国现代化的目标和价值取向,还是实现中国式现代化的先决条件。

中国式现代化尤其关注人民日益增长的美好生活需要,主要涉及经济、政治、文化、社会和生态文明五个方面。经济现代化也就是物质文明建设,要求最大限度满足人民日益增长的物质需求。这方面本书已有较为充分的阐述,这里着重分析另外四个方面的现代化要求。

政治建设的基本要求是,使我们的制度安排更好地体现社会主义公平正义原则,更加有利于实现好、维护好、发展好最广大人民根本利益。营造公平正义、民主法治等各方面良好的政治生态,使人民生活得更有尊严。

文化建设的基本要求是,弘扬社会主义核心价值观,弘扬以爱国主义为核心的民族精神和以改革创新为核心的时代精神,不断增强全党全国各族人民的精神力量。繁荣和发展社会主义先进文化,充分满足人民的精神文化需求,培育和践行社会主义核心价值观,不断提高人民的精神生活质量。

社会建设的基本要求是,保证人民平等参与、平等发展权利,维护社会公平正义。在学有所教、劳有所得、病有所医、老有所养、住有所居上持续取得进展,不断实现好、维护好、发展好最广大人民根本利益,使发展成果更多更公平惠及全体人民。在经济社会不断发展的基础上,朝着共同富裕方向稳步前进。

生态文明建设的基本要求是,人与自然和谐共生,建设美丽中国。建设生态文明,关系人民福祉,关乎民族未来。

全面落实经济建设、政治建设、文化建设、社会建设、生态文明建设"五位一体"总体布局,体现了创造美好生活与促进人的全面发展具有内在的统一性,实质在于以社会的全面发展实现人的全面发展。实现物质文明和精神文明相协调,特别强调要着力解决好发展不平衡问题,在社会发展方面补短板,加快推进科学和文化的现代化。科学现代化建设将在创新驱动部分进行详细阐述。

第四章
建设现代化产业体系和制造业现代化

所有先行现代化国家的现代化进程，无一例外，都是从工业化起步的，而且发达国家都是工业发达的国家，尽管一些发达国家的农业在国民生产总值中占有较大比重。因此已有的现代化理论都明确认为，现代化的实质就是工业化。可以说，从工业化走向现代化，无论是东方国家还是西方国家都是必由之路。中国式现代化虽然也是从工业化起步的，但其道路具有明显的中国特色。虽起步晚，但后发优势明显，尤其是同信息化融合发展。进入新时代，传统意义上的工业化已基本到位。根据党的二十大要求，产业结构转型升级的方向是建设现代化产业体系。坚持把发展经济的着力点放在实体经济上，推进新型工业化，加快建设制造强国、质量强国、航天强国、交通强国、网络强国、数字强国。

第一节
产业结构的现代化转型

从经济发展的进程分析,所有现代工业和落后农业并存的二元结构国家的现代化基本上都有工业化、城市化和改造传统农业的过程。中国经历了快速的工业化进程,并取得了巨大的成就。进入新时代,中国已经从农业大国发展为工业大国。在此基础上推动经济由大变强,关键在产业结构的现代化。经济现代化首先是建立现代产业体系。现代产业体系涉及现代化的产业结构、体现现代水平的新兴产业,以及各类产业采用的现代科学技术。

一、产业结构现代化的趋势

一个国家和地区是否具有竞争优势主要看产业竞争力。现代化也是如此。产业竞争力既涉及产业结构的现代水准,也涉及战略性新兴产业的发展状况。

(一)三次产业结构变化趋势

根据国际经验,总产值的部门构成变化有着下述趋势:一是随着人均国民收入水平的提高,第一产业(农业)在 GDP 中的比重呈明显下降的趋势。当然,农业产值比重的下降绝不意味着农业产值总量的下降。这种趋势恰恰是在农业产值总量增长和农业劳动生产率提高的基础上产生的。二是与农业占比下降相适应,第二产业(工业)产值的比重呈快速上升的趋势。三是第三产业(服务业)的份额随人均国民生产总值水平的提高而更快增大。劳动力的部门构成与总产值的部门构成是相辅相成的。总产值的部门构成变化会改变各部门对劳动力的需求,引起就业构成的变化。随着人均国民收入水平的提高,劳动力会从第一产业向第二产业转移;工业化基本完成之后,劳动力又会从第二产业向第三产业转移。总的来说,劳动力的部门构成与总产值的部门构成,两者的变化方向是一致的,但在时间和速度上存在着显著的差异。这主要表现在两个阶段:一是在工业化初期,农业部门占用的劳动力比重下降的速度远远慢于其提供的产值在总产值中所占比重下降的速度;二是在工业化阶段之后,第三产业中就业人数占全部劳动者的比重上升速度,要快于其创造的产值在总产值中比重的提高速度。

表4-1 有关国家产业结构比较

	美国	德国	日本	韩国	意大利	英国
人均GDP(美元)	6.5万	4.6万	4.0万	3.1万	3.3万	4.2万
农业增加值比重(%)	0.9*	0.8	1.2★	1.7	1.9	0.9
工业增加值比重(%)	18.2*	26.8	29.1★	33.0	21.4	17.4
服务业增加值比重(%)	77.4*	62.4	69.3★	56.8	66.3	71.3

注:* 为2017年数据,★为2018年数据,其他为2019年数据。
数据来源:《中国统计年鉴2020》中世界各国社会经济发展指标。

表4-2 中国若干年份三次产业占GDP比重

时间	第一产业(%)	第二产业(%)	第三产业(%)	人均GDP(美元)
1978	28.1	48.2	23.7	381
1982	33.39	44.77	21.85	298
2010	10.1	46.67	43.24	4382
2013	10	43.9	46.1	6767
2016	8.6	39.8	51.6	8260
2017	7.9	40.5	51.6	8836
2021	7.3	39.4	53.3	12551

数据来源:中国历年统计年鉴。

将表4-1数据和表4-2数据相比较,可知中国的产业结构变化进程符合现代化规律,但与发达国家相比还存在差距。中国属于工业比重大的国家,农业比重仍然偏高,服务业比重偏低,在现代化进程中产业结构有进一步优化升级的空间。当然也要注意到不同的国家有不同的国情,达到现代化水准的国家的产业结构也不尽相同。一类是美、英两国,金融产业发达,服务业比重高,均高于70%。另一类是德、日、韩、意大利四国,制造业发达,工业比重均高于20%,出口较多,服务业比重不超过70%。根据发达国家的参照系,我国产业结构现代化,农业(不仅是产值,更是劳动力)占比还有进一步下降的空间,但更为重要的是要大力度发展服务业尤其是现代服务业。

（二）服务业的快速发展和升级

在产业现代化中服务业发展更快，有其客观必要性和紧迫性。

第一，在工业化和城市化进入中后期阶段后，服务业尤其是现代服务业快速增长，服务贸易较产品贸易增长更快符合客观规律。服务业特别是现代服务业的发展潜力和增值空间大于制造业。其原因是居民对美好生活的需要不断增长，对交通、文化、教育、医疗、信息等方面的服务消费需求更为强烈。服务业能够吸收更多劳动力就业，并且大都属于环境友好型产业。

第二，从产业发展顺序看，制造业的发展推动服务业的发展。制造业达到较高水平，对服务业会提出强烈需求；服务业发展对制造业又有明显的拉动作用。尤其是制造业进入提高附加值阶段后，发展生产性服务业就显得更为重要。特别是新兴服务业，如金融、信息、广告、公用事业、咨询服务等发展最快。

第三，经济发展由投资拉动转向消费拉动依托服务业的发展。服务业与制造业的明显区别：制造业的生产地点可以与其市场也就是与消费地点分开；服务业则不同，其服务与消费在地点上不可分离。哪里的消费需求旺，服务网点就到哪里去；反过来，服务网络到哪里，哪里的消费就会热起来。最为明显的是当前的信息消费热就是同信息服务热相互促进的。在互联网介入后，服务业与消费地点可以分开，但这是因为互联网平台可以突破这种服务与消费的距离。

第四，当下，不仅以美国为代表的发达国家推进再工业化，资源型国家也在大力发展制造业，中国在国际市场上面临的竞争压力和资源供给压力日益加重。这样作为制造业和出口主导型国家，主动推进产业结构转型升级，着力发展服务业，不仅是要解决自身结构的大而不富的问题，也是应对全球经济转型的趋势和压力的应有之策。

正在推进的城市化城镇化进程也带动了服务业的迅速发展。实证分析表明，服务业的发展与城市化具有同步性。与现代经济相联系的大型商贸、文化教育、金融、保险、信息服务业等均集聚在城市，尤其是大中城市。城市的功能就包含服务的功能，如市场功能、信息功能和金融、保险、通信等方面的服务功能。现在正在推进的城市化就是强化城市功能。城镇化也会推动农村城镇具有城市功能,更多的农村人口转化为城镇人口,城市人口数量和地域规模扩大,公司总部向城市集中,都会进一步扩大服务业系统和网络及就业岗位。

服务业本身也有个转型升级的问题。相对于传统服务业,现代服务业是适应现代人和现代城市发展的需求而产生和发展起来的具有高技术含量和高文化含量的服务业。服务业包括消费者服务业和生产者服务业。随着服务业体量的迅速增加,服务业的结构也在不断优化,并且创新不断,新的服务种类和内容给服务业带来了更大的成长及服务空间。

消费者服务业的发展同居民消费水平的提高和消费结构的变化相关。随着人均收入水平的不断提高,居民的温饱型消费比重不断下降,居民的服务性消费比重不断上升,将推动消费者服务业的不断成长。零售、餐饮、娱乐、旅游、体育、客运、航运、旅店、家政服务等消费性服务业大都属劳动密集型服务业,与居民生活需求密切联系,进入退出的壁垒低。因此,这类服务业的发展非常迅猛。统计数字也显示,信息服务、医疗保健、交通通信、娱乐文教保持大幅增长势头,成为当前消费的热点。旅游消费热也已在居民家庭中兴起。由于不同群体之间收入水平存在差距,居民消费档次逐渐拉开,开始要求提供不同层次的服务,尤其是随着中等收入群体的扩大,中高端消费也迅猛发展。可见,即使是消费性服务业也可能有较高的等级和附加价值。

生产者服务业对制造业大国更为重要。现代经济趋势就是服务业主导制造业。进入现代化社会后,第三产业开始分化,知识密集型服务业开始从服务业中分离出来,并占主导地位。金融服务、科技服务、文化服务、国际商务、信息服务等现代服务业对现代工业的带动作用越来越明显。法律、会计、评估、咨询、工程设计、广告等中介服务机构越是发达和规范,制造业的发展空间更大、质量更高。在数字经济背景下,不仅要关注服务业自身的数字化、平台化,还要更多关注对农业和制造业的软件服务和数字服务。

在经济全球化的背景下,发达国家不仅将制造业向发展中国家转移,其现代服务业如金融、保险、通信、网络等也通过服务外包进入发展中国家。这种现象说明"世界是平的",也恰恰说明在发展中国家服务业是发展潜力最大的部门。发展中国家在积极引进国际现代服务业的同时,不仅带动了自身的现代服务业迅速发展，也带动了制造业的发展。

产业结构的服务业化丝毫没有降低工业化的地位。没有工业化也就没有现在的服务业化，服务业比重超过工业比重不意味着工业不需要较快增长。特别是美国近期又实施再工业化，可见，即使在服务业高度发达的国家其工业化也还在进行中。而在我国，服务业必须加快推进，否则中国不可能进入现代化国家的行列；与此同时，工业化不能松懈，尤其是工业化的质量和水准需要不断提高。

党的二十大报告从构建现代化产业体系角度提出构建优质高效的服务业新体系的要求。其主要方向是，推动现代服务业同先进制造业、现代农业深度融合。加快发展物联网，建设高效顺畅的流通体系，降低物流成本。在数字经济背景下，服务业的现代化进程也在加快，尤其是移动互联网与各类服务业的融合，产生新兴服务业，形成对传统服务业的挑战。例如，移动互联网进入传媒领域产生人人参与的新兴媒体；进入零售业产生电子商务，网上购物成为时尚；进入教育领域产生网上教育；进入金融领域产生互联网金融。可以预见，移动互联网几乎可以进入各个传统服务业领域，从而使服务业借助移动互联网技术和平台进入现代化阶段。在网络化服务业的带动下，工业现代化进程会大大加快。

二、 中国的工业化及其新课题

《中共中央关于党的百年奋斗重大成就和历史经验的决议》总结的十大历史经验之一就是坚持中国道路。党在百年奋斗中始终坚持从我国国情出发，探索并形成符合中国实际的正确道路。其中的一个重要方面就是《决议》所指出的："仅用几十年时间就走完发达国家几百年走过的工业化历程，创造了经济快速发展和社会长期稳定两大奇迹。"

（一）工业化道路

新中国成立初期，我国是落后的农业大国，工业尤其是现代工业比重很小，连二元结构都谈不上。毛泽东在党的七届二中全会上作报告时指出："中国的工业和农业在国民经济中的比重，就全国范围来说，在抗日战争以前，大约是现代性的工业占百分之十左右,农业和手工业占百分之九十左右。"①因此毛泽东十分忧虑地说:"现在我们能造什么? 能造桌子椅子,能造茶碗茶壶,能种粮食,还能磨成面粉,还能造纸,但是,一辆汽车、一架飞机、一辆坦克、一辆拖拉机都不能造。"②新中国成立后的"一五"时期推进国家工业化,优先发展重工业,其效果是明显的。到1956年宣布完成国家工业化任务时,我国已建立起了独立的工业体系,现代工业和落后农业并存的二元结构就此形成。但是直至1978年,我国的农业产值比重仍有28.2%,80%的人口在农村。我国大规模的工业化是从20世纪80年代发展乡镇企业开始的。

西方国家的现代化是先工业化,经过工业掠夺农业的过程再进行其他方面的现代化,整整花了二百多年的时间。我国到2013年,三次产业增加值占GDP的比重,第一产业降到10%,第二产业为43.9%,第三产业为46.1%,第三产业比重首次超过工业比重。截至2013年,如果从"一五"计划算起,我国的工业化不到50年;如果从1980年农村工业化算起,我国的工业化也才花30多年。这得益于工业化进程中的"四化"同步。

第一,工业化与城镇化、农业现代化同步推进。一般的工业化过程都在城市进行,中国大规模的工业化则是在农村推进。农村工业化,不只是发展工业,同时吸纳农业剩余劳动力。从农业中转移出来的劳动力进入城镇的非农产业就业,创造了中国特色的城镇化道路。工业化同城镇化同步推进,反哺农业。中国没有出现西方国家当年工业化时产生的农业和农村凋敝的现象。随着发展外向型经济,中国融入全球化,大举引进外商直接投资,推动企业与外商合资合作,不仅规模扩大,而且产品和技术升级,更多中国工业品进入国际市场,中国成为"世界工厂",中国的工业化也进入质的提升阶段,迅速由农业大国转变为新兴的工业国家。

第二,工业化同信息化融合发展。由于历史和科技的原因,西方发达国家是在已经完成工业化后进入信息化阶段的。许多发展中国家通常的逻辑是追随发

---

① 《毛泽东选集》第四卷,人民出版社1991年版,第1430页。
② 《毛泽东文集》第六卷,人民出版社1999年版,第329页。

达国家——先工业化,后信息化。结果不但跟不上发达国家,距离还在进一步扩大。中国的工业化起步较晚,但在工业化还没有完成时就赶上了信息化的浪潮。在此背景下,我国的现代化紧紧抓住了信息化的机会,不走先工业化、后信息化的老路。党的十五届五中全会明确提出:"以信息化带动工业化,发挥后发优势,实现社会生产力的跨越式发展。"党的十六大提出:"坚持以信息化带动工业化,以工业化促进信息化。"党的十七大提出:"大力推进信息化与工业化融合。"党的十八大提出:"促进工业化、信息化、城镇化、农业现代化同步发展。"推动信息化和工业化深度融合,是党的十八大作出的一个重要战略部署。工业现代化同信息化融合,以信息化推动工业化,使工业等产业的技术基础发生革命性变化,赶上世界工业化的步伐。现阶段的信息化的特点是移动互联网化。移动互联网的广泛应用不仅创造了新产业,而且使许多传统产业部门一跃进入现代产业体系。我国制造业水平提升,与发达国家的距离明显缩短,很大程度上要归功于信息化的带动。

(二)制造业的结构性矛盾

自 2010 年以来,我国制造业增加值已连续十多年世界第一。我国已经成为名副其实的世界第一制造业大国。按照国际标准工业分类,在 22 个大类中,我国在 7 个大类中名列第一,钢铁、水泥、汽车等 220 多种工业品产量居世界第一位。中国的出口量居世界第一位也是以制造业生产能力居世界前列为支撑的。正因为如此,中国有"世界工厂"之称。但是,当中国进入新发展阶段时,中国的制造业结构问题就变得突出了。

第一,过去,我国制造业为主的结构之所以能够支撑较长时期的发展,一方面靠的是较为宽松的资源和环境供给,另一方面主要靠的是国际市场需求。现在制造业为主的产业结构竞争力明显下降,资源和环境的压力造成了制造业增长的极限,世界性危机和产业转型又导致国际市场产能过剩,愈演愈烈的保护主义使中国制造品频繁遇到各种方式的打压和惩罚。

第二,制造业的结构性问题突出。一方面产能过剩严重。这是长期片面追求 GDP 的发展方式所致。尤其是在水泥、钢材、玻璃、有色金属、化工、建材等传统制造业领域,产能严重过剩。生产能力超过市场容量,不少产品不为市场所接受。再加上能源原材料成本不断上升,造成了高产值低收入的产业结构。另一方面,在存在大量产品产能严重过剩的同时,高科技、高性能、高附加价值的产品却很紧缺。例如,我国是世界上第一大钢铁生产国,但冷轧薄板却有巨大的供给缺口,自给率仅65%左右;不锈钢自给率更低,仅15%左右。我国的乙烯生产能力也是过剩,但同时高性能的醋酸乙烯聚合物的生产能力却不足,每年要进口200万吨左右。冶金业是买方市场,但许多特种钢材还依赖进口。其他如建材业、制药业等也是这样,更不用说高端芯片之类的高技术产品被"卡脖子"的问题了。

第三,相当多的制造业行业处于价值链的低端,附加价值不高。这就是习近平总书记所说的:"我国关键核心技术受制于人的局面尚未根本改变,创造新产业、引领未来发展的科技储备远远不够,产业还处于全球价值链中低端。"[1]尽管我们的制造业产量在世界上名列前茅,有的处于第一位,有的处于第二位。但不能说我国的工业已达到现代化,我国工业与发达国家的差距突出表现在以下两个方面:一是工业的科技含量和档次低,美国在飞机制造、特种工业材料、医疗设备、生物技术等高科技领域占有更大份额,而我们是在纺织、服装、化工、家用电器等低科技领域占有更大份额。二是制造业产品中,"中国创造"部分少,品牌也是用外国的多,这意味着中国制造业处于价值链的低端,附加价值不高,国际竞争力不强。以上分析表明,虽然中国是制造业大国,但还不是制造业强国;虽然在统计数据上我国已经实现工业化,但在工业发展水平上我国许多制造业领域还没有真正达到现代水平。

三、制造业的创新和升级

在我国这样的制造业大国,制造业的创新和升级尤为重要。在中国式现代化中,制造业创新升级的方向是高端化、智能化、绿色化。

根据霍利斯·钱纳里等人在《工业化和经济增长的比较研究》一书中的分析,工业发达国家的工业化分为三个时期。工业化初期阶段,由以农业为主的传统结构逐步向以现代化工业为主的工业化结构转变,以食品、烟草、建材等初级

---

[1] 《习近平谈治国理政》第二卷,外文出版社2017年版,第203页。

产品的生产为主。这一时期的产业主要是以劳动密集型产业为主。工业化中期阶段,由轻型工业的迅速增长转向重型工业的迅速增长,也就是所谓的重化工业阶段。这一阶段的产业大部分属于资本密集型产业。工业化后期阶段,信息和生物技术等新兴产业成为主导产业。显然,一个国家和地区哪个时期的工业在产业结构中占较大比重,能大致反映其产业结构的水准。产业结构现代化的趋势是初期工业比重下降,中期和后期工业比重上升。产业升级不只是指在现有产业中培植出适合新的市场需要的具有竞争优势的产品,同时还要求产业结构的升级换代,其中包括由劳动密集型产业上升为技术密集型产业,产生满足新的市场需求的新兴产业。

2016年,G20杭州峰会发布的《二十国集团创新增长蓝图》描绘了世界面临的新工业革命前景:新工业革命为工业特别是制造业及其相关服务业转变生产过程和商业模式、推动中长期经济增长提供了新机遇。物联网、大数据、云计算、人工智能、机器人、增材制造、新材料、增强现实、纳米技术和生物技术等很多新兴技术取得重大进展。这些技术进步正推动智能制造、个性定制、协同生产以及其他新型生产方式和商业模式的发展。

党的二十大报告从构建现代化产业体系角度提出制造业现代化的方向是高端化、智能化、绿色化。具体要求:一是移动互联网、智能终端、大数据、云计算、高端芯片等新一代信息技术发展将带动众多产业变革和创新;二是围绕新能源、气候变化、空间、海洋开发的技术创新更加密集;三是绿色经济、低碳技术等新兴产业蓬勃兴起;四是生命科学、生物技术带动形成庞大的健康、现代农业、生物能源、生物制造、环保等产业。培育这些新兴产业并使之成为主导产业,不仅是产业迈向中高端的目标,更是制造业现代化的方向。

第二节
制造业现代化之路

根据产业结构现代化要求,为了给现代服务业发展留出空间,我国的制造业需要关注的不是进一步提高工业比重,而是推进制造业现代化。制造业现代化指的是利用处于国际前沿的科技发展现代制造业,促进制造业由大变强。

一、新型工业化道路

长期以来,一国的产业结构安排有比较优势之说,也就是按照资源禀赋的比较优势安排产业结构。按此理论,我国基本上是发展劳动密集和土地、环境资源密集的产业,即使是利用外资的高科技产业也是主要利用我国的劳动、土地和环境资源的环节。这种产业分工虽然能够在国际贸易中获取一定的贸易利益,但不利于缩小我国与发达国家的差距。当我国成为世界第二大经济体,并达到上中等收入国家发展水平后,产业结构定位就要由比较优势转向竞争优势,需要通过产业创新培育产业的竞争优势。其目标就是波特所强调的,一国产业是否拥有可与世界级竞争对手较劲的竞争优势。如果还要使用"比较优势"的概念,绝不是指资源禀赋的比较优势,而是指比较竞争优势。

一国的现代化水准是以产业为度量单位的。国家的竞争力在于其产业创新与升级的能力。因此,一个国家和地区要想取得竞争优势,需要发展该时代处于领先地位的新兴产业,形成具有自主创新能力的现代化产业体系,尤其是实现支柱产业现代化,产生更高的效益、更强的竞争力。所谓现代化产业体系,其基本特征是结构优化、技术先进、清洁安全、附加值高、吸纳就业能力强。面对当代国际竞争新挑战,现代化产业体系特别强调自主可控、创新引领和协同发展。现代化产业体系的建设需要实体经济、科技创新、现代金融、人力资源协调发展。根据建设现代化产业体系的要求,制造业升级有两大方向:一是利用最新科技推动产业创新,发展代表未来发展方向的关键性战略性新兴产业,占领世界产业制高点;二是运用高科技改造传统产业,通过高科技产业化增大新兴产业和技术密集型产业的比重。

新型工业化道路指的是科技含量高、经济效益好、资源消耗低、环境污染少、人力资源优势得到充分发挥的工业化道路。具体要求:一是提高工业的科技含量。依靠最新科学技术使工业化水平迅速进入国际前沿,依靠高的科技含量获取高的附加价值。尤其是依靠最新科技成果发展该时代处于领先地位的战略性新兴产业,形成具有自主创新能力的产业体系。二是节能减排。在全球环境恶化及资源供给条件恶化的背景下,为了实现可持续发展,就必须摒弃发达国家所实行过的工业化模式和现代化道路,按可持续发展要求转向以再生能源为基础、重复或循环利用资源的经济模式。三是人力资源优势得到充分发挥。中国的工业化在吸纳就业的能力上应该是多元的,也就是劳动密集型产业与技术密集型产业并存。但是,即使是劳动密集型产业所吸纳的劳动力也不应该是简单劳动力。新型工业化不只是充分利用劳动力的量,更应重视劳动力的质。现代工业的技术基础是革命的。在新型工业化中最有价值的资源应该是与先进的机器设备相适应的知识和技术。进行人力资本投资,提高劳动者的素质,成为新型工业化的重要内容。

二、 进入新科技和产业革命前列

世界范围的产业革命先后经过机械化和电气化两个阶段。实践证明,哪个国家搭上产业革命的快车,哪个国家就能一跃跨入现代化的门槛。我国与前两次产业革命擦肩而过,是我国经济落后的重要原因。从20世纪70年代初开始,又出现了以微电子技术、生物工程技术、新型材料技术为标志的新技术革命。美国学者杰里米·里夫金在《第三次工业革命:新经济模式如何改变世界》中把第二次工业革命称为"化石能源的时代"。进入21世纪,曾经支撑起工业化生活方式的石油和其他化石能源日渐枯竭,那些靠化石燃料驱动的技术已陈旧落后,以化石能源为基础的整个产业结构也运转乏力;使用化石能源的工业活动造成的碳排放破坏了地球和气候生态系统,并危及人类健康。这就催生了第三次工业革命。第三次工业革命,根据里夫金的定义,以可再生能源为基础,是互联网技术和可再生能源的结合。也就是说,第三次工业革命有两大特征:一是新能源,二是信息化。新科技和产业革命以创新知识密集产业和绿色技术产业为标志。里夫金在该书的中文版序言中指出:中国是世界上最大的火力发电国,煤炭在其能源中比重约占70%。中国现在是世界上最大的能源消耗国和仅次于美国的第二大二氧化碳排放国。同时,中国拥有世界上最丰富的风力资源和太阳能资源。如果中国选择了第三次工业革命这条道路,那么中国极有可能作为龙头引领亚洲进入下一个伟大的经济时代。[1]

---

[1] [美]杰里米·里夫金:《第三次工业革命:新经济模式如何改变世界》,张体伟、孙豫宁译,中信出版社2012年版,第15页。

新产业革命催生的战略性新兴产业,是新兴科技和新兴产业的深度融合,既代表着科技创新的方向,也代表着产业发展的方向。面对正在到来的新科技和产业革命的挑战,各个国家都采取了积极的应对措施。据有关资料,美国着力发展新能源、生物医药、航天航空和宽带网络技术。日本着力发展新能源、新型汽车、低碳技术、医疗技术和信息技术。欧盟国家着力发展绿色技术、低碳技术和新能源汽车技术。巴西、墨西哥等发展中国家也在着力发展新能源和绿色环保技术。过去的几次科技和产业革命我国都没有能够赶上,失去了机会;这次再也不能与新科技和产业革命失之交臂。党的二十大后,党中央从推动高质量发展全局出发,明确提出加快发展新质生产力。在新征程上推进的中国式现代化需要抓住新科技和产业革命的新机遇,着力发展战略性新兴产业,站上世界科技和产业的制高点。

三、工业绿色化

一般的工业化都会经历高消耗高污染的阶段,如重工业化阶段。重工业化是一个国家制造业现代化的重要阶段之一。重工业化必然要大大增加对矿产资源及各种能源的需求,从而大大增加不可再生资源的消耗。与高消耗并存的,还有高排放问题。当年发达国家是通过掠夺欠发达国家的资源来实现工业化的。现在,发达国家进行结构转换的一个重要方面又是将高污染高消耗的行业转移到欠发达国家,再加上现在欠发达国家正在进入工业化阶段,其资源、环境、生态等问题将更加突出。据相关统计数据,2020年,美国GDP占全球GDP的比重为24.72%,全球排名第一;中国17.38%,全球排名第二;日本5.96%,全球排名第三。同期,一次性能源消费量占世界总量的比重:中国26.1%,美国15.8%,日本3.1%。我国人均淡水资源占有量为世界平均水平的25%,人均石油、天然气可采储量为世界平均水平的7%。

我国的人均淡水资源占有量和人均石油、天然气可采储量等都是远低于世界平均水平的,但我国一次性能源消费量占世界的比重明显高于GDP占世界的比重。按照我国目前的能源消耗水平,国内资源无力支撑高资源占用和消耗的制造业。我国的GDP如果要达到美国的水平,全世界的石油和煤炭都给我国消耗也不够。特别要注意到，我国已向世界承诺2030年实现碳达峰，2060年实现碳中和。这对我国工业绿色化提出了更高更紧迫的要求，不仅涉及能源革命，还涉及新能源利用中所需的设备和生产方式的绿色化。

面对工业化初中期阶段产生的生态和环境遭到严重破坏的现状，在工业现代化中推进绿色发展、循环发展、低碳发展需要在源头上扭转生态环境恶化趋势。一是调整产业结构，淘汰高耗能、高排放产业；二是立足于科技和产业创新。创新的绿色产业，不仅是指节能环保产业，还包括替代化石能源和不可再生资源的新能源产业、新材料产业等，这些都属于现阶段世界各国都在创新和发展的战略性新兴产业。依靠最新科学技术可以以其对物质资源的替代和节省实现低物质消耗，以其带来的清洁生产降低污染。

第三节
产业创新和产业链现代化

迈克尔·波特说，竞争力是以产业作为度量单位的。国家竞争力通常针对特定产业，而不是个别企业。在现代经济中，产业竞争力比企业竞争力更重要。产业创新的重要性，不只是新产业本身具有更高的效益和更好的发展前景；更为重要的是，产业竞争力是一个国家和地区的竞争优势所在。一个国家和地区的竞争力取决于其产业创新与升级的能力。习近平总书记提出新质生产力概念，强调要以科技创新引领现代化产业体系建设。

一、基于科技创新的产业创新

一个国家和地区在某一时期的竞争力和竞争优势，取决于有没有发展这个时代处于领先地位的新兴产业，形成具有自主创新能力的现代化产业体系。这是一个国家和地区的竞争力是否处于领先地位的标志。从世界发展的历史看，18世纪以来，技术革命尤其是科学技术革命一直是产业革命的先导，产业革命是技术革命的结果。德国推出的工业4.0计划实际上把18世纪以来的产业革命分为四次：第一次机械化，即工业1.0；第二次电气化，即工业2.0；第三次信息化,即工业 3.0;第四次是以智能制造为主导的第四次工业革命,即工业 4.0。

当前的产业革命处于数字化和智能化阶段,关键技术有数字技术、云计算、量子通信、人工智能等,主导产业包括信息产业、电子商务、物联网、无线网、大数据、智能制造(3D 打印)、先进材料、智能机器人、智慧城市、绿色能源和生物产业等。[①]

2013 年 9 月,习近平总书记在十八届中央政治局第九次集体学习时指出,当前,从全球范围看,科学技术越来越成为推动经济社会发展的主要力量,创新驱动是大势所趋。新一轮科技革命和产业变革正在孕育兴起,一些重要科学问题和关键核心技术已经呈现出革命性突破的先兆,带动了关键技术交叉融合、群体跃进,变革突破的能量正在不断积累。[②]

每个时期的产业基础都是产业革命的成就。机械化是第一次产业革命提供的产业基础。电气化是第二次产业革命提供的产业基础。信息化是第三次产业革命提供的产业基础。新时代产业的现代化需要抓住数字化和智能化的机遇。信息化并不意味着只是发展信息技术产业,严格地说是发展以信息技术产业领头或者说是以信息技术为基础的高科技产业。在经济全球化的背景下,高科技产业有国际标准,即经济合作与发展组织(OECD)的标准。一方面,计算机、电子、通信、新材料、生物工程等新兴产业是知识经济时代具有特征性意义的高科技产业;另一方面,知识密集的服务部门发展非常迅速。

面对世界科技发展新趋势,当今世界的经济竞争表现为产业竞争。世界主要国家纷纷加快发展新兴产业,加速推进数字技术同制造业的结合,推进"再工业化",力图抢占未来科技和产业发展制高点。一些发展中国家也加大科技投入,加速发展具有竞争优势的技术和产业,谋求实现跨越发展。我国基于新科技革命的产业创新需要与发达国家进入同一创新起跑线,从而使我国的产业创新由跟跑转向并跑和领跑,同时要建立自主可控的现代化产业体系。所谓自主,要

---

① 参见何传启《新科技革命引发新产业革命(适势求是)》,《人民日报》2015 年 7 月 5 日。
② 《习近平关于社会主义经济建设论述摘编》,中央文献出版社 2017 年版,第 126 页。

求在设计和研发、营销和策划、自身的系统集成能力等关键核心技术和品牌拥有中国自主知识产权。所谓可控性，即防备被"卡脖子"和受制于人。

战略性新兴产业是科技创新的成果，代表产业发展的方向。国家竞争力很大程度上表现为其科技和产业占领世界的制高点。处于制高点地位的产业就是战略性新兴产业。一般说来，战略性新兴产业成长的生态环境涉及三大约束：一是科技水平，要求掌握当今世界最为高端的科学技术，而且需要不间断地创新。二是市场需求，其产品要为市场所接受，实现其价值。问题在于，产品刚刚进入市场时并不容易被市场接受，甚至可能受到先期进入市场的同类产品的抵制。三是财务约束，其投入、成本和规模等因素影响财务和利润的核算。新产业成长的初期阶段普遍遇到的问题是成本太高，价格处于高位。由此产生的财务压力会使新产业半途而废。如果没有政府的扶持，战略性新兴产业会被扼杀在襁褓之中。因此，战略性新兴产业需要政府进行前瞻性的培育。其培育方式，一是对战略性新兴产业进行科学规划；二是对孵化新技术新产业环节提供引导性投资；三是对孵化出的战略性新兴产业进行加速性扶持，扶持措施不只是在税收等方面的财务性支持，更重要的是市场扶持，也就是消费拉动。同时要防止一哄而上，在制度安排和计划安排上克服重复、分散投资，实现优势集中，并且从研发到制造再到应用形成产业链，达到范围经济。显然，培育和扶持战略性新兴产业是同支持产业创新结合在一起的。当然在战略性新兴产业达到一定规模后，政府的扶持政策就要退出，让它平等地参与市场竞争。政府再转向对新一轮的战略性新兴产业的培育。

新科技和产业革命融合的直接影响是产业生命周期缩短——今天还是战略性新兴产业，明天可能就不新了——由此提出超前布局和培育未来产业的迫切性。未来产业是新兴产业的萌芽形态，随着技术的成熟、市场的认可，在未来的某个时期会成为对经济具有较强带动作用的战略性新兴产业。因此，超前布局和培育未来产业对发展新质生产力具有重要意义，能够促进现代化产业体系不断升级。

在开放型经济背景下，产业结构的调整和升级不能脱离国际背景。现阶段国际资本流动的重要方面是产业的国际移动。在中国成为制造业大国的同时，中国已成为世界第二大吸收对外直接投资国。我国作为发展中大国在接受国际制造业转移时有明确的目标,这就是建设世界先进制造业集群。世界先进制造业集群不只是制造业和工厂的堆积,而是更重视先进制造业研发机构的集聚,从而成为制造业升级的领头羊。因此,引进的国外先进产业必须处于全球价值链的高端,重点引入核心高技术,或引入拥有核心技术的企业。特别强调中国出口品中附加价值的份额,高科技产品和创新产品的全球份额,国际品牌的"中国制造"产品的数量,其消耗的能源和环境达到的国际标准。

发达国家向发展中国家转移的产业一般是成熟产业,而不是在未来市场上具有竞争力的产业。这意味着单纯靠引进外资和国外产业转移并不一定能培植战略产业。建设世界先进制造业集群的基本路径是自主研发高科技产业,也就是依靠自主知识产权实现产业升级。按此要求我国引进战略需要调整,由直接引进产业转向引进发展国际先进产业的要素,尤其是吸引发展先进产业的科技成果和科技人才及管理人才。

二、产业链现代化

现代国际分工或者国际贸易转向产品内分工、产品内贸易。某种产品的生产不可能全部都在一个企业完成。其生产环节分布在不同企业、不同地区甚至不同国家。产业链的不同环节有不同的附加价值,形成了全球价值链。产业链分工越细,产业链环节的价值增值越多。由此,产业链的竞争也就变成了价值链的竞争。全球产业链的竞争有两个方面:一是全球产业链之间的竞争。不同产业链竞争力的决定性因素除了居主导地位的企业(链主)的竞争力外,还取决于进入该条产业链环节的企业及其所提供的零部件的质量和科技含量。二是全球产业链内部的竞争,表现在企业所处环节的不同附加值形成价值链的高中低端。企业如在其中掌握关键核心技术,控制市场渠道,在全球价值链中就能居主导地位。处于中低端环节的企业如果想迈向中高端环节,那么争夺其中的主导地位和高附加值环节的竞争就非常激烈。

我国参与全球产业链也是两条途径。一条途径是依托以我国企业所拥有的高端核心技术为主导布局的全球产业链,其中的一部分环节进入外循环,在外循环中利用国际市场的高端技术零部件配套。另一条途径是在引进外商直接投资的同时引进国外产业链,我国的产业和企业嵌入以国外跨国公司为主导的全球产业链。改革开放初期,我国沿海地区凭借资源禀赋的比较优势(廉价的劳动力资源和低廉的土地等自然资源),大多在加工制造环节嵌入全球产业链体系,这个环节基本上处于价值链的低端。现阶段,我国产业链进入外循环都遇到了重大的障碍。某些发达国家推行反全球化的贸易保护主义政策,在科技、产业等领域与中国脱钩。中国在高科技环节受到打压,包括断供技术、断供中间产品、断供市场。不少产业链的外循环难以为继。再加上新冠疫情导致世界经济衰退,使一系列全球产业链断裂。在此背景下,我国的产业链环节布局需要转向内循环,其基础是产业链现代化,既包括围绕产业链部署创新链,也包括围绕创新链布局产业链。这就是习近平总书记所说的:"围绕产业链部署创新链,发展科技含量高、市场竞争力强、带动作用大、经济效益好的战略性新兴产业,把科技创新真正落到产业发展上。"[①]

就产业迈向全球价值链中高端来说,我国大部分产业是靠资源禀赋的比较优势(劳动力和土地资源)嵌入全球价值链的,所处的环节主要是加工装配之类的低端环节,拥有核心技术和关键技术的中高端环节不在我国,所需要的零部件和元器件一般都需要进口处于国外产业链上的中间产品。长期处于低端环节,存在较大局限:一是附加值低;二是受制于人,随时可能断供;三是随着劳动成本和土地价格上涨,资源禀赋的比较优势越来越没有竞争力。因此,产业迈上全球价值链中高端,不仅是应对全球产业链的脱钩和供应链断供的压力使然,更是产业自身攀升全球价值链、实现产业链现代化的重要方面。处于全球价值链中低端环节的企业要在产业链上边干边学,消化吸收再创新,进而创造自己的品牌,在关键环节上进行技术攻关,特别是针对产业链上被外国断供的"卡脖子"高技术环节进行研发,实现中高端环节的国内替代,从而进入价值链的中高端。

再就以我国企业为主导的产业链环节布局来说,我国已有多家像华为那样掌握拥有自主知识产权的关键核心技术并具有国际竞争优势的企业形成了以我

---

① 《习近平关于社会主义经济建设论述摘编》,中央文献出版社 2017 年版,第 132—133 页。

为主的产业链布局。其在国外的产业链环节,是以高端技术为导向的。也就是说,进入其产业链环节的零部件供应商必须是世界级高科技企业,否则该产业链就没有国际竞争力。当下,愈演愈烈的国际科技战、贸易战中某些"卡脖子"技术的断供、脱钩会使整个以我为主的产业链断裂。这就迫使产业链的相关环节由外转内,通过重组供应链和产业链疏通产业链上下游关系:一方面要使中断的国际产业链环节能够在国内找到替代;另一方面针对产业链上"卡脖子"的技术进行技术攻关,推动我国的技术升级。产业链的布局不仅应当重视效率的提升,更应当注重提高产业链的安全性、可持续性和韧性。产业链的抗风险能力直接影响着产业链的核心竞争力,也是向产业链高附加值环节攀升的保障和前提。全球产业链环节布局需要国际国内并重,把关键技术、核心生产环节牢牢掌握在自己手里,是提高产业链抗风险能力的重要途径。特别是被断供的环节转向国内,要求相应供应环节能够达到所要替代的世界级的高科技水平,否则难以实现顺畅的产业循环。

最后要特别强调,制造业现代化的基础是自主创新。长期以来存在一种所谓的后发优势的错误认识,以为最新科技可以从国外引进,即"造不如买,研发不如引进"。这种说法可能在美国造飞机、中国制衬衫阶段是成立的。但现在中国成为世界第二大经济体、世界制造业大国,自己也开始造飞机时,这个说法就不成立了。近期美国等发达国家遏制中国现代化的主要方式就是在最新技术上"卡脖子"。这说明了自主创新对制造业现代化的重要性,自主创新成为制造业现代化必由之路。诺贝尔经济学奖获得者库兹涅茨讲:"时代划分是以许多国家所共有的重要创造发明为依据的。这是现代经济增长一条特殊真理。"[1]就是说,在全球化、信息化、网络化的时代,面对新科技和产业革命,我国工业化需要同发达国家在同一条创新起跑线上并跑,欧洲、美国、日本等国家和地区所发展的产业,同样也是我们所要发展的产业。当下发达国家都在搞数字化,搞生物医药、生物技术、新能源、人工智能,这都是我们所要发展的新技术、新产业。只有

---

[1] [美]西蒙·库兹涅茨:《现代经济增长:速度、结构与扩展》,戴睿、易诚译,北京经济学院出版社1989年版,第251页。

在相同领域内创新和竞争,才不会落后于时代,更不会受制于人。

总的来说,工业化是当代每一个发展中国家的共同目标。后起的发展中国家有必要遵循现代化的一般规律,但不一定要走先行现代化的国家所经过的技术路线,直接研发和采用国际最新工业技术才能称作"现代化意义上的工业化"。

第五章
数字经济和产业基础高级化

当前新科技和产业革命提供的产业基础是数字化和智能化,关键技术有数字技术、云计算、量子通信、人工智能等。其路径就是习近平总书记要求的:"要把握数字化、网络化、智能化方向,推动制造业、服务业、农业等产业数字化,利用互联网新技术对传统产业进行全方位、全链条的改造,提高全要素生产率,发挥数字技术对经济发展的放大、叠加、倍增作用。"[①]

[①] 习近平:《不断做强做优做大我国数字经济》,《求是》2022年第2期。

第一节
信息化的现代发展

习近平总书记指出:"没有信息化就没有现代化。"①信息是科技更新最快的领域,信息化反映科技和产业的现代化水平。信息化是充分利用信息技术,开发利用信息资源,促进信息交流和知识共享,提高经济增长质量,推动经济社会发展转型的历史进程。信息化不仅代表信息产业的迅速发展,还表明信息技术在社会经济各部门迅速扩散并被高度应用,信息资源被高度共享,从而使得人的智能潜力以及社会物质资源潜力被充分发挥。信息化同时也导致经济和社会结构的重大变革,以至于把现代社会称为"信息社会"。当今的信息化进入了数字经济阶段。

一、数字经济及其经济影响

20世纪末,美国等发达国家依靠其以信息技术为代表的高科技的发展,进入了新经济时代。这个时代的特点和影响就如格林斯潘1999年所说:"我们称之为信息技术的新技术革命,已经开始改变我们处理事务和创造价值的方式。"新经济是对信息经济、网络经济、数字化经济的总称。新经济时代的特征可以概括为,互联网是基础设施,信息技术是先导技术,信息产业是带头和支柱产业,电子商务是经济增长的发动机。

我国虽然工业化起步较晚,但工业化大规模推进阶段正逢世界信息化浪潮。我国推进的工业化和信息化融合发展可以说是跟上了世界信息化的步伐。就目前的信息化水平来说,我国既存在被"卡脖子"的领域(如高端芯片),也存在与发达国家并跑的领域(如互联网和"互联网+"),还有部分领域达到领跑水平(如5G)。

在信息化时代,对经济产生革命性影响的科学技术进步轨迹是"电脑—移动

---

① 《习近平关于社会主义经济建设论述摘编》,中央文献出版社2017年版,第182页。

互联网—云平台"。由此形成的"互联网＋"和"＋互联网"互动进入社会生产的各个领域及社会再生产的各个环节，如"生产＋互联网""消费＋互联网""交换＋互联网""分配＋互联网"。社会生产的各个环节又通过互联网互联互通。网上教育、网上通信、网上新闻、网上交易、网上娱乐等成为人们开展经济活动的主要场所。只要是经济活动，谁都离不开互联网及其平台。正在兴起的人工智能和物联网使万物互联互通成为可能。

"互联网＋"的经济特征可以概括为四个方面：一是"互联网＋"平台替代市场。市场不再是个场所，而是随时随地可以进入的平台。平台代替实体市场后，通过网络寻找市场，交易成本大大降低。二是移动终端。消费者利用移动终端，即时购买、消费、支付，供求不受时间空间限制。三是市场参与者大众化的开放式平台。互联网平台既可以为用户提供充分的市场信息、充分的选择机会，也可为用户提供个性化的定制服务，为用户创造更大价值，使以消费者为核心得到真正体现。四是实物产品数字化。如音乐、出版、新闻、广告、服务代理、金融服务等，消费者不再需要购买实物产品，而是可以通过手机等移动终端直接交易和消费这些产品和服务。

移动互联网进入哪个产业领域，哪个产业领域就能得到根本改造并获得提升。再传统的产业都可能进入现代化产业体系。例如，"互联网＋零售"即产生网购；"互联网＋金融"即产生互联网金融；"互联网＋媒体"即产生新媒体；"互联网＋教育"即产生"慕课"（MOOC）；"互联网＋出租车"即产生网约车；"互联网＋物流"即产生快递。第三次工业革命理论则把"互联网＋清洁能源"看作第三次产业革命的标志。[①] 面对"互联网＋"的挑战，实体店之类的经济体面临生存危机，其选择的生存和发展之路是"＋互联网"。例如，零售实体店遇到网购产业的冲击，需要"＋互联网"；金融业面对互联网金融业的冲击，需要"＋互联网"；"农业＋互联网"，产生农村电商。尤其要注意到，"＋互联网"的，不只是服务业。

---

① "互联网信息技术与可再生能源的出现让我们迎来了第三次工业革命。"参见［美］杰里米·里夫金《第三次工业革命：新经济模式如何改变世界》，张体伟、孙豫宁译，中信出版社 2012 年版，第 31 页。

"制造业＋互联网"的趋势是,核心业务全部在网上,管理流程全部靠软件,产品必须高度智能化。

总的趋势是,数字经济及其各类互联网平台正在成为我国产业转型升级的新动力、新路径。

二、数字经济反映信息化的现代化

当今时代的信息化进入新阶段,主要特征是互联网、大数据、云计算、人工智能、区块链迅猛发展。数字经济是以信息和知识的数字化即数据和算法为关键生产要素的经济形态,涉及数字产业化和产业数字化两个方面。

（一）数字产业化

发展大数据产业即数字产业化。全球范围内,数据已成为重要的生产要素,各国纷纷把大数据作为国家重要的基础性战略资源,并将大数据技术运用于推动经济社会可持续发展、改善民生和提升国家治理能力等方面。

现实中各种经济活动都会提供自然数据。成为生产要素的数据是经过各种方式采集并利用科学的算法算力进行加工、分析、集成而成的可以用于再生产和社会治理的数据,因此产生了大数据产业。大数据产业以开发、提取并应用大数据价值为基本属性,涵盖了大数据从产生、采集、传输、存储、处理、分析到应用服务等整个价值实现流程。大数据产业就是把数据作为生产要素并采用大数据的构成要素如海量数据资源、大数据思维模式、大数据科学技术等向市场和数据消费者提供有关大数据的商品或服务。因此,基于实现大数据价值这个共同属性的各个大数据企业的经济活动共同构成了大数据产业。

基于互联网、物联网、云计算等信息技术渠道的移动互联网行业以及电信业与金融业等传统行业,随时随地都在源源不断地产生数据,因此如互联网、电信业等行业往往会成为大数据资源的主要提供者。大数据技术服务业指对大数据产生、采集、传输、存储及应用过程中产生的技术问题或技术需求所提供的服务以及相应的软件开发,其主要产品为大数据技术服务,包括前端采集、数据清洗、数据可视化、商务智能挖掘等技术及软件研发,以及信息处理和存储支持、大数据管理分析平台建设、互联网搜索等围绕数据提供的相关服务。大数据设备制造业和大数据技术服务业贯穿整条大数据产业链并提供相应的设备和技术支持,是保证大数据产业活动顺利进行的关键。

(二) 产业数字化

产业数字化是指产业对大数据的融合应用。数据应用是大数据产业发展的最终目的,通过前期对数据进行采集、分析和处理等操作,将挖掘到的潜在价值信息应用到各行各业中,发挥数据价值。大数据融合应用是大数据与各行业的融合发展,包括与互联网、金融、交通、政务等行业的融合,根据不同领域的需求提供相应的服务和解决方案,推动传统产业转型升级。具体地说,产业数字化涉及三个方向:一是针对制造业的数字化。工业革命为推动中长期经济增长提供了新机遇,物联网、大数据、云计算、人工智能、机器人、增材制造、新材料、增强现实、纳米技术和生物技术等很多新兴技术取得重大进展。二是针对服务业的数字化。较为普遍的是"互联网+"平台。"互联网+"平台的重要功能体现在对传统经济的整合和改造,通过信息技术对传统产业进行渗透。移动互联网进入哪个产业领域,哪个产业领域就能得到根本改造并获得提升,一跃进入现代化产业体系。三是针对农业的数字化。随着我国大数据、云计算、5G通信等新一代信息技术与遥感技术、地理信息系统等先进技术的发展,智慧农业或者说农业数字化得到发展,这属于农业精细化管理的范畴。因此,发展智慧农业,强化农业精细化管理,不仅能够提高农业生产效益,而且能够减少农业温室气体的排放。

基于信息化发展到数字经济阶段的趋势,习近平总书记明确指出:"发展数字经济意义重大,是把握新一轮科技革命和产业变革新机遇的战略选择。"[①]数字经济可以说是当前阶段新质生产力的综合质态,新科技、新产业、新能源都离不开数字经济。数字经济健康发展,有利于推动构建新发展格局,有利于推动建设现代化经济体系,有利于推动构筑国家竞争新优势。因此,发展数字经济成为中国式现代化的重要内容。

---

① 习近平:《不断做强做优做大我国数字经济》,《求是》2022年第2期。

第二节
互联网、大数据、人工智能与实体经济深度融合

根据信息化的现代特征,现代化建设的重要内容是发展数字经济,推动互联网、大数据、人工智能与实体经济融合发展,这既是产业基础高级化的必要途径,也体现了信息化与产业基础高级化的结合。

一、信息化、数字化加速新技术的应用

各行业实现信息化后,能更大规模、更有效率、更便利地运用新的生产技术和流程,信息化加速新技术在生产和运营、组织和管理等各方面的应用。一是信息化技术广泛运用于传统和落后产业,能加速传统和落后产业升级改造。企业将信息化技术运用于内部的供销活动、财务管理、生产制造、研发设计等环节,能大幅度提高生产效率。典型的信息化系统如企业资源计划(ERP)、产品数据管理(PDM)、产品生命周期管理(PLM)、供应链管理(SCM)、制造执行系统(MES)等,能大幅度改进生产方式和管理流程,提高效率。二是基于信息化对各个产业链条运行效率的提升,从原有产业可以分化出新的产业,加速专业化分工,分工的深化会进一步提高生产和服务效率。三是信息化会推动互联网、通信设备、软件服务等信息产业本身的发展,而信息产业是知识和技术密集型行业,也能快速地应用新技术,信息产业比重的提高也意味着产业结构的高端化发展。四是信息化的现代化发展会推动相关信息基础设施的建设,新基础设施的完善对于国民经济的信息化和新技术应用起着基础性作用。

现代化的信息化带来的分工会提升生产与消费的便利性,催生新型的生产服务模式。现代化的互联网络提高了生产各环节的衔接效率,也缩短了生产与消费间的时间和空间跨度,同时也带来了新的消费模式,如制造业中的 M2C、服务业中的 O2O 等。催生出的新商业模式打破了传统的空间限制,提高了时间效率,使得各行业向智能化、柔性化和个性化转型,大大提高了生产者的经济效益、消费者的福利,并提升了经济社会的整体运行效率。

二、信息化、数字化培育良好产业生态系统

信息化、数字化具有高关联性和高渗透性。基于数字技术和平台,各个产业会整合连接在一起,构成一个有序健康可持续发展的产业生态系统,各个产业的关联性会得到进一步加强,产业间的信息共享、平台对接和数据交互等方面会变得更为紧密。产业生态系统中的各行业各企业有着良好的协作机制,能提高采购、设计、生产、物流和消费各环节的运行效率,提升产业链的质量,增强产业链的功能性。另外,产业生态系统内的正外部性会有利于各行业的知识和技术共享、促成研发创新方面的合作,提升整个产业生态系统的创新能力和技术水平,最终有助于推动经济社会的现代化发展。

与传统的产业内部技术融合不同,信息化、数字化推动跨产业的融合,产业间的边界渐趋模糊甚至消失。信息化、数字化推动产业融合源自三个方面:一是信息和数字技术自身的高关联性和高渗透性;二是对生产和消费过程中的时间和空间限制的突破;三是为各产业提供共性平台和技术标准。产业插上信息化的翅膀之后,不同产业间的边界变得模糊,产业融合自边界处开始并逐渐深化。产业深度融合,对于融合产业的生产效率具有明显提升作用,加速了产业转型升级。互联网、大数据、云计算、人工智能与制造业深度融合,将大幅度提高制造业技术水平和生产效率,使得制造业向柔性化、定制化和智能化发展,加速制造业的转型升级。互联网等信息技术也会引起金融等行业与实体经济深度融合,增强这些行业服务实体经济的功能。

数字化的高关联性和高渗透性,能够在传统产业基础上催生新兴产业。首先,数字化加速了各个产业的新技术应用,提高了传统产业的生产效率,同时又能使传统产业中的某些重要产业链环节能够独立出来成为一个新兴行业,这也是数字化深化专业化分工的结果。在传统制造业中,由于数字化的应用,相关的研发设计、售后服务等都可由专业化企业承担,每个环节都可成为一个新的行业。其次,数字化又可通过推动产业融合产生新型行业。先进制造业和现代服务业的深度融合催生了服务型制造业,互联网、餐饮、物流的融合催生了电商行业,大数据、互联网、传统金融的融合催生了互联网金融。最后,数字化由于其技

术引领功能,能够推动新型高端产品和服务出现,如高端集成电路、机器人、3D打印、虚拟现实、精密数控机床等,促进了产业现代化发展。

三、推动三次产业的现代化

随着信息和数字技术发展,各行各业的信息化、数字化应用越加深化,农业、工业、服务业与数字经济的融合逐渐普遍。

(一)农业数字化

互联网、大数据、人工智能等信息技术在农业中广泛深度应用,使得传统农业生产经营逐渐数字化和智能化,传统农业发展方式被颠覆,生产率大大提升,逐渐向现代农业演进。

互联网、大数据、人工智能与农业融合对农业的影响通常体现在生产、经营、决策、服务和管理五个方面。一是颠覆农业生产方式。传统农业以普通机械和装备进行生产,互联网、人工智能等会使传统农业生产走向数字化、智能化,提高农业生产效率,推动农业转型升级,逐步从传统农业走向现代农业。二是创新农业经营方式。传统农业经营缺乏有效的组织,产业化发展慢,有些方面尚处于零散无序状态。数字化和网络化能将零散无序的单个生产者有效组织起来,实行农业产业化经营,改进经营理念和模式,推动农业高效发展。三是改进农业生产经营的决策方式。互联网、大数据在农业中的应用,有利于生产者和相关农业科技单位掌握大量农业生产经营数据,使得相关的决策建立在科学数据基础上,提高决策的科学合理性。四是提高农业管理和服务效率。数字化带来的效率和便利,以及积累的大量数据,能提高农业管理部门指导和服务农业发展的效率,能使相关农业发展政策落到实处。五是推动农业服务化转型。互联网、大数据和人工智能的应用,使得传统农业数字化水平得到大幅提高,不但提高生产效率,而且更能使农业与服务业产生融合,农业附加值得到提高,服务业比例增加。

(二)制造业数字化

互联网、大数据、人工智能与工业融合推动我国工业由大变强是我国工业现代化发展的必然选择。信息化与工业化的融合,使得工业从产品研发设计到生产制造再到销售和服务全过程的信息化水平得到提高,深化"两化融合"是促进传统工业转型升级的关键途径。

互联网、大数据、人工智能与工业融合对工业的影响主要体现在生产、装备、系统、服务和设计五个方面。一是提高工业生产技术水平,推动制造业智能化、柔性化发展。互联网、大数据、人工智能等新一代信息技术在制造业中的应用,使得工业生产过程信息化水平大幅提升,不但生产效率提升,而且逐渐向智能化、柔性化发展,转型升级步伐加快。二是提升制造业生产装备的数控化水平。数控化是信息化与工业化融合的重要体现,制造业信息化水平提升最重要的是数控化水平的提升。提升数控化水平,需要加速生产装备的更新换代,这也是深化"两化融合"的必然途径。三是提高工业企业信息化集成水平。工业的现代化高质量发展离不开企业的系统集成化。新一代信息技术有力地推动了企业的集成化发展,提高了企业生产制造和经营的信息化水平和管理组织效率。四是提高了制造业满足市场需求的能力。发掘消费市场潜力是目前推动制造业高质量发展、提高产品附加值的重要路子。互联网、大数据的应用,既能使大量的消费市场信息数据得到掌握,也能使制造业厂商及时应答市场需求,保证产品生产的多样化、个性化、精准化。五是提升工业协同创新水平。信息化在工业企业中的普及,能使大量企业基于互联网和工业技术数据进行联合研发、创新,提高整个行业的协同创新效率。

(三)服务业数字化

传统服务业向现代服务业转型离不开数字化发展,新一代信息技术与服务业的融合催生了很多新的服务模式和业态,也提升了服务价值,推动了服务业的现代化发展。

互联网、大数据、人工智能与服务业融合主要体现在分工、方式、内容、品质和运营五个方面。一是推动了服务业内部的专业化分工。数字化提高了服务业效率,为专业化分工释放了资源;使得很多服务产品能够跨越时间和空间限制,从而被提供和消费。这就使得现代化服务业体系得到重构,专业化分工水平提高,日益复杂多样的市场需求得以满足。二是现代化服务方式智慧化。互联网、人工智能等新一代信息技术以及现代数字化装备在服务业中的广泛应用,能使现代服务业不受传统时空限制,不同业态和层次的服务内容可以融合,共享、体验式服务方式不断涌现,服务方式逐渐智慧化。三是现代服务业内容更加丰富。互联网、大数据在服务业中的应用,使得很多传统服务业的供给和需求衔接更加紧密,供给内容不断丰富,供给质量更加优化。如传统的餐饮、住宿、物流、家政等服务业与信息化融合之后,其供给模式和内容得到丰富,能更好地满足多样化的需求。四是提高现代服务业品质。数字化使得消费者的数据和信息能被及时加工、处理、反馈,这就建立了服务提供者与需求者之间良好的沟通渠道,能使服务产品更好地针对消费诉求得到改进,服务品质得到提高,消费者需求更好地得到满足。五是变革了服务业的运营模式。信息技术和智能设备的应用使得现代服务业运营模式得到极大创新,产生能更好地满足消费需求的服务模式。当前的一个重要发展趋势是场景化运营模式的改变。过去,服务业必须紧靠消费者;现在,电商平台、网络直播可以直接身处产地远离消费者。在此场景化下,消费者能够"身临其境"体验服务,提高了服务价值,缩短了产地与市场的距离,跨境电商也得以迅速发展。

四、信息产业的现代化

信息化为三次产业赋能,其现代化能量取决于自身的现代化水平。因此信息产业现代化必须先行,为建设网络强国、数字中国、智慧社会提供有力支撑。

首先是发展现代化的信息产业。信息产业的强弱已成为衡量一个国家和地区核心竞争力的重要指标之一,信息产业对信息化建设具有非常强的支撑作用。我国信息产业经过长期发展取得了不少成绩,信息产业不但规模上发展迅速,其内部结构方面也有明显优化,高端领域比重逐渐上升;但与发达国家相比还是存在不少差距,尤其是在一些"卡脖子"领域的优势还不强。这阻碍了我国信息化的现代化进程,也不利于我国经济社会整体实现现代化。

与传统信息产业不同,在新一轮科技和产业变革的浪潮中,现代化的信息产业正越来越多地体现在云技术、大数据、新一代互联网、物联网、人工智能等前沿尖端技术领域上。要紧跟国际前沿技术,充分利用新一代信息技术发展我国现代化信息产业,在一些领先领域如 5G 技术上继续保持优势,在一些瓶颈和"卡脖子"领域如芯片、光刻机、数控机床、操作系统、机器人等方面取得突破,实现自主信息化创新,推动信息产业的现代化发展,并促进相关工业领域的创新突破,推进我国产业结构升级。

其次是构建良好的信息产业生态。这需要包括企业、高校、科研机构、消费者等在内的研发方和需求方相互协作,在全社会建立一套相应体系,当然信息产业生态也离不开其他产业的发展以及整体经济发展水平的提高。信息化应用对于各类产业转型升级至关重要。我国各行业企业拥有计算机台数逐年攀升,2020 年达到 5778 万余台,尤其是信息化在工业中的应用越来越广泛,"两化融合"取得显著实效。2020 年各行业企业拥有网站数为 55 万余个,制造业最多;有电子商务交易活动的企业数在 2020 年达到 12 万余家,制造业最多。另外,信息化应用还体现在互联网在经济社会各领域深度应用,新业态新商业模式不断涌现,激活了交通、医疗、教育、旅游、餐饮等产业的生命力,提升了经济社会发展的整体信息化水平。

最后是构建现代化的信息技术创新体系。构建现代化的信息技术创新体系,重在构建长效的科技创新体系结构,以及开展有效的技术研发。创新体系是一个全社会都参与的有机整体,应建立紧密的协同创新体系。企业、高校、研发机构和政府部门等相互深入协作、协同创新。要根据全球产业和技术发展形势,科学确定信息技术研发的方向、重点和优先次序,对那些前沿关键核心技术、基础技术和共性技术要予以重点研发。技术研发还有一个技术标准问题,要从国际化标准入手,不断提高对国际标准的影响力。研发与应用要结合起来,要加强信息技术的推广和应用,推动工业领域与先进信息技术结合。要完善激励制度,调动广大信息技术研发人员的积极性和潜能,如加强专利保护、"揭榜挂帅"等。

五、数字经济基础设施

数字经济发展需要有强大的基础设施作为支撑。尤其要加快 5G 商用步伐,加强人工智能、工业互联网、物联网等新型基础设施建设。新型基础设施建设不仅涉及道路交通等传统基础设施的数字化,还涉及高速宽带网络、互联网协议地址、域名等新型的信息基础设施建设。目前，我国新型基础设施建设存在空间分布不平衡，数字信息收集、传输、挖掘和利用低效等问题。因此，加强新型基础设施建设，构建互联网、大数据、人工智能与实体经济融合的基础设施支撑：一是要加强宽带基础设施建设，加大宽带网络的普及程度。加大大数据、人工智能、物联网等领域的基础设施投资，创新基础设施投融资模式。通过提速降费，加快社会数字化进程。二是要加快推进铁路通信传输网、公路基础设施数字化、全国高速公路信息通信联网工程，整合各路段通信传输资源，优化交通信息网络的基础设施。依据新时代我国实体经济高质量发展要求，推进我国传统实体经济领域的技术改造。三是缩小数字基础设施的空间失衡，推进农村与偏远地区的网络宽带发展，化解数字壁垒，构建统一的大数据信息平台。

现代化建设应进一步加大新型基础设施投入，面向经济、社会、民生、教育、文化等各个方面需要，建设好通信设施、数字终端设施、公用网络等；并结合新一轮的科技革命和产业革命，将前沿新信息技术融合在数字经济基础设施建设中。特别要注重工业中的数字经济基础设施建设。针对我国制造业的数字化，要通过数字经济基础设施建设，加深信息化与工业化的融合，增强企业数字化水平，推动制造业高端化、智能化发展。

第三节
产业基础高级化

产业基础高级化是我国推进经济高质量发展和制造强国建设的基础性、全局性工程，是推动产业迈向价值链中高端、抢抓新一轮科技革命和产业变革制高点的务实举措。产业基础高级化不仅是发展战略性新兴产业的要求，也是传统产业改造升级的方向。数字化、智能化是产业基础高级化的具体内容。

一、产业基础高级化的内涵

产业基础高级化程度与所处时代的科技和产业革命成果相关。第一次产业革命提供的产业基础是机械化；第二次产业革命提供的产业基础是电气化；第三次产业革命提供的产业基础是信息化；新科技和产业革命提供的产业基础则是数字化和智能化。

产业基础会根据技术条件或时代背景的变化而动态调整，不同时代产业基础的内涵、外延也不尽相同。在农业经济时代，农具、农用机械、育种是农业基础物资，土地是基础生产要素，农田水利、农产品仓储设施则是农业基础设施；在工业经济时代，"工业四基"即包括核心基础零部件和元器件、先进基础工艺、关键基础材料、产业技术基础，这是工业的基础能力。

进入数字经济时代，软件和数据的重要性上升，产生"产业四基"，即基础装备和技术、基础零部件和核心元器件、基础工业软件、关键基础材料。"产业四基"取代"工业四基"成为最重要的产业基础。数字化、网络化、智能化是"产业四基"的基石，相应地高级化的产业基础拓展到高度自动化、传感器、工业控制软件、工业互联网、工业云、工业大数据和智能服务平台，以及芯片、操作系统、数据库、人工智能、算法等产品或技术，甚至可以拓展至产业技术公共服务平台、质量和标准检验检测平台、能源动力等基础支撑。[①]

产业基础部门在产业发展中的地位十分重要，因其为其他产业提供基础要素，是决定产业竞争力和控制力的关键所在。产业基础部门往往处于产业链上游，是整个国民经济的根基。产业基础部门的技术改进或停滞，会显著地影响下游用户的产品质量和产出状态。比如半导体产业的高端芯片制造、极紫外线光刻机生产、光刻胶等关键材料生产环节，虽然产业规模体量不大，但却掌握着关键核心技术，把控着其他相关下游行业发展的"命门"，是整个产业链最关键的环节，而我们国家在这些领域基本空白。一旦发达国家实施"断供"，我国的产业发展将受到极大冲击。如果没有坚实的产业基础作为支撑，经济发展将是脆弱和不安全的，甚至会影响国防安全。

由于产业基础领域专业性比较强，因此行业进入门槛高、技术突破难。全球很多国家和地区、行业都不得不依赖于那些从事产业基础领域生产的企业，因此相应的供应链是很牢固的。这就容易形成该基础产品和技术的垄断和寡头市场

---

① 罗仲伟、孟艳华：《"十四五"时期区域产业基础高级化和产业链现代化》，《区域经济评论》2020年第1期。

结构。由此，后发国家想通过技术突破追赶超越先行国家难度就会非常大。在全球市场中，德国很多隐形冠军企业全球市场占有率都超过50%，在世界范围内许多领域处于垄断地位。

产业基础包括关键核心技术、基础装备和核心零部件和元器件、基础材料、基础工业软件、产业基础技术、质量和标准基础设施以及与之相配套的创新服务体系、要素支撑和制度环境等。产业基础的各个要件是相互联系、互为支撑的，任何一项都不能成为短板。就像"木桶原理"，只要某一个环节出现瓶颈和薄弱项，就会遭遇"卡脖子"的困境，整体产业基础的高级化就会变得困难，产业现代化发展也会受到阻碍。因此，提升产业基础能力，推动产业基础高级化是一项系统性工程，绝非某一环节、某一领域、某一技术突破所能完成的，不能"头痛医头，脚痛医脚"，必须要有顶层设计、系统谋划和统筹推进。

二、补齐产业基础高级化的短板

当前在全球单边主义抬头、逆全球化、贸易摩擦加剧的国际背景下，我国的产业链遇到"卡脖子"、技术断供、供应链断裂等一系列威胁，暴露出我国产业基础高级化存在的短板和现代化所要解决的突出问题。

经过长时期的经济发展和技术创新，我国在某些基础材料、零部件和元器件及部分技术领域取得一些突破，产品质量和附加值明显提升，相应的市场化推广应用也在加快，缓解了一部分的"卡脖子"问题。但总体来讲，我国在产业基础上的突破还不具备整体性和系统化，仍是聚焦于某些点上，关键零部件、核心元器件和关键基础材料自给率仅有30%—40%，基础不牢、底子不稳、"卡脖子"的问题仍然非常突出，总体上与发达国家相比还有很大差距。

第一，部分重大基础装备质量性能差距明显。装备制造业是工业发展的重要基础，决定了制造业能否高质量发展，也影响着各国工业实力。因此成为国际竞争最激烈的领域，也是发达国家最具竞争优势、对我国技术封锁最严和市场打压最狠的领域。如德国装备制造商在32个细分装备领域的16个领域居于世界第一，掌握着这些领域的国际主导权。我国在部分重大基础装备领域仍然存在突出短板——产品性能差、环境适应性不强、使用寿命较低、质量可靠性较差，部分领域甚至存在技术和供给空白,容易遭遇"卡脖子"。根据中国工程院的研究,我国在高档数控机床、集成电路及专用设备、高性能医疗器械、飞机和航空发动机、机器人等 15 类产业上与世界先进水平差距巨大。

第二,关键核心基础零部件对外依赖严重。基础零部件"卡脖子"是我国产业发展的"隐痛"。全球化背景下,产品内国际分工日益深化,因此某个专业生产环节的关键核心零部件和元器件就成为发展中国家被"卡脖子"的重点领域。发达国家凭借其先进技术水平,始终掌握着大量此类核心生产技术,在国际上把持着产业发展的主导权,依靠此类核心技术维持其全球分工地位和竞争力。

第三,工业软件和控制系统存在差距。产业基础领域既有硬件也有软件,而我国在软件方面与发达国家差距更大,以工业软件、控制系统等最为突出。目前,国内工业软件市场被国外企业垄断,国产工业软件发展严重滞后,难以突破欧美软件企业构建起来的生态圈,进入大中型企业核心应用领域的难度很大。关键核心工业辅助设计、工艺流程控制、模拟测试等软件几乎都是清一色的国外企业软件,工业操作系统、工业软件开发平台等重要基础软件更是全产业链缺失,运行于国产工业操作系统的控制应用软件几乎是空白。控制系统方面,我国大部分控制系统的可靠性、稳定性、环境适应性均与发达国家差距较大,数字化、智能化、集成化等方面竞争力相比国外先进产品存在较大差距。我国重大工程的关键装备、核心装备、主体装备也绝大部分被国外控制系统垄断。

第四,关键基础材料受制于人。材料科学是基础科学,其研发需要投入大量时间和资金,我国的基础研究不足直接导致了材料科学的落后。尽管我国原材料工业对下游需求满足程度不断提高,但在一些关键领域依然存在短板甚至空白,重大装备制造、重大工程建设、战略性新兴产业及国防军工等领域所需的部分材料产品仍严重依赖进口。工信部的调研结果显示,目前我国的关键基础材料 32% 仍为空白,52% 依赖进口。

第五,重大科技设施和创新平台不完善。创新基础设施和平台是支撑技术研发与突破的基石。尤其是在产业共性技术方面,我国产业基础共性技术创新体系不健全,原来一些面向行业服务的研究院所改制后,受市场和利润驱动,共性技术研发和服务平台缺失,部分行业甚至存在空白。虽然我国在加快建设和完善国家制造业创新中心和平台,但是平台建设的参与者、主导权、运营模式、利益分配、激励机制等方面的一系列问题仍有待克服。在协同研发方面,跨学科、大协作、高强度、高效率、开放式的协同创新基础平台尤其缺乏。尽管国内成立了众多产业技术创新联盟,致力于实现重大技术突破并向全行业扩散,但是受制于研发投入、知识产权、利益分配、组织协调等问题,始终没有取得实质性进展,协同创新效率低下。

总的来说,我国自身的现代化存在着产业基础高级化不牢固的问题。技术的突破需要一个长期的培育过程,我国工业化起步比西方发达国家要晚很多,许多核心关键信息技术、产品、零部件目前仍处于空心化状态,如芯片、操作系统、工控软件等很大程度上受制和依赖于国外。

三、推动以数字经济为着力点的产业基础高级化

信息化的发展为产业基础高级化提供技术手段和平台。只有信息化不断发展,信息化与工业化不断深化融合,才会带动产业基础高级化。同时,基础技术、创新体系、基础文化、基础教育等支撑要件也会由于数智技术的应用而得到提升。

信息化是产业基础高级化的重要着力点和方向。在知识、信息越来越重要的信息社会,产业基础高级化一定程度上指的是产业基础信息化。随着信息社会的发展,产业基础会不断向着信息技术含量更高调整。由于数据、软件、信息网络等要素在生产和建设中的重要性上升会逐渐增加信息技术含量高的产业基础要素,如工业软件、数字平台等,"工业四基"升级为"产业四基"。同时,从产业支撑角度来看,支撑产业发展的各类软硬件基础设施也需要向着数字化、智能化的方向调整。

如何打好产业基础高级化的攻坚战。基本路径是充分发挥集中力量办大事的制度优势和超大规模的市场优势。

集中力量办大事是中国的制度优势,被称为"新型举国体制"。一是发挥国家动员科技力量和资源的优势,集中进行攻关和突破。二是要以市场机制为基础。对某些基础产业的集中攻关要建立在市场需求的基础上,在集中研发攻关

的过程中，要注重以市场化手段激励人才要素等。三是广泛动员市场主体。除了可以让国有大中型企业承担攻坚克难的任务外，也可以放手让民营企业、科研机构、大专院校齐心协力、共同参与。四是灵活运用集中力量办大事的手段和方法。例如，对生产者的补贴可以转化为对消费者的补贴，从而抑制产能过剩、扩大有效市场需求；再如，可以从政府补贴转化为利用资本市场的鼓励创新创业功能。

超大规模市场是中国继生产要素低成本优势逐步消失后，参与国际产业竞争的巨大比较优势。一是超大规模市场可以在开放条件下更好地体现发展的自主性，如可以据此建立门类齐全、竞争力较强的产业门类，也可以依托其取得产业和企业的规模经济，增强国际竞争力。二是超大规模市场还可以用来促进基础产业的创新发展。超大规模市场的优势可以为研究开发企业提供巨大的需求刺激条件，从而保证研究开发企业即使在不能达到规模经济的前提下也能有一定的盈利。市场需求是拉动技术创新的最主要力量。需要是发明之母，可以对产品和技术提出明确或潜在的要求，通过发明和创新活动，创造出适合这一需求倾向的适销产品。三是超大规模市场可以培育本土企业的自有品牌和自主技术。在主要基于内需发展的条件下，本土企业必须主动争取国内市场订单，这时自有品牌和自主技术就成为抢占市场份额、取得高额附加价值的决定性因素。

企业是提升产业基础能力的重要载体。产业基础每个方面的提升和突破都依赖企业，特别是那些行业中的龙头企业，以及众多专精特新"隐形冠军"企业。实际上，很多产业链上重点环节的突破都是由专精特新中小企业完成的。以制造强国德国为例，其数控机床等基础装备产业在全球独领风骚，产品不断升级，这与其重视推动行业龙头大企业和大量专精特新中小企业协同研发创新是分不开的。我国也要围绕基础装备和技术、基础零部件和核心元器件、基础工业软件、关键基础材料这"产业四基"，大力培育聚焦基础产品和技术领域研发生产的大中小企业群体。

核心关键技术的突破、产业基础能力的提高，离不开高素质科技人才这一关键因素，必须加大力度培育相关基础领域的科技创新人才。一是培养高素质科研人员。科学家和技术研发人员是突破基础科学理论和技术难题的最重要群体,是基础研究的主要承担者。需要通过科研体制机制创新与合理的人才激励政策鼓舞科研人员,使其能够以饱满的科学热情潜心从事基础研究,十年磨一剑,放眼长远。二是加大国际顶级人才和团队的引进,充分利用国际智力资源,使其参与到我国的产业基础建设中来。三是培养大国工匠,弘扬工匠精神。技艺技巧的熟练掌握和应用,需要一批技术精湛的工匠人才。德国和日本制造业如此精进,与其拥有一批具有工匠精神的人才不无关系。四是创新技术人才培养模式。可针对产业基础短板,通过高等教育中的"强基计划"等模式大力培养基础材料、关键零部件和元器件、基础制造技术等方面的人才。

产业基础高级化需要相关基础性设施和平台及相应的配套服务体系加以支撑。要加快建设好标准化生产设施、技术转化设施、质量检验检测认证设施、重大科技研发基础设施、新一代信息网络基础设施等相应基础设施,完善人才培训、技术创新融资等配套服务体系。

利用竞争性产业政策对技术创新的促进作用。在保障市场机制在要素配置中的决定性作用的基础上,以市场的力量选择合适的产业发展路径。增加政府对基础创新领域的资源投入,降低互联网、大数据、人工智能深入研发的风险和成本。利用产业政策,维护市场竞争秩序,维护拥有更强竞争力的产业发展。利用产业技术创新政策,优化产业技术研发与扩散的效率,提高知识创新、技术创新、产业创新、产品创新等不同创新环节的协同性。利用适度的财税优惠政策,扶持战略新兴产业的发展,分担新兴产业的创新成本。

第六章
新型城镇化和城乡一体现代化

我国作为一个农业大国,同所有发展中国家一样,存在典型的二元结构,推动现代化的重要方面是推进城市化,使广大农民通过城市化进入现代化阶段。传统意义的城市化是农民进城,西方当年的城市化以牺牲农业和农村为代价。我国在农村工业化的过程中创造了在农村建小城镇,农民就地转移的城镇化道路。进入新时代后开启的现代化新征程要进一步推进的是以人为核心的城镇化,涉及转移人口和农民的市民化。与此相应,需要在城镇城市化和城市现代化基础上实现城乡一体现代化。

第六章　新型城镇化和城乡一体现代化

第一节
城镇化道路的中国创造

新中国成立初期,我国的城镇化率仅为10.6%。1978年我国常住人口的城镇化率也只有17.92%,而到2023年末我国常住人口城镇化率达到66.16%。中国城镇化的成功具有世界意义,在农业人口占绝大多数的发展中大国创造了低成本的中国特色的城镇化道路。

一、中国特色的城镇化道路

在发展中国家,城市化通常同农业剩余劳动力的转移即非农化相伴,因此城市化基本上是指转移出来的剩余劳动力到城市就业。标准的城市化模型按照城市人口指标来衡量城市化水平。城市化与整个经济发展水平(人均GDP)、工业化水平相关——人均GDP越高,工业化水平越高,城市化水平也越高。

现代工业部门集中在城市,传统农业部门集中在农村,形成了城乡二元结构。中国在"一五"计划时期发动的国家工业化实际上只是城市工业化,占全国人口80%以上的农村人口基本上被排除在工业化进程之外,日益增多的农业剩余劳动力没有被工业吸收。直到1978年,农业劳动力在社会劳动力中的比重仍高达89.7%。从1978年开始的农村改革,不但使农业劳动力剩余显性化,还打破了劳动力要素流动的体制束缚,启动了在农村的非农化进程。"上亿剩余劳动力转向何方"的问题就被现实地提出来了。

通常,人们根据欧美经济发展的历史,把人口向城市迁移等同于城市化和工业化;认为在二元经济条件下,推进经济发展的主要途径是将农业剩余劳动力从土地中转移出来,使其进入工业等非农部门,实现的条件是城市工业化需要吸收农业部门转移出来的剩余劳动力。与发达国家不同,发展中国家的城市同农村一样贫困,城市中失业和就业岗位不足现象也很严重。农业剩余劳动力大量涌向城市必然同城市本身的就业岗位不足产生尖锐矛盾。刘易斯分析了一些发达国家当年的城市化费用:就直接费用来说,有2/3的城市化费用用于建筑,包括居住设施和其他基础设施的建设。而且,城市的建筑费用要比农村高得多。正因为城市化费用高昂,过去很长时间内,我国的城市工业和农业基本上是在彼此隔离、相互封锁的系统中发展的,工业的增长并没有能够吸引和消化农业剩余劳动力。

我国城镇化的真正启动是在1978年农村改革之后,农业劳动生产率明显提升,农业劳动力剩余逐渐显现。剩余劳动力将流向何方?在当时的条件下推进城市化面临的问题是,在农村累积着大量剩余劳动力的同时,城市劳动力也很充裕。20世纪80年代,我国城市有2亿人口,其中1亿为劳动力,每年的待业人员达1000万。工厂企业多半也是密集性劳动,许多工人实际上处于"在职失业"状态。在企业推行优化劳动组合和劳动合同制后,城市劳动力的剩余问题更为突出。尽管城市中新兴产业和行业的发展会增加对劳动力的需求,但它至多只能吸收和消化城市自身的待业人员和剩余劳动力。在当时的条件下,我国的城市不能为转移出来的农业劳动力提供充分的就业机会,国家财力也不允许为进城的农民提供充足的公共服务。在此背景下,大批农业剩余劳动力涌入城市会造成以下后果。一是城市净移民造成了城市拥挤和污染等外部的不经济。二是大批农业剩余劳动力涌入城市会产生"城市病":一方面,城市因人口剧增,交通、粮食、能源和水的供应全面紧张,拥挤、污染、贫富悬殊、治安混乱等弊病也随之产生;另一方面,农业因生产要素过度流失而出现凋敝和萎缩现象。

当时,江苏苏南和浙江温州等地区开创了发展乡镇企业的新局面,在推进农村工业化的同时在农村建起了小城镇。农业剩余劳动力没有进入城市而是在当地建城镇建厂并在所建城镇就业生活,农民创造了离土不离乡的城镇化道路。这是中国农民的创造,是实现农民就地转移的低成本快速度的城市化道路。自此我国的城市化用城镇化来概括。1984—1988年,农业劳动力向乡镇企业所在的城镇快速转移,累计转移农业劳动力5566万人;农村非农业劳动力所占比重由1984年的8.8%迅速提高到1988年的21.5%;全国建制镇从6211个增加到10609个。这种农民创造的离土不离乡的城镇化道路,在我国开启现代化的关键阶段发挥了重要作用:一方面没有增加城市公共服务的压力和劳动力进城的就业负担;另一方面转移了农业剩余劳动力,增加了农民的收入,发展了乡镇企业,推动了农业农村的发展。

二、农业剩余劳动力离土又离乡的城市化

我国进入农民离土又离乡的城市化阶段是在20世纪90年代后期。伴随经济体制改革重心向城市转移,城市地区快速工业化进程开启。随着发展外向型经济,中国融入全球化,大举引进外商直接投资,推动企业与外商合资合作,不仅规模扩大,而且产品和技术升级,更多中国工业品进入国际市场,中国的工业化也进入质的提升阶段。中国有了"世界工厂"之称。这一过程对城市化的带动作用也非常明显。一方面吸引外资的开发区基本上都是建在当时的农村,是地域的城市化。另一方面随着开放地区及城市工业的迅猛发展,制造业、服务业也迅猛发展,城市劳动力需求明显扩大,就业渠道也明显拓宽。与此同时,劳动力流动的城乡分割体制也逐步被打破,出现了大量的农业剩余劳动力跨地区转移的现象,主要是涌入城市和东部沿海地区的城镇。因此开始了农业剩余劳动力进入城市意义上的城市化,"农民工"概念出现,中国城市中有了农民工群体。截至2008年12月底,全国农民工达22542万人,其中离开本乡镇的农民工达14041万人,占农民工总量的62.3%;71%的农民工在东部沿海地区就业。2011年,我国常住人口城镇化率首次超过50%,为51.27%,显示我国超过一半的人口常住城镇。大量农业劳动力离土离乡进入城市非农部门,既拓展了收入来源,也活跃了城市经济,便利了生活服务,促进了城乡、工农经济的良性发展。这满足了城镇居民日益增长的物质和文化需求,出现了城市离开农民工就难以运转的状况。

三、农业转移人口的市民化

进入新时代,我国农民进城意义上的城镇化已经基本到位,农民进城的速度也明显放慢。国家统计局2023年4月公布的《2022年农民工监测调查报告》显示,农民工总量较上年增长1.1%,其中外出农民工增长0.1%。在外出农民工中,跨省流动农民工比上年减少69万人,下降1.0%;在省内就业的外出农民工比上年增加87万人。省内就业农民工占外出农民工的比重为58.9%,比上年增长0.9%。分区域看,东北地区务工人数减少最多、下降3.9%,东部地区务工人数增长1.2%;中西部地区吸纳就业的农民工继续增加。此前的2018年和

2019年全国农民工总量分别比上年增长0.6%和0.8%。从2020年起外出农民工增速呈回落趋势,我国二元结构符合进入"刘易斯转折点"现状,农业剩余劳动力转移速度明显放慢。这也说明常住人口城镇化率会趋向稳定。一方面跨省流动的城镇化模式正在向省内城镇化或县市就地城镇化的趋势转变;另一方面户籍人口城镇化率的提高将成为未来城镇化的重点。

如果把人口转移意义的城镇化称为城镇化的1.0阶段;现在则进入城镇化的2.0阶段,也就是市民化意义的城镇化阶段。城镇化进入2.0阶段是由进入新时代后社会主要矛盾转化决定的。新时代的社会主要矛盾转变为人民日益增长的美好生活需要和不平衡不充分的发展之间的矛盾。城乡差距是其一个重要表现:一方面,在大量人力资本流失后,乡村的落后状况没有获得根本改善,留在农村从事农业的主要是以老人、妇女为主的劳动力,农村资金投入也严重不足;另一方面,进入城镇的农业转移人口没有完全平等享受市民权利,在城镇形成市民和非市民的新的二元结构。针对新的矛盾和新出现的问题,根据共享发展的理念,习近平总书记在党的十八届三中全会上提出,要完善城镇化健康发展的体制机制,坚持走中国特色新型城镇化道路,推进以人为核心的城镇化,推动大中小城市和小城镇协调发展、产业和城镇融合发展,促进城镇化和新农村建设协调推进。

推进以人为核心的城镇化就是要使发展成果惠及农民,使广大农民对美好生活的需要通过新型城镇化不断地得到满足。据2020年第7次人口普查结果,居住在城镇的人口为901991162人,占63.89%;居住在乡村的人口为509787562人,占36.11%。进入城市的农业转移人口尽管被统计为城镇常住人口,但其户籍依然是农业户口。2023年户籍人口城镇化率为48.3%,与当年66.16%的常住人口城镇化率相比,还有18%的农业转移人口没有城镇户籍,也就是没有市民化,其"农民"的身份特征没有改变,由此产生转移人口同市民的政治、经济、社会地位的差距。因此,评价城镇化程度不只是以常住人口的城镇化率为重要指标,户籍人口的城镇化率更为重要。市民化意义的城镇化作为我国城镇化2.0阶段,尤其关注进城以后人的权利、人的需求,属于人的现代化的重要内容。转移人口市民化首先要提高户籍人口城镇化率。

转移人口与市民的差距总体上归结为所享受的市民权利的差距。高质量的城镇化不能只是让转移人口加入城镇户籍,还要使其市民化,享受平等的市民权利。所谓市民权利就是城市居民所享有的经济、政治、文化等方面的权利,核心的内容涉及基本生存条件和基本公共服务两个层面。

(一) 基本生存条件的市民化

与城市市民相比,农业转移人口进入城镇面临的基本生存需要主要涉及两个方面:一是就业,二是居住。这两个基本条件不能满足,农业转移人口进了城也不可能稳定。

第一,城镇就业是市民化之本。人们一般把农业转移人口在城市就业作为市民化的评价指标,但实际上农民能进入城市一般都是已经在城市找到工作实现就业的,因此是否就业不能成为市民化的评价指标。农民工与城里人因人力资本存量的差别产生的就业质量和报酬的差别也不应成为其市民化程度的评价指标。相当部分农业转移人口所从事的职业、工种及相应的收入基本上是同其人力资本相匹配的。对农业转移人口来说,评价其市民化程度的应是平等的就业机会和就业标准。目前农业转移人口享受不到的市民权利主要涉及由身份和户籍的差别产生的城乡居民就业机会不均等,等量劳动得不到等量报酬,同工不同酬,得不到平等的就业保障服务和职业技能培训,等等。这种不平等影响农民工就业能力的充分发挥,使其素质和能力得不到提高。因此克服这些就业差别就成为市民化的内容。市民化的目标是就业机会均等,同工同酬,消除农民工与城镇居民从事相同职业却获得较低报酬的现象。

第二,城镇安居是市民化之基。安居才能乐业。农业转移人口在城镇安居作为市民化评价指标是指在城镇有自住的住房,包括独立租赁或自购住房。农业转移人口能否独立租赁或自购住房不仅取决于自身的支付能力(既涉及就业收入,也涉及过去的积蓄),而且很大程度上还受制于市场价格尤其是房价。房地产价格不断高涨,但农业转移人口普遍收入较低且增长缓慢,又少有积蓄,大部分转移人口进了城难以安家落户。除了回乡居住,大部分人居住在雇主或单位提供的工地或工棚、生产经营场所,或者与他人合租住房。现在很多地方的城中村就是农业转移人口的集聚地,往往房屋破旧、治安混乱、卫生条件堪忧。这种状况不只反映了农业转移人口的居住条件没有城镇化,而且反映了农业转移人口因没法拥有合法稳定的居所而难以进入户籍的问题。农业转移人口的安居不能单靠其自身,还需要各方面努力。其中包括让农业转移人口与市民平等享有参加住房公积金制度的权利,由政府为农业转移人口建经济适用房、廉租房,银行为农业转移人口购房提供贷款便利,等等。政府要推进城中村改造,其意义不只是提高城中村的住房质量,还可保障农民工居住场所安全、卫生,同时应适当配备必要的文化、体育活动等设施设备。

(二) 平等享受基本公共服务

农业转移人口在基本公共服务方面需要享受平等的市民权利和市民待遇,也就是在养老、医疗、教育等方面享受城市居民的同等待遇。这方面的评价指标主要涉及基本公共服务覆盖率,即城市户籍人口所享有的基本公共服务覆盖到农业转移人口。基本公共服务享用不存在身份差异,即农业转移人口享受基本公共服务的权利与城市居民不存在差别。当然这不包括因市场原因及支付能力差异所产生的差别。

第一,平等享受受教育的权利。对农业转移人口而言,进入城镇的主要原因之一是让子女获得更加优质的教育。农民工子女在父母打工的城镇平等地接受义务教育是市民化的一个重要方面。当前农民工子女入学难主要源于两个方面:一是城市教育资源紧缺导致农民工子女入学困难,学校往往要求家长提供户口证明、收取借读费等,甚至拒收农民工子女入学。二是义务教育投入"地方负责,分级管理"的政策致使农民工子女教育经费落实困难,农民工子女在城市入学不能享受同等政策,即使在城镇入学也只能进入地方政府办的打工子女学校,因此农民工子女有一多半成为留守儿童在老家接受教育。因此农业转移人口市民化意味着在其子女入学问题上享受平等的市民权利,尤其是在城镇接受公办教育方面享受平等的市民权利。地方政府应该将农业转移人口及其他常住人口的随迁子女的义务教育纳入公共财政保障范围。此外农民工自身也需要得到平等的职业培训权利,从而获得平等的职业上升空间。

第二，平等享受社会保障制度。社会保障制度主要涉及医疗保障、养老保险、失业保险等。社会保障资金需要地方财政支持。各地财政承受能力和基金结余分布不均，且统筹层次仍偏低，地区之间待遇差别较大。在城镇化进程中，现行社会保障管理制度和方式无法适应跨区域流动就业的农民工需要。针对农民工群体享有的社会保障制度不健全的情况，市民化要求加快实现基本医疗保险参保人跨体制、跨地区转移接续，实现城市居民与农业转移人口社会保障制度并轨，特别是要提高农业转移人口参与城市社保的意识。财政要在社会保障市民化中发挥积极作用。农业转移人口按城镇居民相同标准缴费参加城镇社会保障，各级财政按照城镇居民参保相同标准进行补助以体现横向公平时，还应根据纵向公平的要求，根据转移人口的支付能力给予适当的补助。

（三）市民化中实现人的现代化

农业转移人口市民化并融入城市，涉及人的生活方式和思想观念两个方面的现代化。农业转移人口，尤其是农民工群体，进城后生产方式逐渐改变，但是由于收入水平、学历和职业等原因，其生活方式并没有从根本上发生改变。他们的消费方式、闲暇生活方式、精神生活方式等与城市仍然处在一种隔离状态。市民化就要引导农民工生活方式的改变，包括使其适应城市知识更新快的特点，树立终身学习的理念，丰富其精神文化生活，使农民工的技能得到较为全面的发展。从农民向市民的转变，它不仅是形式的转变，更重要的是人的思想观念的转变、个人素质的提升。针对农民的思想观念，列宁说过："改造他们的整个心理和习惯，这件事需要花几代人的时间。只有有了物质基础，只有有了技术，只有在农业中大规模地使用拖拉机和机器……才能像人们所说的使他们的整个心理健全起来。"[1]城市作为一个多元的社会，各种思想观念相互交融，是一个开放的系统，城市中的人们于文化交流与碰撞中产生新的文化、思想观念，思想上更具有弹性、适应性与包容性，人的思想观念更加趋向现代化。

此外，农业转移人口需要全面享受市民权利，不受显性的和隐性的身份歧视，包括与市民平等享受上学、就业、医疗、社会保障、公共服务等方面的市民权

---

[1] 《列宁专题文集·论社会主义》，人民出版社2009年版，第204页。

利。农业转移人口还要享有与城市居民平等的选举权与被选举权以及平等的参与社区管理的政治权利。

第二节
在城镇城市化中实现农民市民化

中国的城镇化经过了农业剩余劳动力大举进入大中城市和城镇的阶段。据2020年第7次人口普查结果，虽然乡村常住人口占比36.11%，有509 787 562人，但乡村户籍人口占比达54.6%。以人为核心的城镇化不能忽视常住乡村和户籍还在乡村的这部分人口的市民化。习近平总书记在党的十八届三中全会上提出，推进以人为核心的城镇化，推动大中小城市和小城镇协调发展、产业和城镇融合发展，促进城镇化和新农村建设协调推进。这表明进入新时代后中国的城镇化需要有新的目标，推进以人为核心的城镇化就是要使发展成果惠及农民，使广大农民对美好生活的需要通过新型城镇化得到不断的满足。党的二十大又进一步要求农村基本具备现代生活条件。

一、现代化赋予城镇新功能

在现实中推进农业转移人口市民化面临着一系列新问题：

第一，城市的容纳能力有限。在过去相当长的时期里，农业转移人口进入城市尤其是大中城市是城市发展的驱动力。虽然现在城市仍然不能缺少农业转移人口，但是在城市（主要是大中城市），一方面，由于科技进步及产业结构的调整，对农业转移人口的需求相对下降；另一方面，现有城市尤其是大城市中拥堵等方面问题非常突出，产生将用工多的制造业和人口外移的逆城市化要求。这意味着城市已经没有能力承担如此规模的农业转移人口市民化的重任。克服这个困难的路径在于小城市以及处于农村的城镇分担转移人口市民化的任务。

第二，在进入城市的农业转移人口提出市民化要求的同时，留在农村的农民也有市民化要求。我国农村人口众多，如果农民只有进城才能成为市民，那么不仅现有的城市无论如何难以消化数量庞大的进城农民，而且农村劳动力大量流出会导致农村凋敝。这就是习近平总书记指出的,即使将来城镇化达到70%以上,还有四五亿人在农村。农村绝不能成为荒芜的农村、留守的农村、记忆中的故园。城镇化要发展,农业现代化和新农村建设也要发展,同步发展才能相得益彰,要推进城乡一体化发展。实现乡村振兴、农业现代化需要稳定农村劳动力,需要农民不进城就能享受市民权利。

第三,高昂的市民化成本难以消化,导致农业转移人口难以入城市民化。一是市民化的私人成本在不断提高。农业转移人口市民化所要承担的私人成本最大的是住房成本(购房或租房费用)和子女受教育的费用,城市越大,费用越高。农业转移人口收入的增长跟不上房价和教育费用的上涨。二是企业难以为农业转移人口支付社会保障费用,越是雇用农民工多的企业所要支付的成本越大,中小微企业往往不堪重负。三是政府财政的负担过大。我国农业转移人口以跨省流动居多,流入地政府自然成为其市民化的主要承担者,其基本公共服务也主要是由流入地政府供给。在以户籍人口而不是常住人口为基数的财政转移支付的背景下,农业转移人口的大量涌入会加大流入地在教育、医疗、保障性住房等基本公共服务的需求量。虽然转移人口的流入会为当地政府创造收入,但流入地收入增长难以消化财政负担,其推进农业转移人口市民化的积极性也会下降。

进入新时代,农业剩余劳动力供给已经不像过去那样"无限",加上国际国内形势的变化,以及2020年全球爆发的新冠肺炎疫情的影响,城市吸纳劳动力就业能力下降。与此同时,大中城市的城市病(现代化病)开始显现:人口拥挤、交通拥堵、环境污染、房价高昂等。城市承载不了进一步的人口城市化,更谈不上现代化了。因此市民化的主阵地将会由大中城市转向小城市和农村城镇。如果说前一轮城镇化,农民创造了在小城镇就地转移的城镇化模式,那么现在需要在城乡融合中创造在农村城镇实现市民化的新模式。

我国在推进以人为核心的城镇化中,不仅需要推进转移人口的市民化,还要推进没有进城的农民市民化。农民户籍在农村、工作在农村、生活在农村,同样可以在权利、待遇、生活方式、文明性、舒适性等方面由农民转化为市民。这就提出了"农民市民化"命题。"农民市民化"除了指城镇化进程中农业转移人口异地市民化外,还指农民在乡村户籍所在的原居住、工作地就地市民化,即农民"原地的市民化"。农民市民化需要具备两个基本要素,一是满足农民应享有的基本公共服务、社会治理参与等与市民大致相当的公民权益;二是农民转化为市民应具有与市民身份大致相当的公民素质、文化素养,生活方式应该和市民身份大致相近。随着我国城镇城市化,城镇具备了现代城市的功能,将有力推动农民在建制镇实现市民化,农民在建制镇实现市民化将成为农民市民化的另一幅景象。

城镇处于农村区域,是连接城市和乡村的中间地带。基于进入新时代后城镇化面临的新课题,城镇的功能不仅仅是消化转移的农业剩余劳动力,还承担着现代化新阶段所赋予的功能。首先,大中城市推进现代化需要纾解城市产业和居民过于密集的状况,新型城镇化的重要方面是吸引大中城市转移的产业和人口进入城镇。其次,农业和农村的现代化需要集聚和引入现代生产要素,相应地需要城市投资者和经营者进入乡村投资和经营现代农业。城市的投资者、科技人才以及新型农业经营主体进入农村,城镇就是他们的栖身地。城镇就成为农业农村现代化的中心。最后,农民的现代化需要依托城镇,城镇要提供农民就地市民化的机会,农民进入城镇享受市民权利。乡村振兴行动需要城镇提供设施和资源,城镇成为乡村振兴的中心。城镇化滞后,乡村振兴必然落后。

二、城镇城市化

针对现有的城镇大多不能承担起上述现代化赋予的功能的情况,提出城镇城市化的要求,使广大城镇具有城市的功能,即"城镇城市化"。农村城镇的城市化水平直接反映城市现代化要素向农村的扩展和辐射能力。城镇城市化实际是将城市功能向城镇扩散和转移,使城镇成为农村区域中的商贸中心、服务中心,使人们在城镇与城市具有同等的机会,在城镇就能享受到现代文明和现代社会经济生活。这将成为新型城镇化(即城镇城市化)的重要内容。

(一) 城镇的范围和规模经济

城市供给不仅仅是数量问题,更是质量问题。中国的城镇化进程中,小城镇伴随乡镇企业发展,曾经解决了农业劳动力就地转移的大问题。这一模式是低成本的城镇化,在我国城镇体系和现代化中具有重要地位。但在进入现代化的新阶段后,小城镇的弊端就逐渐显现了。

第一，星罗棋布的小城镇达不到规模经济，城镇规模太小，聚集不起经济、服务及基础设施的合理规模，人均道路面积、绿化覆盖率、人均公共服务等硬件设施都很差，形不成城市功能。目前普遍存在的城镇服务业发展缓慢的问题也可以从这种小城镇模式得到说明。因为服务业需要依托一定规模的消费者，城镇太小，聚集不起服务业的规模。

第二，城镇规模过小，市场不完善，发展空间和辐射区域狭小。小城镇大部分居民是从农业劳动力转化而来的，居民生活方式和城镇建设发展均处在城乡过渡阶段。小城镇的公共设施和商业服务设施由于达不到规模经济而很不完善。因此，小城镇星罗棋布不等于城市要素供给充足。小城镇既无充分的能力实现转移人口和农民的市民化，也难以发挥对周边农业和农村的辐射带动作用。

第三，小城镇过多也分散了人气，导致区域内难以形成较为集中并有较强集聚要素能力的城镇，特别是影响县城成为一个地区的经济中心、市场中心、信息中心。小城镇过多过散会产生严重的外部不经济，虽然它加速了城镇的发展，却在很大程度上抑制了中小城市的发展。

第四，过分强调小城镇的作用会减少城市供给。与其他发展中国家一样，在我国的许多落后地区，城市供给严重不足；就是说，在相当大面积的范围内没有达到一定规模的城市，无城可化则从何谈起城市化。"百万民工大流动"从一定程度上讲是城市缺乏的表现。因此，在这样的地区，建设新城市、增加城市供给就成为新型城镇化的重要方面。

因此，城镇城市化要求城镇的集中。小城镇达不到必需的规模、聚集不起服务业、聚集不起市场、聚集不起人气也就无法成为城市。城镇中建起的各类市场和服务设施也不可能达到规模经济。城镇集中要更多地依靠经济手段的调控，要注意自然形成的中心，依靠行政手段是建不起城市的。近年来沿海发达地区在合并城镇的同时出现了"四集中"趋势：乡镇工业向工业园区集中，人口向小城镇集中，服务业向中心城镇集中，农田向种粮大户集中。对于农民搬迁进城镇而言，重要的不是空间上的迁移，而是从就业和社会保障等方面真正融入城市社会。

我国当年发展乡镇企业及由此带动的城镇化走的是分散型道路。发展乡镇企业,"村村点火、户户冒烟",这种分散化工业区位使农村的非农产业和农村市场形不成积聚效应,达不到规模经济。针对这种状况,我国在实践中逐步调整农村的非农化战略,转向走相对集中的城镇化道路,建立起相对集中的非农产业区,效果非常明显。建设具有城市功能的城镇特别需要重视县城及中心镇的建设,使其成为农村区域发展中心,成为人力、资本资源的积累和集中中心,成为综合产业极,成为区域中的商贸中心、服务中心。城镇城市化需要人口的聚集、经济能量的聚集,特别是需要农村居民像自己投资建乡镇企业那样来自己投资建城市。要让农民自由地进入县城和中心镇务工经商,自谋职业,自建(购)住房,并承担相应的义务。

(二) 城镇城市化的产业支撑

现代化对处于广大农村的城镇提出城市化要求,也就是要求城镇具有产业发展、公共服务、吸纳就业、人口集聚的城市功能。其中起主导作用的是产业发展,产城融合发展是城镇城市化必由之路。

城镇和产业互为依托。城镇的存在与发展依托产业发展,否则城镇将是无本之木。产业需要以城镇为基础,需要城镇承载产业空间和发展产业经济。产业的集聚可以为产业工人提供就业机会,驱动城市更新和完善服务配套,促进产业、城市、人的共同发展。20世纪八九十年代乡镇企业迅猛发展,使乡镇企业成为中国中小企业的主体。现在大中城市"退二进三"纾解产业和人口,城镇以相对较低的土地费用、相对充裕的劳动力承接城市转移的制造业,而且发展相关的配套产业和服务。由此城镇成为制造业基地,吸纳就业和人口集聚的能力大大增强。

城镇要有城市功能,关键在成"市"。市即市场。城镇城市化需要服务业的发展,涉及生产性、消费性服务业。既要有商业性服务业,又要有公共性服务机构。现代服务业的发展和完善可以集聚人才等现代要素,为产业提供更多的技术、信息、资金服务,为居民和周边农民提供各种生活服务。依托城镇开拓和发展农村消费市场,不仅可以吸纳更多的农民进入城镇就业,使其收入来源非农化,而且可以促进农民生活方式的城市化、现代化。

（三）人的城市化

马克思曾专门论述城市形成所起的带动生产方式变革的作用："在再生产的行为本身中，不但客观条件改变着，例如乡村变为城市……等等，而且生产者也改变着，炼出新的品质，通过生产而发展和改造着自身，造成新的力量和新的观念，造成新的交往方式，新的需要和新的语言。"[①]

人口从乡村到城镇的空间迁移与人口从农民到市民身份的转换同步推进，离不开城镇基础设施和公共服务设施建设。要让迁移到城镇的居民能够在这里住有所居、学有所教、老有所养、劳有所得、娱有所乐、病有所医，同时享受到城市现代化的公共基础设施、环境和服务，拥有一个良好的居住空间环境、良好的人文社会环境、良好的生态环境和清洁高效的生产环境。要不断提高人口素质，促进人的全面发展和社会公平正义，使全体居民共享现代化建设成果。要遵循科学决策、统一规划，政府投入和市场化运作相结合原则，加强城镇基础设施建设和公共服务供给能力。一方面增强政府提供基本公共服务的能力，增加政府在城镇公共设施和基本公共服务上的投入，集中财力完善城镇供水供电、供暖供气、交通、邮电、通信、广播、物流、卫生、教育、市政工程与生活服务等基础设施，满足并提升居民在义务教育、社会治安、公共卫生、基本医疗等方面的公共需求。另一方面还要推动建设投资的多元化、市场化、规范化，发挥各类投资者、经营者共同建设城镇的积极性，引导社会资本、商业性投资进入城镇基础设施建设、公共服务供给。商业性投资主要进入的领域有义务教育以外的教育、公共卫生以外的医疗保健需求、现代商业设施的建设等。这样，农民市民化意味着工作、居住、生活在乡村的农民一样获得城市性和现代性，"使农民能够享有市民的生活品质和公共服务的同时，农村还能保持田园风光"，"让农民与市民一样生活变得更美好"。[②]

需要强调的是，城镇城市化绝对不是搞房地产开发，不是城镇空间的简单扩张（小城镇合并中可能腾出空间），而是城镇的现代化，使城镇具备现代城市的功

[①] 《马克思恩格斯全集》第46卷（上），人民出版社1979年版，第494页。
[②] 参见李培林等《当代中国城市化及其影响》，社会科学文献出版社2013年版。

能,更好地集聚现代要素,使得人、城市、产业均实现现代化。城镇城市化的过程中要做好生态环境、传统建筑和历史文化的保护,凸显城镇的特色和个性,实现人的观念和思维的城镇化。合理保护城镇的历史文化遗产,重建包括城市伦理(道德)、城市艺术(美学)等在内的中国人的城市精神秩序,把城镇建设成为当代中国人的精神家园。人工智能、数字经济、新能源发展等新产业革命为我国城镇进入全球生产网络中心环节、实现城镇"能级"的跨越与赶超提供了"机会窗口"。我国广大城镇需要以人才、科技、大数据等现代要素的引入为基础,以智慧城镇、低碳城镇、创新城镇的建设为契机,提高城镇的管理、服务能力和创新能力。

第三节
城市现代化和城乡发展一体化

我国的空间结构是"城市—城镇—乡村"的体系。我国的改革从农村开始,小康社会建设实际上也从农村工业化和城镇化开始。先发展农村乡镇的城镇化,然后推进到城市。现在推进基本实现现代化则要以城市现代化为中心,以城市现代化要素向城镇和乡村扩散并辐射,最终实现城乡一体的现代化。

一、城市现代化

美国城市地理学家弗里得曼认为,城市是"革新的中心地""发展机遇的环境"。[1] 发展极理论的奠基者佩鲁更是把城市看作是区域发展的发展极。他指出,由于城市的带动作用增加了地区差别效应。地理上集中的综合产业极(城市)"改变了它直接的地理环境;而且如果它足够强大,还会改变它所在的国民经济的全部结构。作为人力、资本资源的积累和集中中心,它促进了其他资源集中和积累中心的产生。当这样两组中心通过物质的和智力的高速公路相互联系在一起时,广泛的变化在生产者和消费者的经济视野和计划中就显示出来了"。[2]

---

[1] 参见 J. Friedmann, *Urbanization, Planning, and National Development*. London, Sage Publications, 1973.
[2] [法]弗朗索瓦·佩鲁:《略论"增长极"概念》,载郭熙保主编《发展经济学经典论著选》,郭熙保等译,中国经济出版社1998年版,第344页。

进入现代社会,城市的作用越来越突出。过去我们讲城市的发展极功能主要是指它集聚主导产业的功能,今天讲城市功能则更为突出其集聚发展要素的功能。人流、物流、信息流、资金流往哪里流?流到城市去,流到现代化程度高的城市去。

据住房和城乡建设部的数据,2021年末,我国城市数量达691个,城市建成区面积达6.2万平方公里。其中,8个超大城市、11个特大城市、13个Ⅰ型大城市、74个Ⅱ型大城市,其余为小城市。"胡焕庸线"显示,城市尤其是特大和大中城市主要集聚在"胡焕庸线"的右边,而在其左边不仅城市少,城市中的人口也稀薄。这说明两方面问题:一方面,经济发展程度可以由其拥有的城市数量及其现代化水平来说明;另一方面,"胡焕庸线"左边的广大区域要实现现代化,更为重要的是要在发展中做大做强城市,增强其吸纳现代生产要素的能力,尤其是资金、技术、人才三大要素。

新时代城市现代化的目标有三个:一是以人民为中心。使城市能够引领现代美好生活需要,将引领中高端消费作为城市现代化的中心内容,就会产生强大的发展动能。二是建设彰显优势、协调联动的城乡区域发展体系。在现代化进程中需要彰显城市的发展优势,在协调联动城乡关系时城市是"主动轮"。三是城市要成为现代化要素的集聚中心和扩散中心,把现代化的势头从城市推向农村,从而成为城乡一体现代化的策源地。城市现代化水平越高,周边农村区域的城镇和乡村的现代化水平也越高。

习近平总书记对城市现代化作出了一系列重要指示,概括起来有三个方面:一是"通过大数据、云计算、人工智能等手段推进城市治理现代化,大城市也可以变得更'聪明'"[1];二是"使城市更健康、更安全、更宜居,成为人民群众高品质生活的空间"[2];三是"城市发展不能只考虑规模经济效益,必须把生态和安全放在更加突出的位置,统筹城市布局的经济需要、生活需要、生态需要、安全需要"[3]。

---

[1] 《习近平:运用信息化让城市变得更"聪明"》,中国政府网,http://www.gov.cn/xinwen/2020-04/01/content_5497852.htm,2020年4月1日。
[2] 习近平:《国家中长期经济社会发展战略若干重大问题》,《求是》2020年第21期。
[3] 习近平:《国家中长期经济社会发展战略若干重大问题》,《求是》2020年第21期。

这意味着城市现代化是产、城、文化、生态的融合发展。根据新时代现代化的要求，城市现代化要和新型城镇化相配合。城市现代化必须要凸显城市的三大价值，即经济、文化、生态价值。城市价值是经济、文化、生态三大价值的总和。

（一）提升现代城市的经济价值

对现代化来说，提升城市的经济价值是基础，主要涉及以下三个方面：

第一，提升城市的市场价值。城市要成为市场中心、商贸中心，成为人流、物流、信息流和资金流的集聚地。按此要求，有两点特别重要。一是城市成为公司总部集聚地，发展总部经济。当然，不同能级的城市集聚的公司总部也是有层次的。发达地区的城市有条件吸引国内外大的企业总部，尤其是高科技企业和处于全球价值链上游企业总部的集聚。二是具备最为完备的现代市场体系，市场化水平越高，市场秩序越是规范，市场价值越高。

需要指出，过去的市场以人流为基础，数字经济时代则是依托现代数字技术建市场。市场成为利用数字技术实现万物互联互通所形成的平台。例如，城市的商贸中心功能在许多方面被网购和直播代替。

第二，提升产业价值。城市竞争力取决于其产业竞争力。城市集聚的主导产业的现代性决定城市的现代化程度。城市现代化同其产业现代化是同步的。从现代化角度来说，城市空间有限，集聚的应该是科技含量高、能源消耗低、环境污染少的轻资产的先进制造业，尤其要重视高端服务业。因此，推进城市现代化需要产城融合发展。与此相应，城市业态需要重组，在科技含量低、高耗能高污染的制造业外移的同时，加快金融、贸易、信息、服务等现代服务业集聚。

需要指出，过去的城市化以城市规模的扩张为特征，原因是城市化处于工业化阶段时，制造业发展以规模为基础。现在，在信息化数字化背景下，城市规模作用下降，科技内核作用增强。适应数字经济的产业特征：城市由追求规模到功能优化。许多经济活动可以用数字技术、人工智能、移动互联网来进行。因此，城市化不再追求城市规模的扩大，而是追求以互联网、数字技术为代表的新的基础设施所导致的以城市为中心连接其外围的万物互联互通。

第三，提升创新价值。城市要成为区域现代化的策源地，自身要成为科技创新的中心。为此，城市不仅要集聚高科技人才，还要集聚产学研协同创新平台；

不仅要产出原创性的创新成果,还要产出可以产业化的高科技成果。

(二) 提升现代城市的文化价值

城市现代化也就是建设现代文明城市,城市文化影响城市的文明程度,富有吸引力的文化是打造城市核心竞争力、塑造城市魅力、增强城市吸引力的关键。从提高城市居民文明程度角度讲的文化价值是广义的,包括文化、科技、教育等,直接影响人的文明程度即人的现代化。

城市文化价值能够使历史文化与现代文化交融,形成一系列的文化、科技、卫生中心。现代城市将优秀的传统文化和现代文化融合起来,在保留历史底蕴和人文特色的前提下全面改善人居环境。文化教育设施建设是城市文化和精神的空间载体,举办各种文化活动可以增强城市的文化影响力和旅游吸引力。相应发展起来的文化产业同时会提升城市的经济价值。

(三) 提升现代城市的生态价值

现代化所要满足的人民美好生活的需要包括对生态财富的需求,干净的水、清新的空气、健康的食品、优美的环境等都是需要满足的生态财富需求。一个城市拥有的生态财富也能够提升城市的经济价值。因此,城市生态现代化需要围绕人与自然和谐共生的基本理念,科学合理规划城市布局,合理确定城市开发强度、集聚形态,科学布局城市产业和人口;强化环境保护和生态修复,加强绿色基础设施建设,加强城市固体废弃物循环利用和无害化处置;推行绿色生活及消费方式,构建碳排放定价等环境保护政策工具体系等。可尝试打造"公园城市",建设公共绿地,提升城市的生态价值。

二、城市更新行动

党的二十大提出实施城市更新行动,加强城市基础设施建设,打造宜居、韧性、智慧城市,主要涉及以下内容:

第一,形成以中等收入人口为主体的人口结构。城市现代化和人口结构现代化相配合。城市人口结构指的是低收入人口、中等收入人口和高收入人口的构成。一个城市如果中等收入人口占大多数,那么这就是一个积极向上、富裕的城市。这种人口结构的形成与城市产业结构相关,与科技含量高的产业结构相适应的是中等收入人口占大多数的人口结构。

第二,打造韧性城市。城市是一个一体化的有机体,应以韧性城市理念指导城市建设,提高其应对自然、社会风险的能力。提升城市规划的预见性和引导性,促进综合防灾减灾规划与城市总体规划、土地利用规划、社会经济发展规划间的多规合一,并以此为基础,推动各地区、各部门间的相互协调,构建多级联动的综合管理平台和多元参与的社会共治模式。推进风险治理体制常态化,由被动应急响应转变为主动规划调控。在韧性城市的建设中,应以高效的组织架构、全面的应急体系和多元的主体参与,实现风险治理的常态化。

第三,建设智慧型城市。新型智慧城市建设要求实现物质资源、信息资源和智力资源等与城市经济社会发展的深度融合:将先进技术手段深度融入政府服务和城市服务中,对城市运行和管理的各项需求做出智能的响应,具体包括建立城市内的公共信息平台和政务服务系统、城市间的协同管理机制等;把实现公共价值作为新型智慧城市建设的出发点和落脚点,强化信息应用和信息服务的社会化开发利用,并逐步孕育开放式、互动式的城市信息服务生态;严格把控好信息整合和人民隐私权之间的界限,高度重视数据安全和隐私问题等,防范安全风险。

第四,推进现代城市设施建设。尤其是要发展枢纽经济,重视交通枢纽建设和新兴基础设施(5G等)建设。一个地区经济落后往往是被交通、信息等基础设施边缘化的。一个地区有枢纽固然非常重要,但是有枢纽没有经济还是发展不了枢纽经济。必须要围绕枢纽来办经济、建经济,从而形成吸引发展要素并向周边扩散发展要素的通道。围绕人与自然和谐共生的基本理念,科学合理规划城市交通布局,坚持密度较高、功能混用和公交导向的集约紧凑型开发模式,尤其是提供创新驱动经济发展的新基础设施。

三、城乡发展一体化

马克思指出:"一切发达的、以商品交换为中介的分工的基础,都是城乡的分离。可以说,社会的全部经济史,都概括为这种对立的运动。"[1]美国政治学家亨

---

[1] [德]马克思:《资本论》第1卷,人民出版社2004年版,第408页。

廷顿说："城乡区别就是社会最现代部分和最传统部分的区别。"[①]我国实现现代化需要在克服城乡的分离和对立基础上推进城乡一体现代化。

城乡一体现代化不是城乡同质化。其发展方向，并不是把乡村完全变成城市。城市与乡村作为两大地域类型，无论如何变化，城市还是以非农产业为主，乡村还是以农业为主。两者之间还会保留功能上的差异、各自承载行业的差异、景观的差异。城乡一体化是指在保持城与乡的特色的同时，从经济、社会、空间等方面融合城乡发展，消除城乡存在的差距。

由城乡二元结构转向城乡一元的现代化结构，就是城乡一体化。城乡一体化要求统筹城乡经济发展。这就是党的二十大报告提出的，要以城市群、都市圈为依托构建大中小城市协调发展格局，推进以县城为重要载体的城镇化建设。

城乡一体化不是城乡的"低层次平衡发展"，不是降低城市的发展水平去屈就乡村，而是将乡村的地位加以适当提高，使其在市场体制下处于与城市同等的竞争地位。城乡一体化是指城市和乡村是一个整体，人口、资金、信息和物质等要素在城乡间自由流动，城乡经济、社会、文化相互渗透、相互融合、高度依存，便是这种相互联系和相互作用的具体表现，其空间效果构成城乡经济和社会的空间组织形式。

城乡一体化是把城市与乡村建设成一个相互依存、相互促进的统一体，充分发挥城市与乡村各自的优势和作用，使城乡之间的劳动力、技术、资金、资源等生产要素在一定范围内进行合理的交流与组合。在城市现代化基础上，推动城市发展的势头和现代要素"化"到农村，相应的制度安排是建立健全城乡融合发展体制机制，实现城乡一体的现代化。

首先是城乡体制的一体化。在转向市场经济体制的转型阶段，一方面，相对于城市，农村市场化程度太低，自然经济和半自然经济所占比重很高；另一方面，各类生产要素的市场基本上集中在城市，而不在农村。显然，体制一体化的基本要求是在社会主义市场经济体制的基本框架内，特别注意发展农村市场经济，使

---

① ［美］塞缪尔·P.亨廷顿：《变化社会中的政治秩序》，王冠华、刘为等译，生活·读书·新知三联书店1989年版，第67页。

之尽快赶上城市的市场经济水平。打破城市与乡村的体制分治,关键是克服城乡之间的要素分割体制。基于各种生产要素市场集中在城市的现实,体制一体化的主要内容是建立城乡一体的要素市场,创造包括农村市场主体在内的各类市场主体平等使用生产要素的环境,消除要素在城乡之间自由流动的各种体制和政策性障碍。就劳动力市场来说,必须打破原来户籍制度下的城乡人口隔离和不流动,创建一个城乡人口既有自由穿梭权利又有合理调控的体制。消除影响农村劳动力转移的政策障碍,建立城乡一体的劳动力市场,做到城乡就业同工同酬、城乡土地同地同价、城乡产品同市同价。

其次是城乡产业结构的一体化。城乡在产业结构上形成有机的整体,既错位又互补。要根据城市、城镇与农村的不同特质要求和发展优势,在城市、城镇和农村进行产业分工,分别发展城市型产业、城镇型产业和农村型产业。在不同的区域形成不同的产业基地(集群)。从城乡一体角度进行城乡产业分工的趋势是,工业逐步从中心城市扩散到卫星城镇,同时使分散的农村工业向中小城市和城镇集聚,中心城市重点发展金融、贸易、信息、服务、文化教育等第三产业。这样,第二产业从中心城市和广大农村转移到城镇,一方面可以解决"城市病"和"农村病";另一方面可以解决城乡之间产业同构和过度竞争的问题,使城乡之间形成一种相互支撑的经济技术联系。中心城市不再以生产性功能为主,而是以贸易中心、金融中心、信息中心、服务中心的功能作为周围区域的发展极;中小城市和城镇以生产性功能为主,充当中心城市向农村扩散经济技术能量的中介和农村向城市集聚各种要素的节点;农村以规模化、连片种植的农业生产,支撑大中小城市对资源和要素的需求,获取农业经营的规模效益和城市化发展的整体效益。

城乡一体化要求在城乡分工的基础上建立分布在城市、城镇和农村的服务业、工业和农业之间的产业链接。其途径包括四个方向:一是自上而下,城市工业和服务业通过"墨渍扩散"和空间转移,把要素、资本、技术向都市以外的城镇区域扩散,从而使城镇形成在工业和服务业方面与城市产业的密切联系。二是自下而上,农业通过产业化的途径延伸其加工销售的环节,加工和销售环节进入城镇。三是建立自上而下的服务体系,即城市提供城镇工业的服务业,城镇提供农业的服务业。四是建立城乡产业的垂直一体化。

再次是城乡居民政治、经济和社会地位平等,城乡生活方式趋同,公共物品的享受基本一致。其必要途径是农民市民化。长期存在的城乡分割的户籍制度,将居民分割为拥有城镇户口的城市居民和拥有农业户口的农村居民。农村居民明显低人一等。农民市民化首先要取消这种城乡分割的户籍制度,从而使城乡居民在城市和农村的流动与居住不受户籍的限制。农民居住在城市,城市居民居住在农村,完全取决于各自的选择。农民市民化还要求取消各种对农民的歧视性政策,使之与城市居民享受平等的政策和机会。就就业机会来说,农民进城就业与城市人享受平等的权利,高校毕业生到农村就业与在城市就业享受平等的权利。就受教育的机会来说,农民及其子弟入学及选择学校享受与城市人平等的权利。就卫生和医疗来说,农民与市民享受平等的权利。就社会保障制度来说,城乡也应平等,各种社会保障不应只是提供给城市人,也应提供给农村人。就享用公共产品的机会来说,将提供给市民的机会和设施安排到农村城镇去,扩大城镇就业的机会;把高质量的教育、文化医疗设施办到农村城镇,增加农村特别是城镇的公共产品和公共设施的供给。使农民不进入城市就能享受到各种市民的权利,生活方式与市民趋同。

最后是城乡基础设施和公共设施一体化。建立快捷的连接城市的公共交通,需要给农村城镇和乡村提供与城市一体的水、电、网络。要促进人员和要素的双向流动,主要是现代要素进入乡镇和农村,这也是乡村振兴和共同富裕所希望的。搭建城乡产业协同发展的平台,最终以要素的流动、区域互动、产业协同形成工农互促、城乡互补、协调发展、共同繁荣的新型工农城乡关系。

过去以发展小城镇为主要内容的城镇化基本上是自下而上推进的。现在无论是城市现代化还是城镇城市化,都需要自上而下推进:一是在城市的层级上自上而下,强调中心城市的作用,通过中心城市的功能定位、市场发育和网络建设,增强中心城市的集聚与扩散作用,通过中心城市的现代化推动城镇及其外围地区的现代化。二是要加强统一规划和政府引导,依据经济社会发展战略和区域规划,明确各类城市的功能定位和空间组织结构,统一规划、协调区域性基础设施建设,为城市市场扩大及市场网络建设创造条件。

第七章

农业现代化和乡村振兴

中国要强,农业必须强。中国要富,农民必须富。中国是有14亿多人口的大国,中国人的饭碗任何时候都要牢牢端在自己手上,饭碗应该主要装中国粮。无论是做强农业,还是富裕农民,都要实现农业现代化。党的二十大报告提出,要坚持农业农村优先发展,加快建设农业强国。如何实现农业由弱变强?关键在于习近平总书记在中央农村工作会议上指出的:促进农业高质高效、乡村宜居宜业、农民富裕富足。以现代农业为方向的农业现代化、以共同富裕为方向的农民现代化和以乡村振兴为方向的农村现代化,共同构成了农业农村全面现代化的内容。

第一节
农业现代化目标

所有国家的现代化都会面对农业和农民问题。我国曾经是落后的农业大国，经过农村改革和全面小康社会建设，才有了长足的进步，但农业仍然是现代化的短板。党的二十大不仅要求加快农业现代化，还要求建设农业强国。

改变二元结构的农业现代化理论实际上有两种思路。一个是刘易斯理论：转移农业剩余劳动力到非农产业。另一个是舒尔茨理论：现有的农业要素基本上是传统农业要素，这些要素已经被充分利用，发展现代农业需要引入新的现代要素。这两种思路的提出者同年获得诺贝尔经济学奖。

我们要实现的农业现代化，既有国外一般现代化农业强国的共同特征，更有基于自己国情的中国特色。2022年底，习近平总书记在中央农村工作会议上指出，所谓共同特征，就是要遵循农业现代化一般规律，建设供给保障强、科技装备强、经营体系强、产业韧性强、竞争能力强的农业强国。所谓中国特色，就是立足我国国情，立足人多地少的资源禀赋、农耕文明的历史底蕴、人与自然和谐共生的时代要求，走自己的路，不简单照搬国外现代化农业强国模式。①

一、补"四化同步"的短板

中国现代化的起点同其他发展中国家一样是典型的二元结构，现代工业与落后的农业并存。而且我国是在传统农业部门没有得到根本改造时提前发动工业化的。从20世纪80年代开始，我国以发展乡镇企业为标志推进了农村工业化和城镇化。其对"三农"发展的带动作用表现在以非农化解决农业问题，以城市化解决农村问题，以劳动力转移解决农民问题。效果非常明显，一是农业在GDP中的比重降到7%，标志着中国已经由农业国转变为工业国；二是城镇化进程大大加快，中国常住人口城镇化率已过66%。虽然上述非农化途径对"三农"

---

① 习近平：《加快建设农业强国　推进农业农村现代化》，《求是》2023年第6期。

发展有明显的带动作用,但是其负面作用也很明显。一是过度吸纳了土地、劳动力等农业发展要素(虽然相当多的是剩余的)。二是工业和城市由于得到"三农"的支持发展更快,工农差距、城乡差距不但没有缩小,反而进一步扩大,突出反映在农业生产方式落后,农产品不能满足人民群众日益增长的需求;农民收入太低,农民消费能力太低;农村居民的生活条件严重落后于城市。

在历史进程中工业化可能会丢弃"三农",而在工业化基础上实现的现代化就不能丢弃"三农"。就如习近平总书记所说,即使将来城镇化达到70%以上,还有四五亿人在农村。农村绝不能成为荒芜的农村、留守的农村、记忆中的故园。城镇化要发展,农业现代化和新农村建设也要发展,同步发展才能相得益彰,要推进城乡一体化发展。在新的历史起点上推进"三农"现代化,不能只是靠非农化和城镇化,而是要直接以农业、农民和农村为发展对象。

中国改革是从农村开始的,经过农村家庭联产承包责任制改革,发展乡镇企业,全面建设小康社会,中国以占世界9%的耕地供养了占世界21%的人口;不但基本上解决了14亿多人口的温饱问题,2020年底还实现了农业贫困人口全部脱贫。

农业现代化滞后突出表现在其劳动生产率偏低。目前农业劳动生产率的提高基本上还只是剩余劳动力转移的效应。与农业在GDP中所占份额相比,即便劳动生产率有所提高,也主要是在土地要素数量有限的条件下,相对于土地容纳劳动力的能力剩余而产生的劳动力转移的效应,而不是农业部门技术进步所产生的效应。也就是说,农业的技术基础尚未得到根本改变,农业提供剩余产品的能力还很有限。其直接后果是农业收入太低。从表面上看,农村改革和农村工业化的一个重要效应是农民现金收入有了明显增加,但收入增加的主要部分不是来源于务农收入,来自农业生产的收入仍然偏低。对农业的低生产率,过去的解释是农业劳动力剩余,出路是转移剩余劳动力。从20世纪80年代开始的农村工业化和城镇化,已经转移出大量的剩余劳动力,以至于学者们提出已经到了"刘易斯转折点"。农业中能够再转移出的剩余劳动力已经非常有限。但是与其他产业相比,农业仍然是弱势产业。其弱势突出表现在三个方面:一是农业技术落后,农业生产主要依靠劳动技能,劳动的附加值低;二是提供的农产品基本上是初级产品,不是最终产品,因此其市场价格低;三是农业生产受自然条件影响大,市场不稳定,价格波动大。因此,丰产不丰收。

对目前存在的农业劳动生产率问题需要具体分析。就农业产量来说,在农业剩余劳动力较大数量流出农业的条件下,留在农业的劳动力中老人、妇女占很大比重,但农业产量没有下降,农业增加值每年仍然以5%左右的速度增长。这说明用农业产量衡量的农业劳动生产率还是不低的。但是,用农业收入来衡量,劳动生产率并不高。这与农业中的人力资本存量不高相关。

尽管现代化的进程对不同行业不同区域来说是有先有后的,但一个国家一个地区的现代化应该是整体性的。根据木桶原理,现代化的整体水平最终是由短板决定的。我国现代化的短板和难点在农业、农民和农村。因此现代化的核心问题是克服二元结构,使农业和农村进入一元的现代化经济。

根据世界范围内农业发展的现实,农业现代化呈现以下三方面的共同特征:一是现代化的农业体系是当今世界经济强国的共同表现。虽然土地规模受各国自然条件的影响而各有不同,但农业现代化总体上表现为生产能力和生产效率的显著提升、更小的城乡收入差异和更加可持续的农村生态环境、治理环境。二是用现代要素改造农业自然条件、要素结构和制度有效性是农业现代化的决定性力量。三是提升农业现代化程度的决定因素是伴随工业化、城市化和技术进步所获得的更高质量的现代化要素,这些现代化要素推动了农业高质量发展的最终实现。

就我国来说,农业现代化的目标涉及两个方面。一是从根本上改变其落后的生产方式和经营方式,不只是提高劳动生产率,还要提高包括资本、劳动、土地在内的全要素生产率,从而提高农民收入。二是基于农业在国民经济中的基础地位,农业现代化要满足全社会现代化进程中不断增长的对农产品的量和质的需要。高度重视农业现代化,既反映了农业在中国经济中的重要地位,更凸显了现代化的中国特色。

二、 大国的粮食安全

马克思指出:"最文明的民族也同最不发达的未开化民族一样,必须先保证自己有食物,然后才能去照顾其他事情。"① 由于粮食对人类的重要性,粮食安全不只是一个生产问题,更是一个人类生存问题。而确保发展中国家的粮食安全,既是现代化农业体系的基本功能,也是开启现代化进程的必要前提。确保粮食安全,自古以来就是中国保持经济稳定发展的"压舱石"。"粮食生产稳定—农业地位稳定—宏观经济稳定"始终是历代政权高度重视的系列问题。"民以食为天"是中国人的历史性共识。

新中国成立后,党中央对粮食问题高度重视。毛泽东指出:"农业关系国计民生极大。要注意,不抓粮食很危险。不抓粮食,总有一天要天下大乱。"② 邓小平也强调:"农业,主要是粮食问题。农业上如果有一个曲折,三五年转不过来。"③ 党的十八大以来,粮食安全问题成为国家治理和发展稳定的重中之重。在 2013 年的中央农村工作会议上,习近平总书记就说过:"只要粮食不出大问题,中国的事就稳得住。"2015 年 7 月 16 日,习近平总书记在吉林考察时明确指出:"粮食安全是国家安全的重要基础。"新时代的粮食安全及其管理,从理念到措施都具有新的内容。

世界百年未有之大变局下,我国粮食安全风险依然存在。虽然中国是全球最大的粮食生产国④,但同时也是人口基数大、粮食需求量大、环境压力大的国家。尽管个别年份全球粮食产量供大于需,但截至 2019 年,全球仍有接近 4 亿人受到粮食安全的直接威胁。⑤ 加之新冠疫情和国际经济环境不确定性对农业生产组织的持续威胁,全球粮食供需仍将长期处于紧平衡。因此,粮食安全一旦出现问题,将对我国人民的生活水平,乃至国家安全构成直接威胁。

新时代的粮食安全,已经从经济政策上升为国家安全重大事项。我国确立了"以我为主、立足国内、确保产能、适度进口、科技支撑"的国家粮食安全战略,

---

① 《马克思恩格斯全集》第 9 卷,人民出版社 1961 年版,第 347 页。
② 《毛泽东文集》第七卷,人民出版社 1999 年版,第 199 页。
③ 《邓小平文选》第三卷,人民出版社 1993 年版,第 159 页。
④ 来自联合国粮农组织统计数据库(FAOSTAT)的数据显示,中国、美国和印度是全球主粮(小麦、玉米、水稻)产量排名前三位的国家。
⑤ 联合国粮农组织(FAO):《2019 年全球粮食危机报告》,全球应对粮食危机网络(Global Network Against Food Crises, GNAFC),2020 年 4 月。

要求"谷物基本自给、口粮绝对安全",从而实现"中国人的饭碗牢牢端在自己手中"。

新时代的粮食安全保障,已发展为系统性的安全战略体系。在战略规划方面,将粮食安全纳入农业现代化目标,成为《"十四五"推进农业农村现代化规划》的首要任务,从稳定规模、提升效率、党政同责等多个侧面进行系统性安排。不仅如此,针对"中国碗装中国粮"的目标,要以粮食生产体系、粮食储备体系和市场流通体系的优化建设为核心,对粮食安全进行全面保障。落实习近平总书记关于"藏粮于地"和"藏粮于技"的要求,用最严格的耕地保护制度建设高标准农田,用掌握自主知识产权的优质良种和高效生产管理技术真正实现主粮和短板品种的稳产高产。在综合支持方面,中央加大了对粮食主产区的政策和财政支持,推动形成粮食生产、经济发展、农民增收的有机统一。促进农业科技进步和发展方式转变,走一条集约、高效、安全和可持续的现代农业发展道路。

三、富裕农民

目前我国的低收入人群主要集中在农村,为务农的农民。根据以人民为中心的发展观和社会主义共同富裕的要求,为了让改革发展成果更多更公平地惠及全体人民,农业现代化的重要目标是富裕农民。这突显了中国特色社会主义农业现代化的本质。

早在春秋时期,管仲就在《管子·治国》中明确提出"凡治国之道,必先富民。民富则易治也,民贫则难治也"的主张。商子亦提出"治国者贵民一。民一则朴,朴则农,农则易勤,勤则富"的观点。中国的古代先贤们用朴素但明确的观点剖析了"政治稳定—农业发展—农民富裕—国家强盛"的道理。

我国的全面小康社会建设和脱贫攻坚战解决了农民的绝对贫困问题,现代化则要解决农民的相对贫困问题。富裕农民的关键是要找到农民处于贫困地位的根子从而寻找富裕农民的路子。

第一,提高农产品收益。农民低收入与农业的低收益相关。过去农业的低收益与工农业产品价格的剪刀差相关。现在虽然农产品价格经多次提价在价格指数上的剪刀差已经不明显,但是进入市场的农产品基本上是初级产品或季节性产品,附加值低,价格竞争能力弱,因此农产品的收益率仍然偏低。显然,改良农作物品种,拉长农业产业链,提高农产品的附加价值,增强农产品的市场竞争力,都是提高农产品收益的途径。

第二,畅通农产品流通渠道。由于农业生产组织分散,虽然农产品多次提价,许多农产品市场价格并不低,但其价格收益并没有由农民获得,而是基本上被流通领域的中间商获取。因此,富裕农民需要改革农产品流通体制,发展和完善农产品市场,建立农民及其代表参与的农产品流通合作组织,尤其是农民直接参与的电子商务平台,使农民直接获取市场收益。

第三,增加农民人力资本。目前随着有一定技能的青壮年农业劳动力流出,经营农业的农民大都是老人和妇女。农民的低收入同农业中人力资本存量低下是相匹配的。因此,提高农业劳动生产率,农民增收的重要前提是提高农业中人力资本存量。不仅需要加大对留在农村的农民的教育投入,更需要从城市吸引知识型职业农民,引入人力资本。

第四,农民要能获取土地收益。我国农村改革中,农民对土地有了承包经营权,但在目前的农产品价格构成中,实际上只包含农民的劳动成本及其收益,并不包含土地价值及其收益,农民在土地上投入积累的土地资本也得不到补偿。其根本原因是土地不流通。只要土地能流通,土地就有价格,具有土地承包经营权的农民就能在土地经营权流转中获取收益。

总的来说,以人为本的农业现代化就是习近平总书记强调的,要富裕农民,让农民成为体面的职业,让农村成为安居乐业的美丽家园。其路径就是针对农民低收入的症结,推进农业现代化。

四、农业发展范式的转变

农业是人类社会最古老的产业。面向全社会的食物供给、要素保障和环境供给,是农业作为任何时代的基础产业都得以存续的根本原因。整合自然资源、推动现代要素流向农业、创造更有利于农业生产的体制机制环境,成为当今世界农业强国的共同做法。

长期以来,农业发展理论可以概括为"农业剩余"范式,也就是从农业提供剩余(剩余产品、剩余劳动力)角度研究农业发展。与此相应,农业技术进步和农业发展就是增加产量、增加剩余,涉及的是提高农业劳动生产率。但是从农业现代化角度来说,这种"农业剩余"范式需要改变,需要转向"品质加附加值"范式,发展优质、高效、高附加值农业。其必要性在于两个方面:

一方面是满足进入新时代后人民对美好生活的需要。中国人对农产品的需求超越"要吃饱"的温饱层面,快速转向"要吃好"的安全营养层面。中国人的饮食结构由以粮食和蔬菜为主,向淀粉、植物纤维、多糖、动植物脂肪蛋白等更为多样化且营养均衡、热量更高的组合转变。[①] 同时,社会公众对于高品质、精加工及高安全性食品的需求迅速增长。2018年,中国自遍及全球的185个来源地进口了总额达735.69亿美元的食品。其中,进口金额最大的是婴幼儿配方奶粉,进口量超过80万吨;此外,海产品及制品、肉类及制品的进口也达上百亿美元。如果这些进口农产品能被国产农产品替代,不仅能节省外汇,更能提高农业收益。

另一方面是农产品供给侧的提升。为了转向"品质加附加值"范式,农业供给侧结构性改革需要推进农业绿色转型,推动品种培优、品质提升、品牌打造、标准化生产和核心生物科技、生态技术的自主自控,全面提升农业质量效益水平。这意味着农业现代化的重点转向两个方面的创新。一是生产方式的创新。改变传统耕作方式,推进农业生产的工厂化,扩大农业生产过程的分工,延伸农产品加工链。重视专业化、特色化,根据市场导向调整农业结构。二是农业科技创新。农业科技创新大致有三方面内容:一是机械技术创新,效果是增加农业剩余和节省劳动力。在我国这样的农业人口众多的大国,机械技术创新成果的应用可以让更多的农民从土地上转移出来。我国目前机械技术创新的能力较强,但其成果应用在很大程度上受就业压力及相应的农业剩余劳动力转移的机会和进程的影响。二是生物技术创新,效果是培育出优良品种,改进农产品品质和提高农产品附加值。根据上述发展现代农业的"农产品品质加附加值"范式,农业科

---

① 来自国家统计局的数字显示,至2018年,城镇居民食物主要构成为粮食30%、蔬菜28%、动物脂肪蛋白24%、水果15%,且城乡间的饮食结构趋于一致,农村居民食用油料占比还略高于城镇。

技创新中更为重要的是生物技术创新。这种创新使农产品在品种、品质和附加值上都得到提升,而且有利于环境和生态等方面的可持续发展,代表农业现代化的方向。生物技术创新越来越成为农业科技创新的重点。三是数字化、智能化技术创新,随着数字经济的发展,农业中数字技术应用发展迅速,尤其是无人机播种、收割、植保等加快了农业现代化进程。

发展范式的改变将对农业发展机制和现代化政策产生直接影响。通过对农业生产、农村规划、农民组织进行全方位提升,农业成为高品质食品的生产者、高标准生态的提供者和高水平生活的创造者。

五、建设美丽乡村

建设美丽乡村,维护良好的生态环境,已经成为农业现代化不可缺少的重要组成部分。建设美丽乡村,直接目标是通过绿色发展实现农业的可持续发展与农民生存环境的改善、生活质量的提升。

就农业现状而言,首先,依靠化肥、农药的追加投入,单纯追求提高产量的方式,不仅造成土地资源的破坏,而且破坏环境和生态,同时严重影响人民健康。其次,农村自然条件恶化,严重威胁农业作为环境维护者的产业功能,进而阻断了农村居民享受经济发展成果。最后,农业现代化还需要在农产品加工领域中,使用安全的添加剂、清洁的食品加工机械以及高效安全的保鲜、储藏和配送。食品科学、机械与控制技术、食品级材料技术、保鲜技术以及高效率的配送物流体系等,是改善食品加工领域要素质量的关键因素。

推进农业现代化、建设美丽乡村具有重要的经济意义和社会意义。在经济方面,对宏观经济高速发展期形成的村居形态进行规划提升,进一步强化未来职业农民安居乐业的实用性和基本公共服务的可达性,这一建设本身即可带动大量关联产业发展,具有强大的增长拉动效应。同时,美丽乡村建设对生活、生产条件的改善,有利于农民人力资本的提升,从而形成农业生产、农民生活和农村生态融合互促的绿色农业机制。在社会领域,由于环境改善具有正外部性,农村生态的改善和绿色农业的形成,将通过食品供给、环境共享、市场扩容和新业态创新等多个领域,从本质上改善其他部门的经济福利。

建设美丽乡村和绿色农业成为《"十四五"推进农业农村现代化规划》中的首要内容之一。未来中国农业在强大的生产能力、巨大的竞争潜力、富足的农户生活和优良的生态环境的共同支撑下,必将开创农业现代化的新模式,成为引领中国经济高质量发展的新引擎。

第二节
农业现代化的路径

现代农业需要推进科技和制度创新,对传统农业生产方式进行根本性的改造,打破农业生产方式的旧组合,发展包括新生物技术、新机械技术、新的种养殖管理技术等在内的新技术,采取市场化方式。构建现代农业产业体系、生产体系、经营体系,稳定完善承包地"三权分置"制度,培育新型农业经营主体,实现小农户和现代农业发展的有机衔接。

一、引入现代发展要素

传统农业的特征是农业中既无引入新的生产要素供给也无引入新的生产要素需求的低水平均衡。其症结不在于生产要素的配置缺乏效率,而在于农业中现有的生产要素无力承担发展现代农业的要求,因此改造传统农业的关键是引进新生产要素。在农业中引进新的生产要素包括三方面内容:一是建立一套适合改造传统农业的制度;二是从供给和需求两方面为引进现代生产要素(尤其是科技要素)创造条件;三是对农民进行人力资本投资。

对农业的科技要素投入包括农业科技的研发、推广和应用等各个环节的投入。根据现代农业发展的"品质加附加值"范式要求,农民需要得到的科技要素是那些可以直接应用的现代科技投入品,如优良品种、现代农药和肥料、现代农业机械、种植和培育技术。因此,由政府引导的农业科技投入的对象就有个结构问题,科技投入就不能或者说主要不是直接给农民。农业科技投入主要是对高等院校与科研机构的农业科技研究和研发的投入,这是农业技术进步的基础。

由农业生产周期长和季节性要求高、受自然条件影响大的特征所决定,在农业中采用新技术是有风险的。小本经营的农民有厌恶技术风险的倾向。因此，农业中的新技术需要有示范和推广的过程，而且示范和推广的费用不可能由农民支付。政府要承担起示范和推广农业新技术的职能。政府对农民采用新技术提供补贴，使农民获取低价的甚至免费的科技和教育供给，同时激励农业科技人员深入农村推广新技术、新品种，帮助农民解决技术难题。

我国已有的非农化对增加农业剩余有明显的正面效应，但非农化实际上包含了农业人力资本的非农化。农村流出去的是人力资本，留下来的是低人力资本含量的劳动力。农业从业人员以高年龄、低文化程度为特征。这同已有的农业发展水平对劳动力的人力资本要求相一致。在农业中使用世世代代相传的传统技术，人力资本流出不影响产出（当然会影响收入）。而在发展现代农业、推广现代农业技术时，留在农村的劳动力的知识和技术水平就不够了。没有足够的人力资本投入，就不可能实现农业技术现代化。

通常认为，农业中引入人力资本要素就是对农民进行人力资本投资，主要是提高农业劳动者的受教育程度。应该说这是必要的。但是目前留在农业中的从业人员以高年龄、低文化程度为特征，那么，仅仅对留在农业中的这些农民进行投资，提高其教育水平是远远不够的。发展现代农业的主体是现代知识型农民。现代农业所需要的具有较高人力资本含量的高素质劳动力需要从农业和农村外部引入。因此，对农业的人力资本投资更需要突出迁徙途径。既要激励在城市和非农部门接受过人力资本投资的农业和农村流出劳动力回到农村，也要激励包括大学生在内的城市中的创新创业人才进入农村和农业部门，从而在农业中形成与现代农业技术相适合的人力资本结构。

现代要素投入农业是由投资推动的。现代生产要素投入农业的主要激励因素是农业投入收益率。如果等量资本在农业得不到等量收益，如果农业的比较收益太低，就不会有外部的资本投入农业和农村。在市场经济条件下，提高农业投入收益率的一个重要途径是保证农业的市场收益，从而提高农民获取现代要素的能力。这就要求完善农产品流通渠道，并在价格机制上坚持等价交换，保证农民获取符合价值规律要求的价格收益，从而提高农民的购买力。

在目前的市场条件和农民的收入水平下，单纯靠市场途径不可能提高农业收益,即使是坚持等价交换,也不可能有效解决现代要素引入农业的问题。这就要求建立工业反哺农业、城市支持农村的反哺机制。这是对农业对工业化和城市化所作出的贡献的补偿。

二、新型农业经营主体经营现代农业

发展多种形式适度规模经营,培育新型农业经营主体,是建设现代农业的组织保证。

现代农业需要新型农业经营主体经营,也就是解决谁来种田的问题。新型职业农民经营农业的经营组织有多种形式,包括顺应农业产业化经营建立的"公司＋农户",以农产品加工企业或者是专业批发市场为龙头形成的加工、销售及储运一体化经营的贸工农联合体,以及家庭农场、专业合作社、农业社会化服务组织等。

现代农业经营主体应该是"以有知识、有创新精神的农民,称职的科学家和技术人员,有远见的公共行政管理人员和企业家形式表现出来的人力资本的改善"[1]。这就对现代农业经营主体的素质提出了基本要求,即要有知识、懂技术,具备企业家素养,以管理企业的方式经营农业。目前农业生产过程中的劳动者已经不能满足现代农业对经营主体的要求,必须培育现代农业经营主体。这就要求从农村和农业之外引入人力资本,尤其是引入新型经营主体,包括农业以外的、农村以外的投资者和企业家。在现实中,新型农业经营主体不只需要培育,更需要引入。

新型农业经营主体已经不能用当年的"种田能手"来概括,而是指现代的有较高人力资本的知识农民。他们不仅仅是经营者,同时也是投资者,而且是带着知识和创意进入农村经营农业的。因此新型农业经营主体之新主要有如下特点:一是具有市场意识和市场化经营方式,尤其体现在经营农业的内容和方向以市场为导向;二是具有科技意识和采取科学种田的方式,规模经营农业并采用新科技,关注农产品品质;三是具有企业家意识和科学管理理念,注重分工协作和

---

[1] [日]速水佑次郎、[美]弗农·拉坦:《农业发展的国际分析》,郭熙保、张进铭等译,中国社会科学出版社2000年版,第165页。

工厂化管理,关注所经营的农业的附加值。这样的新型农业经营主体经营农业将有能力改造传统农业,经营和发展现代农业。

因此,农业现代化的关键是农业部门注重培育和吸引新型农业经营主体经营农业,并为之经营现代农业创造制度方面的条件,促进农业企业家的成长。其中重要的有两点:一是扩大农业经营单位。原先的零散的承包地适合单一的农业种植。现在农业转向大农业,转向"品质加附加值"范式后,农用土地不只是种植粮食,还需要农林牧副渔多种经营,需要统一规划成竹园、果园、经济林木园、养殖区,需要循环种养,甚至开辟生态旅游项目。所有这些都需要对农地进行统一规划和开发,打破原有的零散的承包地经营范围的限制。二是完善农业产业组织。构建并完善能够保障农民利益的农业产业组织,并由农业产业组织连通农业耕作、植保、加工和流通环节,将农户生产的初级产品向食品、加工品等最终产品进行延伸,就能够有效提高农业收益。农业产业链拉长,是农业工业化的重要表现。

三、土地制度"三权分置"的改革

已有的农村改革建立了以家庭承包经营为基础、统分结合的双层经营制度。农地"两权分离"改革的历史作用无论怎么评价都不过分。但是放在历史进程中分析,可以发现这是在传统农业及传统农村产业结构的框架内起动能作用,其积极效应主要在提高劳动生产率,发展农村市场经济。但是改革没有能够从根本上改变农业的生产方式和弱势地位,其潜在的问题是承包经营的土地零碎化和分散化,难以形成规模经营。虽然农业劳动力人数减少,农业产量明显增加,但是人工和物质成本明显增加,从而降低了农业收益。随着经济的发展,基于"两权分离"的农村改革的动能作用已经充分释放而且开始衰减,其对农村发展的动能作用也在消退。如果没有新的动能,农业的进一步发展就要受阻。土地所有权、承包权和经营权"三权分置"的改革就适应了农业现代化要求,为推动农业现代化的新动能作用提供制度保障。

农地"三权分置"的基础和前提是"两权分置",其核心是农户土地承包经营权长期稳定。承包经营权包括农户对土地的占有权、支配权和经营权等。但这不等于农户承包的土地地块长期固定。农业现代化必然会提出农户承包土地地块调整的要求。这种调整既要稳定土地承包权，又要适应现代化要求。首先，现代化需要改变小块土地经营。正如马克思在《资本论》中所说："小块土地所有制按其性质来说就排斥社会劳动生产力的发展、劳动的社会形式、资本的社会积聚、大规模的畜牧和对科学的累进的应用。"[1]其次，小块土地承包制限制土地资本积累。随着社会经济的快速发展，土地自然力不仅需要补偿，还需要增加肥力。这就需要加强农业基础设施建设，建立人们合理利用自然力的有效机制。马克思把投入土地的资本称为"土地资本"，其具体内容是"资本能够固定在土地上，即投入土地，其中有的是比较短期的，如化学性质的改良、施肥等等，有的是比较长期的，如修排水渠、建设灌溉工程、平整土地、建造经营建筑物等等"[2]。土地资本积累的投入一般难以在小块土地上进行，尤其是农业基础设施投入和建设需要在集中、连片的土地上进行。以上分析表明，现行的家庭联产承包责任制的"两权分离"的土地制度，已不适应新时代农业现代化的要求。农地制度改革，实行所有权、承包权和经营权"三权分置"，需要解决的突出问题是土地流转。土地流转一般讲的是把土地经营权流转给新的经营主体。

"三权分置"的土地制度改革是在已有的土地所有权与承包经营权相分离的基础上，在农户的承包经营权中分离出经营权，通过土地经营权流转来解决好"谁来种地"问题。新经营者可以对土地进行规模化、统一经营，在引入现代要素的同时获得规模效应。过去在承包户经营农业时，土地实际上是不计入农产品价值的，农产品只计入劳动价值，农民并没有获取土地收益。现在土地流转后，土地价值就凸显出来了。在"三权分置"中，稳定农户对土地承包权的重要路径是农户承包权转化为了股权。农户的承包地经营权流转后获取货币化的股权收益可以明显增加农民收入。这样，"三权分置"的农地制度改革，不仅为促进土地集中、连片提供了制度前提和保障，而且为农户获得土地收益从而增加农民收入提供了依据。

---

[1] [德]马克思:《资本论》第3卷，人民出版社2004年版，第912页。
[2] [德]马克思:《资本论》第3卷，人民出版社2004年版，第698页。

第三节
乡村振兴

乡村是农村最基层的社区。农业农村现代化包括推进乡村振兴。我国进入新时代,农业剩余劳动力转移意义上的城镇化基本到位,需要进一步推动的是农村现代化,即乡村振兴。农业现代化的推进,无论是引入发展要素,还是培育和引入新型农业经营主体,推进共同富裕,都需要以乡村振兴为基础。现代化的农村不仅是高效率从事现代农业生产活动、高质量满足农民美好生活需求的场所,也是优良生态环境的空间载体。

一、乡村振兴的内容

2005年10月,党的十六届五中全会通过的《中共中央关于制定国民经济和社会发展第十一个五年规划的建议》提出了社会主义新农村建设任务。按照生产发展、生活宽裕、乡风文明、村容整洁、管理民主的要求,社会主义新农村的建设目标是经济繁荣、设施完善、环境优美、文明和谐。

2018年3月8日,习近平总书记在参加十三届全国人大一次会议山东代表团审议时,提出了乡村"五个振兴"的科学论断,即产业振兴、人才振兴、文化振兴、生态振兴、组织振兴。此后的《乡村振兴战略规划(2018—2022年)》将上述"五个振兴"分别以产业、民生、文化、生态、治理等主题单独设篇,按照每一主题的经济特性和驱动机制,以技术创新、机制创新和管理方式创新为中心,进行目标分解和路径选择。这些要素不但全面覆盖了产业、人力资本、环境、文化和乡村治理的各个方面,而且要求以创新为中心推动"三农"现代化程度的提升。根据乡村振兴规划,农业成为"有奔头"的现代农业,农村的宜居性得到显著改善。农村在经济活动和生活居住两方面的提升将吸引更多的资本和创新要素进入农业农村,从而与乡村振兴互动互促。农业现代化水平随之得到持续性提升。

产业兴旺,是乡村振兴的核心。乡村产业涉及农林牧副渔各业。以农村产业振兴为核心动力,带动人才、生态、文化和组织的振兴,促使农业生产部门和农产品具有强大的生产能力和市场竞争力。在生产能力方面,需要确保农业生产规模和生产条件的质量,包括严守耕地红线,进行耕地治理,加强农田水利建设和大宗农产品(粮食等)的机械化耕作、收储,推进物联网和遥感技术,等等。在产业竞争能力方面,主要推进质量和效益兴农。通过优化良种、有机栽培、食品深加工、完善食品安全溯源、追责等措施,提升农产品安全性、绿色化水平、品牌化程度和附加值,将农业生产和食品产业链紧密关联,构建高质高效、优质优价、多样安全的食品产业链。

人才振兴,是乡村振兴的基础。职业农民和了解市场动向并能熟练应用现代农业生产技术的专业人才,是实现产业振兴、文化振兴等其他领域全面振兴的基础保证。这要求在农村地区除了形成有利于提升现有居民人力资本的科教、公共服务体系之外,还需要通过改善乡村居住环境、建设维护高标准基础设施和完善网络、通信、金融、就医就学、创业、商贸服务等方式,创造具有幸福感的农村生活新模式,吸引外来人才。在人才汇集、人才规模扩大之外,还需要在设施硬件上和制度环境软件上提供便于交流沟通、试验、产学研合作的环境氛围,为人才创业、技术研发和新技术投入农业生产创造可靠和高效的条件。

文化振兴,造就乡村振兴的精神家园。如果说城市是现代文化的汇聚地,那么农村就是中华传统文化的传承地。对于文化振兴,应以乡风文明为切入点,从农村居民身边做起。有效推进文化振兴应通过制度规范和透明执法、模范典型影响等多种方式,规范和引导人的行为决策。通过图书室、公共活动空间等硬件,使文明乡风得以发扬光大;使农耕文化蕴含的优秀思想观念、人文精神、道德规范结合时代要求,在保护传承的基础上,创造性转化、创新性发展;使新时代焕发乡风文明的新气象,进一步丰富和传承中华优秀传统文化。

生态振兴,造就乡村振兴的美丽家园。承载和维护生态环境,本身就是农村地区农产品供给功能之外的另一项基础功能。重塑自然优美的宜居宜业的生态环境,也为其他方面的振兴注入更大的魅力。一是产业升级。依靠产业和人才振兴的技术优势,摒弃粗放式、攫取式的生产方式,停止对自然环境的破坏,通过技术进步和政策引导,向绿色化、低排放、可循环的低碳经济转变。二是环境治理。对传统农村的规划、道路、给排水、水电气等进行现代化改造,降低生产生活对自然界的污染。对生活区、生产区以外的自然环境,进行统筹山水林田湖草系统治理,建成美丽乡村。

组织振兴,是乡村振兴的制度保证。在经济领域,新型农业经营主体的发展,为富裕农民、构建现代农业提供有效的支持。在政策引导方面,则需要基层党政组织、村民自治集体等能够有效发挥各自的职能。针对当前社会治理的基础在基层、薄弱环节在乡村的现实,一方面需要从制度上完善健全乡村治理规则体系,确保农民安居乐业;另一方面要继续强化基层工作者的业务水平、工作条件和福利待遇,推动基层治理能力实质性改善,使中央的惠农政策落到实处。

二、乡村振兴的范围经济

研究人口流动的方向,可以发现,经济发展特别是城市化达到一定水平后,人口的流动不完全是生产问题,还是生活问题;不完全是寻求就业岗位问题,还是寻求生活环境问题。农村中流出的高素质劳动者,其中相当多的是连同家庭流出。这部分人流出固然出于获取高收入的追求,但农村居住和生活条件的落后也是非常重要的因素。农村存在的突出问题是村庄道路状况差,饮水困难,公共文化薄弱,文化设施普遍落后,农村环境污染形势严峻,社会保障堪忧,医疗资源严重缺乏,教学质量问题严重。显然,中国目前的城乡居住和生活条件的差距,不仅导致农村人向城市的流动,也直接阻碍城市要素向农村的流动。如果将缩小城乡生活条件的差距作为城乡统筹的重点,那么,缩小城乡差距的成效将是显著的。只要城乡生活水准趋向均等,农村和处于农村地区的城镇就不仅可以留住农村的人力资本,而且可以吸引城里人到农村居住。这些人居住到农村,可能以其人力资本在农村开发出新的发展项目,为乡村振兴提供各种支持。

乡村振兴由战略转向行动,基本要求是强化县城综合服务能力,把乡镇建成服务农民的区域中心,统筹县域城镇和村庄规划建设。核心问题就是要改善农村的生活和居住条件。改善农村人居环境,完善乡村水、电、路、气、通信、广播电视、物流等基础设施,提升农房建设质量,因地制宜推进农村改厕、生活垃圾处理和污水治理,这些方面都关系到农民切身利益。

在地域广阔的农村不可能没有村庄。但村庄过于分散、规模过小会使农村现代化建设的公共设施及相应的公共产品供给花费较大,并且建设起来后也达不到规模经济。可行的途径就是村庄集中化。农村村庄的集中体现两个方面的进步:一是农村村庄在空间配置上更趋集中和合理化,同时还可腾出土地用于建设;二是村庄集中形成新社区并正在成为新的城镇。根据苏南地区的经验,这个过程的推进能否成功主要取决于两个条件:一是农民在村庄集中中得到看得见的利益,农民自愿;二是村庄的集中与改善农村居住和生活条件结合进行。在村庄科学规划基础上,实行基础设施和公共设施的集中建设和供给是重要的集中化导向,村庄的集中不但不增加农民负担而且还可能给农民因搬迁造成的损失提供利益补偿。这样,村庄的集中就可能得到农民的欢迎,更为重要的是农民进入集中的村庄可能"城镇化",就地享受城市文明。

三、以普惠金融支持乡村振兴

乡村振兴固然具有内生性,但重要的是外部支持,是获得农村和农业以外的外力支持,特别是金融支持,原因是现代发展要素基本上是由金融活动带动的。现实中,虽然农村的现代化对金融有强烈的需求,但金融供给严重不足。原因是其自身存在金融供求的低水平均衡。就如诺贝尔经济学奖得主舒尔茨在《改造传统农业》一书中所分析的农业的低水平均衡理论指出的,传统农业是指农民世代使用传统生产要素的农业,传统生产要素的供给和需求长期处于低水平均衡状态——既无新的生产要素供给,也无引入新的生产要素的需求。因此,农业长期处于传统状态,在金融方面也是这样。农村金融面对的风险,一是自然灾害风险,二是市场风险。前者是由于农业靠天吃饭的状况尚未从根本上改观,收成不确定,自然灾害风险大。后者是由于农产品进入市场具有季节性,难以准确预测市场供求变动所带来的价格波动。并且,农业投资不可能像其他项目投资一样在高风险的同时可能带来高收益,因此商业性银行提供信贷天然地对高风险的农户具有规避性。

要满足农村的金融需求就需要金融创新,突破这种低水平均衡。普惠金融就是突破口。普惠金融,又称为包容性金融、金融包容。普惠金融包含"普惠"和"金融"。"普惠"的意思是普遍惠及,指全社会所有阶层、所有成员、所有地区能够机会均等地以合理的价格从金融体系中获得支付、储蓄、融资、投资、风险分散等现代化金融服务。普惠金融以享有金融权利的公平性促进全社会公平,并促进经济的包容性增长、人民的共同富裕、经济社会的和谐稳定。发展普惠金融不仅仅是政策性金融的责任,也是商业性金融的责任。金融机构在推动共同富裕中拥有社会责任,但同时也要尊重金融机构经营的商业性特征。中国式现代化要求的共同富裕需要处理好效率与公平的关系。效率是为了做大蛋糕,公平是为了分好蛋糕,体现在金融上就是普惠金融。自 2015 年国务院印发《推进普惠金融发展规划(2016—2020 年)》以来,国家政策引导各类金融机构参与普惠金融实践,基本建成了与全面建成小康社会相适应的普惠金融服务体系。现在开启了全面建设社会主义现代化国家的新征程,需要在现有普惠金融服务体系的基础上,构建起全方位、多层次和互补性的普惠金融生态体系,在共享发展理念下,推动各类金融机构广泛参与,充分发挥各自功能和优势,增加农村地区的金融服务供给。普惠金融体系,不仅包括政策性金融机构,也包括商业性金融机构;不仅包括主流金融机构,也包括小型地方性金融机构。普惠金融生态体系既要提供无差别的基础性金融服务,又要提供差异性的、能够满足全社会成员生产和生活需求的、促进农村经济发展的融资、投资、风险分散等金融服务。

乡村振兴是使传统乡村向现代乡村转变的过程。这一转变固然需要内生动力,但也不能没有外部支持。乡村振兴需要外部政策、行政、资本、技术力量介入,从而凸显政府主导、政策引导、行政指导不可或缺的地位。促使先进要素顺利融入农业系统,构建创新型农村,使农业科技进入农民的生产生活空间。在新基建的大背景下,需要加快农村地区的网络、通信、交通和科技设施建设,让农民得到快捷方便的涉农技术咨询、培训,得到财税金融支持。需要实现"产业链—产品加工"对接,推广农业生产技术、知识文化、政策解读等有利于农业技术进步的公共设施服务,并加强专业工作人员的指导。需要将技术进步推广和与农户生产经营直接相关的行政、金融业务以一定形式下沉到基层社区,提升涉农技术的可达性。

第八章
生态现代化和人与自然的和谐共生

在不同文明时代人与自然的关系有质的不同。农业文明时代人依附于自然，工业文明时代人支配自然，而生态文明时代人与自然和谐共生。生态文明时代的中国式现代化是人与自然和谐共生的现代化。习近平生态文明思想为建设生态文明时代的现代化指明了方向。我国是世界上最大的发展中国家，将碳达峰、碳中和纳入生态文明建设整体布局，不仅体现生态文明时代中国式现代化的要求，而且体现对世界生态文明的自主贡献。

第一节
生态文明时代的现代化

人类社会从农业文明向工业文明转变的同时带来了严重的生态环境问题。随着人类社会进入生态文明时代,人与自然和谐共生成为新时代现代化追求的目标。生态文明关系人民福祉,关乎民族未来。人与自然和谐共生的现代化,既要创造更多物质财富和精神财富以满足人民日益增长的美好生活需要,也要提供更多优质生态产品以满足人民日益增长的美好生活需要。生态文明建设是转变经济发展方式、推动高质量发展的内在要求,是开创生态文明新时代的必然选择。

一、资源节约、环境友好型社会

生态文明时代现代化的重要标志不仅在于经济的持续增长、民生的普遍改善,还在于形成资源节约、环境友好型发展体系。随着社会经济的不断发展,我国社会主要矛盾已经转化为人民日益增长的美好生活需要和不平衡不充分的发展之间的矛盾。因此,我国迫切需要在创造更多物质财富和精神财富的同时,逐步满足人民日益增长的对优美生态环境的需要。在追求经济高质量发展的过程中,推动构建资源节约、环境友好型社会,已成为我国实现可持续发展的长远目标。

资源节约型社会是指整个社会经济建立在节约资源的基础上,在生产、流通、消费等各个环节中,提高全社会的资源使用效率,以尽可能少的资源消耗获得尽可能大的经济效益和社会效益,实现社会的可持续发展。环境友好型社会即人类活动以资源环境承载力为基础,实现经济与环境的协调发展。从经济学意义上来说,建设资源节约、环境友好型社会的实质就是资源的代内和代际有效配置问题。

我国目前是世界资源消耗和污染物排放的大国。按照目前资源消耗的速度,当前我国的资源储备量已经无法支撑经济实现可持续发展。虽然可以借助经济全球化带来的红利缓解国内的能源危机,但这不是长久之计,也并不符合我国要确保能源安全的基本要求。

基于此,我国要加快形成资源节约、环境友好型的生产生活方式。生活方式的转变是一项艰巨而广泛的任务,但其蕴含着实现生态文明时代现代化的重要潜能,可让一国在资源有限的情况下实现公民生活质量的提高,由原来的高物质消费转向崇尚资源节约、环境友好型的生活方式。从供给和需求关系的层面上说,人们追求绿色低碳的环保生活方式,可以推动实现生活方式的绿色化。人们的需求层次发生转变,倒逼企业向资源节约、环境友好型的生产方式转变,带动生产过程实现经济的可持续发展。我国地域辽阔,全国各地的资源禀赋结构不同,各地的文化和价值取向也不尽相同,再加上东西部经济发展水平差异较大,需要密切结合当地不同的资源环境背景和人文社会背景,利用媒体渠道和社会团体组织,对新的绿色生产生活方式进行宣传,助力建设资源节约、环境友好型社会,为更好地迈向生态文明时代奠定良好的基础。

二、满足人民美好生活需要的生态财富

实现绿色循环低碳发展、人与自然和谐共生是为了创造出更多满足人民美好生活需要的生态财富。随着现代化进程的加速,近年来环境问题成了影响人民生活质量的重要因素,已经深深影响到了人民群众的幸福感。为了满足人民对于美好生态环境的向往,创造出更丰富的生态财富,需要大力推进生态文明建设。

2005年8月,习近平在安吉县余村考察时提出了著名的"两山"理论——"绿水青山就是金山银山"。良好的生态环境是人类和社会持续发展的基础,只有解决好人民生活的大环境问题,才能使生产顺利进行、人民安居乐业、人类健康发展。理清"两山"理论不仅有助于我们准确把握其精神实质,而且对实现新时代符合经济规律的发展模式也有重要意义。

良好的生态环境是生产和生活的基础,没有丰富的自然资源和良好的环境,社会就会生产乏力、生活困苦。生态环境日益成为生产力发展的重要源泉和保障。保护生态环境就是保护生产力,就是要抛弃那种无节制消耗资源、污染环

境、破坏生产力的发展模式,走一条有效减少消耗、降低污染、治理环境、节约发展成本的可持续发展之路。

"绿水青山就是金山银山"实际上体现了生态财富观。这就是2018年习近平总书记在全国生态环境保护大会上指出的:"绿水青山既是自然财富、生态财富,又是社会财富、经济财富。保护生态环境就是保护自然价值和增值自然资本,就是保护经济社会发展潜力和后劲,使绿水青山持续发挥生态效益和经济社会效益。"良好的生态环境是最普惠的民生福祉,环境就是民生,发展经济就是为了民生,保护生态环境也是为了民生,要创造出更多优质的生态产品以满足人民日益增长的对美好生态环境的需要。根据生态财富观,干净的水、清新的空气、无污染的土壤就是人民美好生活的需要,就是生态财富。针对生态环境建设的投资形成生态资本,基于绿水青山的生态财富产生的生态产品(如生态茶叶、水果、蔬菜等)、生态旅游、生态康养就是生态财富的增值。近年来,各地基于生态价值创新的生态产品日益增多。实践表明,修复、治理生态环境,能够创造出蕴含于绿水青山之中的生态产品,源源不断地给人民带来生态财富。

三、 碳达峰与碳中和

在以"绿水青山就是金山银山"为代表的习近平生态文明思想的引领下,我国的生态文明建设进入了以降碳为重点战略方向、推动减污降碳协同增效、促进经济社会发展全面绿色转型、实现生态环境质量改善由量变到质变的关键时期。建设反映生态文明的美丽中国是中国式现代化的重要方面。

碳达峰、碳中和是当前全球应对气候变暖的关键举措。早在1994年发布的《中国21世纪议程——中国21世纪人口、环境与发展白皮书》中就有关于碳排放的要求,不过在此次议程中并没有对碳排放设定目标值。2009年在哥本哈根世界气候大会上,中国明确提出"争取到2020年单位国内生产总值二氧化碳排放比2005年有显著下降"。2015年习近平主席在气候变化巴黎大会上指出:"中国在'国家自主贡献'中提出将于2030年左右使二氧化碳排放达到峰值并争取尽早实现,2030年单位国内生产总值二氧化碳排放比2005年下降60%—65%。"中国明确提出了"碳达峰",并给其设立了总量目标。2020年9月22日,习近平主席在第75届联合国大会上又宣布力争于2060年前实现碳中和。碳达峰指的是以二氧化碳为主的碳排放总量在某一个时间点达到历史峰值之后不再增长,而是稳步回落。而碳中和就是企业、团体或个人直接或间接产生的碳排放总量,和以通过植树造林、节能减排等方式利用和回收的碳排放量实现正负抵消,达到相对"零排放"。

从人均碳排放的角度上来说,美国和欧盟的一些发达国家由于先发优势,早在21世纪初就已经实现了碳达峰(表8-1)。中国是世界上最大的发展中国家,目前仍未实现碳达峰,而且中国正处于经济发展的关键时期,工业化和城镇化发展的惯性还需要持续一段时间。2020年中国在全世界面前宣布力争在2060年前实现碳中和,意味着我们要用不到40年的时间去实现碳中和,而欧美发达国家基本上有40—70年的时间实现碳达峰到碳中和的转变。另外,世界资源研究机构的数据显示,我国近些年一直是世界上最大的碳排放量国之一。这也就意味着中国在实现碳中和目标上,时间更紧,任务更重。

表8-1 世界CO_2排放量前六位的国家和地区碳达峰、碳中和情况

国家	碳达峰年	碳中和承诺	碳中和目标年
中国	2030(目标)	是	2060
美国	2007	—	—
欧盟	1990—2008	是	2050
印度	—		
日本	2013	是	2050
俄罗斯	1990	—	—

注:表格来源——洪银兴等著《可持续发展经济学》,商务印书馆,2022年。

尽管实现"双碳"目标困难重重,但是伴随而来的机遇也不可忽视。从技术角度来说,"双碳"目标的实现对绿色低碳产业相关的基础设施投资与建设能够起到极大的促进作用。中国制造业在新一轮的绿色革命之下,可能会迎来新的春天——利用互联网、物联网的基础,将交通、家居融入智能化。在"双碳"目标的驱动下,从化石能源转向新能源也孕育着大量的就业机会,新技术产业将迎来重大机遇。从气候环境的角度来看,中国正在遭受气候变化、环境污染带来的负

面影响。如今碳达峰、碳中和目标的提出,是从环境污染源头去考虑"美丽中国"目标,进一步加深了人与自然和谐共生现代化的内涵。①

对碳达峰和碳中和可以用环境库兹涅茨曲线来表示(图8-1):经济发展的初期,人类活动范围较小,所使用的环境资源较少,对环境的影响程度有限,此时环境状况比较好,如A点;随着经济继续发展,人类使用环境资源增加,但是对资源的使用和处理方式变化却不大,这样,就开始对环境造成较大的影响,环境的承载能力下降,环境污染问题开始显现并且加重,如下图B点。我国目前正处于库兹涅茨曲线中A点至B点中间的位置,将要进入B点(即碳达峰);随着现代化的推进,低碳和无碳技术加速发展,也具有了较强的治理环境的能力,相应的环境污染程度则有明显下降,技术的发展胜过资源的损耗,逐步进入C点(即碳中和)。

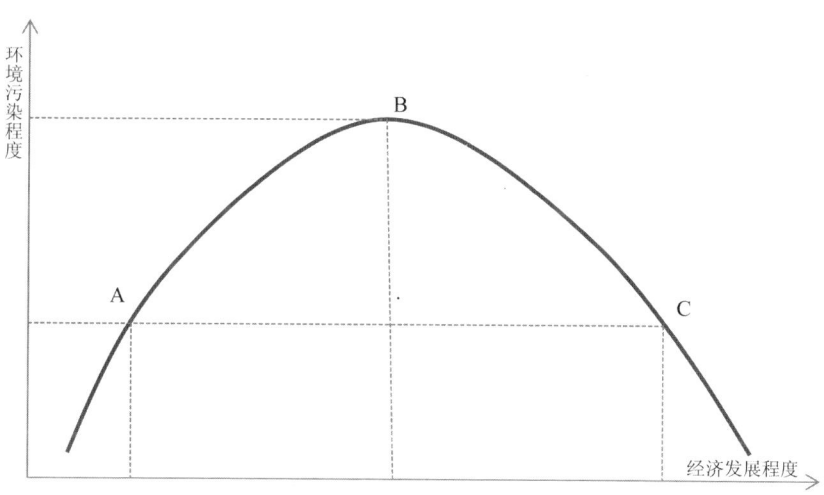

图8-1 环境库兹涅茨曲线

在实现碳达峰、碳中和目标过程中,中国还有许多困难需要去克服,但无论怎样,都必须抓住这次的中国式现代化机遇,推动绿色产业跨越式发展,加紧科技现代化进程,促进绿色资源循环利用,如期达到碳达峰、碳中和目标。

---

① 参见陈迎、巢清尘等《碳达峰、碳中和100问》,人民日报出版社2021年版。

第二节
生态文明时代的生态现代化

工业文明带来的矛盾之一是社会物质财富的积累以牺牲生态环境为代价，人类对自然资源的破坏已经远远超过了其自身修复和恢复的能力。中国自身也面临着资源约束的压力，迫切需要一条健康可持续的发展道路。工业文明带来的另一个矛盾是，社会财富和资本主要集中在少数人手中，各阶层、区域之间的贫富差距不断加大，这样的发展模式也是不可持续的。物质财富的丰富并不意味着精神财富的满足，并且人类对于美好生活的向往的内涵是不断深化的。因此，人类必须要在扬弃工业文明的基础上探求新的文明，走向生态文明时代是历史发展的必然结果。

一、推进生态现代化

在已有的发展基础上推进现代化需要集中解决生态和环境问题，不只是缓解其症状，更要解决其根源。也只有在生态环境得到根本性好转以后，经济增长才有更大的空间，现代化才可能实现。我们要建设的中国式现代化是人与自然和谐共生的现代化，既要创造更多物质财富和精神财富以满足人民日益增长的美好生活需要，也要提供更多优质生态产品以满足人民日益增长的优美生态环境需要。基于生态文明的现代化建设，既体现人民对美好的生态公共产品的需要，也体现中国式现代化为解决人类所共同面对的生态环境难题提供的中国智慧和中国方案。

生态现代化指的是人和自然和谐相处的社会状态，是建立在生态文明基础之上的现代化。生态文明社会是人类文明发展演进的新社会形态，其发展模式是建立在人和自然和谐相处状态下的经济、政治、文化、社会和生态的全面协调发展。生态现代化要求协调经济与生态的关系，促进经济和生态可持续发展。生态现代化为迈入生态文明时代提供了关于发展方式的理论和途径。生态文明理念注入现代化建设的内涵，可以消除现代化的消极后果，使现代化实现生态转型，创新具有生态内涵的发展模式。

随着全球化的不断深入，从20世纪末开始，生态现代化理论逐步得到更为国际化、全球化的发展。从生态现代化理论的核心命题来看，生态环境保护不应当被视为经济发展的一种负担，而是应该作为经济可持续发展的前提，环境保护和经济发展应当是可以相辅相成的，并且技术革新能够促进实现经济发展和环境保护的双赢，因而推进生态现代化是一个历史必然趋势。[①] 在地球人口密度不断增加、人类的需求层次不断丰富，生态环境破坏程度随之不断加深的背景下，尽管科学技术的发展在一定程度上提高了资源利用率，缓解了生态环境的压力，但这对于在生态文明时代推进现代化还是远远不够。人类生产生活模式以及现代化建设的生态转型是必要的。全球化程度的加深以及发达国家迈入生态现代化新阶段的现实，不可避免地对发展中国家的生态现代化提出了新要求，生态现代化成为新的世界潮流。

生态现代化不仅需要国内合作，还需要在更为广泛的地区实现国际合作。[②] 生态现代化实际上是基于生态环境的革命，这场革命是全方位的一次巨变，涉及政治、经济、社会、文化和治理体系的生态变革。生态革命同人类文明史上的每一次革命一样，都有可能引发由于利益重新分配而造成的社会冲突。政府、企业、社会组织和公众既是变革的对象，更是变革的主要力量。他们不仅需要借助彼此的力量改变自身，还需要在此基础上去改变他人，这样就导致了冲突无法避免。20世纪中后期，冲突和对抗是环保运动的主要特征。尽管当今世界环保斗争仍在进行，但是环保合作已经成为主流。人类只有一个地球，地球是全世界人民共同的家园。地球上的大气、水、土壤等物质都处在不断循环的状态中，都是在全球范围内进行流动的，某一个国家的个体行为必然会带来全球性的影响。着力提升空气质量、修复臭氧层、防止污染物跨国界转移、应对全球气候变暖、生物多样性保护以及自然资源的开发和利用等，都需要国际社会的通力合作。

---

① 王宏斌：《借鉴生态现代化理论，推进我国生态文明进程》，《红旗文稿》2016年第12期。
② 何传启：《中国生态现代化路径图》，《中国科学院院刊》2007年第3期。

二、以碳达峰、碳中和为目标推进生态文明建设

生态现代化在不同的时代背景下有不同的体现。中国经历了几十年的经济高速增长,已跃居世界第二大经济体,创造了一个又一个"中国奇迹",同时也积累了一系列深层次矛盾和问题,其中较为突出的就是资源环境承载力逼近极限,高投入、高消耗、高排放的传统发展方式已不可持续。在建设现代化的新时期,我国的生态文明建设要以降碳为重点战略方向、推动减污降碳协同增效、促进经济社会全面绿色转型、实现生态环境质量改善从量变到质变。

在碳中和目标提出之前,经济发展和环境保护实现两手同时抓的前景似乎并不是那么明确,注重经济增长可能就会在一定程度上忽略生态环境保护,注重生态保护意味着要牺牲一定的经济增长率。碳中和目标提出之后,生态文明时代现代化就有了明确的导向。经济发展绿色转型有助于推动温室气体减排,生态环境保护会加强生态固碳的能力,促进经济发展可持续。由此可见,碳达峰、碳中和目标任务与生态文明理念高度契合,是践行生态文明理念、推进生态文明时代现代化的重要抓手。在现代化建设中以实现碳达峰和碳中和目标为落脚点,既符合生态文明时代现代化的建设要求,也能为实现中国式现代化提供正确方向。生态环境问题归根结底是发展方式和生活方式的问题,建立健全绿色低碳循环发展经济体系、促进经济社会发展全面绿色转型是解决我国生态环境问题的基础之策。降低二氧化碳排放、应对气候变化是基于我国的基本国情做出的战略抉择。碳达峰与碳中和是一场广泛而深刻的经济社会变革,绝不是轻轻松松就能实现的。

绿色低碳是衡量发展成效的重要标尺,碳排放增量总量控制是实现生态现代化的有效手段。经济发展水平高低、行业及企业的异质性都会影响对碳排放量的需求。例如,一些经济发达地区的碳排放增长已经不明显,以重化工业为经济发展依托的地区的碳排放增长则仍在持续。鉴于上述差异,应当结合各地区、各行业、各企业碳排放数据进行摸底调查,掌握实际排放水平,合理划定覆盖范围和边界,在此基础上再进一步控制碳排放总量。要对碳排放量较高的地区进行增量总量控制,对碳排放量低的地区实施减量总量控制,分时期逐步实施碳总

量控制和管理。[①] 在控制碳排放量的过程中,要大力发展新动能产业,促使绿色产业能够快速成长,将经济发展和碳排放脱钩,实现中长期的深度减排计划。就碳排放总量的具体控制措施来说,可以考虑将国家层面的碳排放总量目标进行分解,通过对高耗能产业进行有针对性的"去产能、去库存与结构优化"以及调整能源结构,促进碳排放强度的下降。在推进碳排放总量稳中有降过程中,还需要加快推进固碳技术发展,研发碳捕集、碳封存和碳移除等技术,有效降低地球大气系统中的 CO_2 浓度。

三、绿色工业化和绿色城镇化

"基本实现新型工业化、信息化、城镇化、农业现代化,建成现代化经济体系"是现代化的重要目标。在尊重自然、顺应自然的基础上去推动现代化,将生态文明建设融入"四化同步"的现代化建设中,就能超越发达国家的现代化模式,为全球可持续发展贡献"中国方案"。我国提出的现代化建设是在人与自然和谐共生视角下的现代化,要兼顾物质文明建设和生态文明建设,将碳达峰、碳中和两个目标深刻地融入新型"四化"建设中去,实现经济绿色发展、可持续发展。

不同于发达国家已走过的现代化道路,我们需要在一个资源相对匮乏、环境条件相对恶劣的情况下完成现代化的目标,必须在人与自然和谐共生的基础上推进新时代现代化。在建设与实现人与自然和谐共生现代化的过程中,也要同步实现碳达峰、碳中和,这两者并不矛盾。落实"双碳"目标,实际上是对现代化建设提出了更高的要求。要实现这一目标,就必须贯彻"创新、协调、绿色、开放、共享"的新发展理念,以新发展理念助力人与自然和谐共生视角下的"四化同步"。

当前中国正处于工业化和城镇化的中后期,正是自然资源依赖程度最高、环境污染物排放量最大的时期。中国虽然是制造大国,但是在全球价值链的参与上,低端环节占大部分。在以往自然资源相对丰富的情况下,这种发展模式的确给中国的发展注入了强大动力。如今我国面临的资源条件以及环境状况,意味着过去那种以牺牲生态维持经济发展的模式亟待转变为绿色低碳可持续的发展

---

① 巢清尘:《"碳达峰和碳中和"的科学内涵及我国的政策措施》,《环境与可持续发展》2021年第2期。

道路。

工业在国民经济发展中有着举足轻重的作用,在推进经济高质量发展的大背景下,推动工业高质量发展将是当前和今后一个时期我国经济发展的重大战略任务。工业现代化除了关键创新技术"卡脖子"、品牌效应不强等短板外,工业领域的"绿色短板"同样突出。补齐工业"绿色短板",可以有效减少工业化过程对生态环境的破坏,促进工业化的绿色转型。[①] 工业领域要积极落实碳达峰与碳中和目标,推动高耗能行业的绿色低碳改造,推动行业的结构性变革和产业布局合理化。其中包括逐步减少化石能源并增加新能源的使用比例,促进钢铁、电力行业减碳脱碳、石油化工行业去燃料化,围绕"新能源"进行生产布局,促使资源利用率低、能耗高、成本高的产业逐步退出,鼓励占地面积大、劳动力密集型产业向可再生资源丰富地区转移。要果断淘汰落后产能,推动高污染、高耗能的产业转型升级,从资源依赖型向创新驱动型过渡,加快开发新能源,大力发展循环经济,从而实现绿色、可持续发展。

与一般的城市化相伴而生的是人口膨胀、交通拥堵、环境污染、住房困难以及公共设施人均不足等问题。这些问题是生态文明时代城市化亟须解决的问题,而解决这些问题的关键措施就是实现绿色城市化。习近平总书记指出,建设人与自然和谐共生的现代化,必须把保护城市生态环境摆在更加突出的位置,科学合理规划城市的生产空间、生活空间、生态空间,处理好城市生产生活和生态环境保护的关系,既提高经济发展质量,又提高人民生活品质。绿色城市化要建立低碳、绿色、人文的空间形态,引导人类生活方式转型与城市智能化,建造绿色建筑以及低碳生态空间的城市规划格局,培育可持续发展的生态理念。[②] 绿色城市化要坚持将绿色发展体现在城市规划、城市环境以及城市产业上。在新城的建设上,要保证生态、产业和公共基础设施以及人民居住的布局合理,能够发挥最佳的效能。在城市环境保护方面,要充分利用原有的生态面貌,因地制宜进行生态修复和景观建造,打造生态优良、环境优美的生态园林城区。在城市产业

[①] 毛涛:《碳达峰与碳中和背景下工业低碳发展制度研究》,《广西社会科学》2021年第9期。
[②] 姚晓娜:《生态文明建设中的绿色城市化思考——基于深层生态学的视角》,《南京工业大学学报(社会科学版)》2015年第1期。

体系上，大力发展绿色经济，实现现代服务业和都市型工业的双向驱动，引入占地面积小、环境污染少、综合效益优的项目，为城市可持续发展构建强大的产业支撑。在城镇化的过程中，要优化国土空间布局，改变原有的粗放式建设与管理模式，既要集约又要绿色，提高建设过程中的资源利用率，尤其要集约和节约利用土地资源。

无论是绿色工业化还是绿色城镇化，有两个共同的要求：一是集约和节约利用土地；二是信息化赋能，信息化带来的信息资源可以替代物质资源，改善生态环境。

第三节
绿色发展的现代化道路

中国式现代化是人与自然和谐共生的现代化。人与自然和谐共生不是不要发展，而是要建立在绿色发展基础之上的发展。这就是习近平总书记指出的："绿色发展是高质量发展的底色，新质生产力本身就是绿色生产力。"[①]绿色生产力既涉及新能源及其带来的能源革命，也涉及绿色技术所产生的绿水青山效应。

一、转变发展方式推进绿色发展

转向绿色发展的现代化道路，需要根据生态现代化的理念改变经济结构和人的行为模式。在漫长的工业文明时期，资本主义导向下的传统现代化模式，以高消耗高排放为基本特征，使得人与自然的关系不断恶化，造成了不可调节的社会矛盾以及生态危机。进入新时代的中国式现代化一开始就要走生态文明发展道路，转变发展方式，实现人与自然和谐共生。

首先，践行"绿水青山就是金山银山"的生态理念。人与自然和谐共生现代化意味着我们要正确认识环境治理与经济发展之间的关系，形成符合生态文明的生产和生活方式。当前以全球气候变暖、土地沙漠化以及雾霾极端天气频发等为特征的生态问题已经成为阻碍经济可持续发展的重要因素，成为影响满足

---

① 习近平：《发展新质生产力是推动高质量发展的内在要求和重要着力点》，《求是》2024年第11期。

人民日益增长的美好生活需要的制约因素。因此，在生态文明观的指导下，推进发展方式的绿色化转型，将有助于更好地构建人与自然和谐共生现代化格局。在工业化过程中，推进产业结构调整，将现有的生态禀赋转化为经济优势，将绿色技术创新融入生产流程，推进产业可持续发展。在城市化过程中，强化国土空间规划，减少人类活动对自然空间的占用，将新发展理念渗入城市建设，推动建设"智慧城市"，打造更加低碳环保的绿色城市。

其次，培育良好的生态文明价值观，增强生态文明认同感，引领人民自觉参加生态环境治理，形成敬畏自然、尊重自然、顺应自然的发展战略及实践。生态文明教育成为现代道德教育的一个重要环节。普及生态文明教育，有助于引导人类改变过去铺张浪费、过度消费的行为，摒弃以污染环境、破坏自然等为代价的不可持续的消费方式，倡导人们形成合理消费、绿色消费的可持续消费模式，成为自我严格要求的"生态环境守护者"。

最后，构建人与自然生命共同体。促进各个国家在生态问题共担"有区别"的责任。经济全球化使得各个国家成为一个有机联系的整体，一些国家对于生态环境的破坏必然导致全世界共同承担自然的报复。生态文明建设不仅需要大国的努力，更需要全球的共同努力。我国致力于共建"生命共同体"，就是希望从中国自身做起，动员更为广泛的国际力量加入生态文明建设，为实现全球绿色可持续发展贡献"中国智慧"。在具体实施层面上，一方面可以加强中外生态科学的学术交流，并形成一些生态文明、现代化系列研究专著；另一方面，可以考虑加大国际学术交流的资助力度，设立"生态文明国际论坛""现代化建设国际论坛"等。

转向绿色发展的现代化道路，最根本的还是生态文明制度建设，用制度保护环境。制度是一个国家得以良好运行的基础，是各项事业得以成功的保证。生态危机不仅反映了人与自然之间的尖锐矛盾，而且反映了人与人、人与社会之间的激烈冲突。这些问题处理不好，可能会引发更为严重的政治危机、社会危机以及制度危机。走适合中国国情的绿色发展道路要推进符合生态文明思想的制度体系现代化，深化生态文明制度体系改革，进一步完善和落实系统配套、职责明确、法治导向的生态文明管理和法律制度体系，用制度的权威性、约束性去促进生态问题的解决,为推进人与自然和谐共生的现代化提供可靠的制度性保障。

首先,进一步完善生态文明制度体系。当今世界,环境污染、生态破坏、资源短缺等问题十分突出。完善生态文明制度体系要站在文明永续与社会可持续发展的角度,实现制度体系的科学完备、有效运行。生态文明制度体系的建设最终是为人民服务。因此,在推动完善生态文明建设时要问计于民,要坚持人民至上,做到生态惠民、生态利民、生态为民。党的十八大以来,以习近平同志为核心的党中央推动全面深化改革,推进生态文明顶层设计和制度体系建设,已经建立起生态文明制度的"四梁八柱",生态文明体制中的立法、执法以及问责机制也已经初步形成。在推进实现人与自然和谐共生现代化的要求下,在生态领域推进依法治国方略,是推进生态文明建设的客观需要,对推进人与自然和谐共生生态文明体系制度现代化也尤为重要。

其次,推动生态环境保护法治化。过去,企业为了实现自身不合理的利润指标盲目扩大工业生产带来的环境污染,以及个人不良的生活方式造成的资源浪费,都对生态环境造成了不可逆的伤害。在当时生态环境保护制度不完善的情况下,这些行为没有得到相应的处罚,导致生态环境进一步恶化。当前,我国生态环境法律法规不断完善,体系初步形成,但是相对于推进生态环境保护制度现代化的要求,尚有很大的改进空间。因此,必须进一步强化生态治理,严格落实国家生态环境法律法规,充分发挥法律的权威性和严厉性作用,将法治化融入人与自然和谐共生的现代化建设中,加强对企业的监管,遏制企业的盲目生产和对资源的过度开发,对超过污染排放量的企业和肆意破坏生态环境的个人进行严格惩罚,形成依法推进人与自然和谐共生现代化建设的良好法治氛围。

最后,建设科学合理的绩效考核机制与环境追究责任制度。要将资源浪费、环境污染、生态效益等能体现人与自然和谐共生现代化建设情况的指标纳入新的考核体系,使之成为推进人与自然和谐共生现代化的重要约束力量。过去以"GDP 增长"为主要的政绩考核目标、只注重经济绝对指标增长忽略经济增长质量的绩效考核方式导致了不合理的开垦、发展工业时不注意环保等破坏环境的行为,对生态环境造成了一系列负面的影响,应当予以调整。具体而言,一是调整已有的考核指标权重,使其进一步合理化。在可能的范围内弱化对经济指标的考核,同时根据各地不同的生态环境情况,赋予空气质量情况、环境保护行动、群众对于环境的满意程度等相应的权重并纳入政绩考核体系。二是完善并监督执行"生态文明绩效评价考核和责任追究制度",坚持"谁污染,谁治理"的原则,严肃处理在任期间的不尽责行为。

二、构建清洁低碳、安全高效的新能源体系

我国在融入全球产业链分工体系后相当长的时间中,凭借自身的劳动力比较优势承接发达国家高能耗产业,出口资源密集型的初级产品。与此同时,国内外市场的强劲需求拉动水泥、电解铝、钢铁等高能耗产业迅速扩张,导致我国的工业能耗居高不下。这种依赖化石能源的经济发展模式造成我国环境承载力直逼上限,成为向绿色发展转型的短板。在推动实现人与自然和谐共生现代化的要求下,我国迫切需要构建清洁低碳能源体系,增强中国经济绿色转型和实现高质量发展的动力。

转向绿色发展的现代化道路,需要以清洁低碳的新能源体系为支撑。壮大节能环保产业、清洁生产产业、清洁能源产业,构建清洁低碳、安全高效的能源体系,以加快生态文明体制改革、建设美丽中国,对推动新时代中国新能源与绿色发展具有重大的现实意义。

(一) 低能耗的现代化

杰里米·里夫金在《第三次工业革命:新经济模式如何改变世界》一书中指出,实现第三次工业革命最艰难的部分不在于技术而在于观念的转变。我国要将低能耗理念贯穿到现代化建设的各个方面,以理念指导行动。

在农业现代化领域,工作重点在于推进秸秆还田、加强散煤治理、开展沼气工程、开发生物质能,减少农业耗能。发展特色低能耗农业,采用拓展生物增长空间的立体种养模式,减少农业生产对化肥农药、资源能源消耗的依赖,提高农产品的产出效益。我国目前在电动汽车、锂电池、光伏等领域的重大突破明显带动了新能源的开发和利用。

在工业现代化领域,着力解决煤炭、钢铁、电力等资源型产业产能过剩的难题,将煤炭行业的产业升级、电力行业的改造与新能源开发相结合,提高传统能

源的利用率。扩大风能、太阳能、核能等零碳能源消费的比重，优化太阳能光伏和风电制造业布局。

在城市现代化领域，为满足居民日益丰富的优质生态服务需求，要以低能耗为导向改造城市的基建，重点针对城市的交通和建筑两大高能耗部门，重新塑造城市生态系统。在交通方面，推广新能源交通工具，全面改善交通运输的用能结构，优化地下空间开发，打造地下综合管廊，节约城市用地。[①] 在建筑方面，既要采用节能环保型材料，构建高密度住宅格局，也要加快老旧建筑的节能改造。

（二）发展新能源产业，加大绿色技术的投入

走绿色可持续发展之路，如期实现碳中和目标，意味着要从原来依赖化石能源的发展模式转变为以新能源体系为支撑的经济发展模式。杰里米·里夫金在《第三次工业革命：新经济模式如何改变世界》一书中富有远见地提出了一种新型的经济发展模式，即将互联网与可再生能源相结合。这种新型的发展模式有助于化解当前人类所面临的资源困境，对我国实现绿色可持续发展道路具有重要的启示意义。

世界上缺乏的不是清洁能源，而是将这些清洁能源收集并储存起来的技术。以建筑行业为例，建筑能够吸收照射到楼顶的太阳能、墙外的风能、从房子内部排出的污水以及楼房下面的地热能，在保留原有使用功能的同时，成为一个微型发电厂。微型能源企业是否能够孕育而生，关键在于绿色技术的创新，技术创新带来的能源互联网、电动汽车、低碳工业园区等新能源消费形式能够产生较大的外溢效应，而发展新能源产业能够有效改善我国的能源供给体系，对促进经济绿色转型也有着积极的作用。因此未来要加大对光伏发电、风电、生物质能和核电等清洁能源开发技术的投资以及对储存可再生能源技术的投资。

依托绿色发展理念形成的新能源产业，是我国乃至世界绿色可持续发展的首要选项，但是新能源的供应多半是间歇式的，具有很大的不确定性。而传统能源尽管数量有限且会带来污染，但是长久以来能稳定供给。当前我国以煤炭为主的能源结构在短时间内还无法改变，转向新能源体系还需要一定的时间，因此

---

① 薄凡、庄贵阳：《"低碳+"战略引领新时代绿色转型发展的方向和路径》，《企业经济》2018年第1期。

要大力推广传统能源的清洁利用技术。煤炭清洁化利用、煤电低排放以及油品质量提升等技术改造不但能为传统能源创造新的发展空间,还能为我国更好地向新能源体系过渡起到很好的缓冲作用。

(三) 推进新能源行业制度建设

我国的新能源行业除了必要的绿色技术创新之外还需要进行各方面的制度建设,以奠定良好的制度基础。

第一,要强化新能源产业的投融资机制建设,即绿色金融。完善和新能源产业相关的金融服务以及资本市场,在扩大银行业对新能源行业绿色信贷支持的同时,加快设立新能源产业投资基金,实现新能源产业金融支持和新能源投资主体多元化。

第二,由于新能源利用主要是以发电的形式,电力市场体制建设对新能源体系的构建至关重要。在电力体制改革过程中,要建立适应新能源发电的电力系统,大力发展智能电网和电动汽车,将电力输送网络转变成信息能源网络,实现将自主生产能源通过网络共享剩余资源,促进跨区域电力交易,开展新能源发电的辅助服务。

第三,要进一步完善可再生能源发电补贴制度。尽管我国当前对新能源需求迫切,但新能源与常规能源相比,在较长时间内市场竞争力仍然不尽如人意,而我国在新能源补贴方面存在一定的缺口。考虑到内外环境的复杂性,政府对新能源补贴要发挥政策导向作用,优化可再生能源补贴资金来源,保持补贴政策的稳定性。①

第四,鉴于化石能源目前仍是我国的基础能源,除了完善新能源体制机制的建设之外,还需要完善并改革煤电等传统能源体系的管理制度及其市场退出机制,防止企业进行低效率的过度竞争,造成过剩产能,影响新能源市场的构建以及新能源企业的进入。

三、完善生态环境治理体系

转向绿色发展的现代化道路,还需要积极推动生态环境治理体系现代化。

---

① 史丹:《能源转型与低碳工业化道路》,《理论视野》2017 年第 11 期。

建设现代化的生态环境治理体系是推动绿色发展、建设美丽中国的必然要求。近年来,各地聚焦解决雾霾、"垃圾围城"、土壤污染、农村环境污染等公众最关心、反映最强烈的突出环境问题,生态环境得到了很大的改善。单纯从数量上来看,中国出台的环境保护法规已经较为完备了,但是未能发挥出最佳效果,主要归因于社会组织与公众参与度不高,社会监督机制不健全,缺乏系统全面的生态环境保障体系。因此,转向绿色发展的现代化道路,必须要将生态文明现代化建设过程中已暴露出来的问题作为社会治理切入点。

首先,构建政府主导、企业为主体、社会组织和公众广泛参与的多元共建共治共享环境治理新格局。政府作为生态环境保护的监管主体,要实现从包揽环境治理到强化共治的转变;企业是污染制造者,也是治理主体,在实现绿色发展中要发挥治理主体作用,为社会监督、推动环境改善提供平台和技术条件;社会组织和公众要加强环境保护意识,强化自身的环境责任,积极组织开展环保活动,践行低碳生活理念,弥补政府和企业在生态环境治理过程中的职能缺失,最终形成政府、企业、社会组织和公众间的良性互动机制,促进环境协同治理。

其次,环境治理能力现代化。不仅需要增加对以绿色技术、智能系统制造为代表的绿色科技革命的投资,建设基于物联网、大数据、云计算等现代化生态环境治理的新型基础设施,扎实推动污水处理、垃圾焚烧、核能、温室气体减排等重大绿色科技攻关项目,而且需要构建全过程、多层次的环境风险评估和防范体系、生态环境监督检测体系、环境信息公开制度、生态环境破坏追责机制、绿色信用体系等。[①] 实现生态环境治理中人力、物力、科技、数据以及绿色基建等方面的高效协同,使得生态环境治理手段、治理能力和治理任务相匹配,从而提升生态环境治理能力保障体系的现代化水平,为中国更好地实现绿色发展提供坚实的支撑。

最后,健全完善支持绿色发展的管理和法律体系。生态环境综合治理能力的提高,需要进一步加强由上而下的资源统筹协调规划能力,制定适合绿色产业

---

① 王育宝、刘鑫磊、胡芳肖:《绿色低碳发展背景下中国特色社会主义现代化环境治理体系构建研究》,《北京工业大学学报(社会科学版)》2021年第6期。

发展的政策,形成权责一致的监管体系。与此同时,还要增强环境保护的执法力度,做到有法必依、执法必严、违法必究,对绿色发展施加法律层面的约束,实现绿色发展的规范化。

走适合中国国情的绿色发展道路,要坚持以习近平生态文明思想为代表的社会主义生态文明观,完善生态文明制度体系,构建清洁低碳、安全高效的能源体系,积极推动生态环境治理体系现代化,将绿色发展理念融入社会意识形态。

第九章
中国式现代化道路的拓展

现代化形态体现现代文明。中国式现代化道路，不同于西方发达国家所走过的现代化道路，这是中国共产党团结带领中国人民进行的伟大创造。中国推进的现代化不仅符合现代化的一般规律，更体现进入新时代后中国特色社会主义的要求。就如2023年2月7日习近平总书记在学习贯彻党的二十大精神研讨班开班式上所说的："党的十八大以来，我们党在已有基础上继续前进，不断实现理论和实践上的创新突破，成功推进和拓展了中国式现代化。"这条道路就是他指出的："我们推进的现代化，是中国共产党领导的社会主义现代化，必须坚持以中国式现代化推进中华民族伟大复兴，既不走封闭僵化的老路，也不走改旗易帜的邪路，坚持把国家和民族发展放在自己力量的基点上、把中国发展进步的命运牢牢掌握在自己手中。"①

---

① 习近平：《高举中国特色社会主义伟大旗帜　奋力谱写全面建设社会主义现代化国家崭新篇章》，《人民日报》2022年7月28日。

第一节
分阶段推进现代化

在发展中大国推进现代化,不能一蹴而就,需要分阶段推进。这是中国式现代化道路的重要表现。其内容不仅包括邓小平当年提出的"三步走"发展战略,还包括后来提出的"两个一百年"奋斗目标,以及开启现代化新征程后习近平总书记提出的全面建设社会主义现代化国家的"两个十五年"战略安排——通过两个阶段性规划到21世纪中叶建成社会主义现代化强国,是对于新时代新的历史方位的新审视。

一、从全面建成小康社会转向基本实现现代化

1979年12月6日,在回答日本首相大平正芳关于"中国将来会是什么样的情况""整个现代化的蓝图是如何构思"的问题时,邓小平提出小康社会概念说明了中国式现代化:"我们要实现的四个现代化,是中国式的四个现代化。我们的四个现代化的概念,不是像你们那样的现代化的概念,而是'小康之家'。到本世纪末,中国的四个现代化即使达到了某种目标,我们的国民生产总值人均水平也还是很低的。要达到第三世界中比较富裕一点的国家的水平,比如国民生产总值人均一千美元,也还得付出很大的努力。就算达到那样的水平,同西方来比,也还是落后的。所以,我只能说,中国到那时也还是一个小康的状态。当然,比现在毕竟要好得多了。到了那个时候,我们有可能对第三世界的贫穷国家提供更多一点的帮助。"①

全面小康社会上承温饱社会,下启基本实现现代化,是社会主义初级阶段中一个人民丰衣足食、生活较为富裕的历史时期。全面小康是初步现代化,是实现现代化的第一个阶段;基本实现现代化是中度现代化,是实现现代化的第二个阶段。邓小平在"三步走"发展战略中指出,基本实现现代化时,一是人均国民生产总值达到中等发达国家水平,二是人民生活由小康转向比较富裕。

---

① 《邓小平文选》第二卷,人民出版社1994年版,第237页。

2021年7月1日，习近平总书记在庆祝中国共产党成立100周年大会上庄严宣告："经过全党全国各族人民持续奋斗，我们实现了第一个百年奋斗目标，在中华大地上全面建成了小康社会，历史性地解决了绝对贫困问题，正在意气风发向着全面建成社会主义现代化强国的第二个百年奋斗目标迈进。"

全面小康与基本实现现代化是中国式现代化建设过程中互相联系、前后衔接、由低到高的两个不同的发展阶段。基本实现现代化是在全面小康基础上提出的更新更高更强的奋斗目标。人均GDP达到中等发达国家水平是基本实现现代化的基础。基本实现现代化不是简单延续全面小康社会建设的要求。相对于全面小康社会，现代化不是数量上的简单扩大，而是质的飞跃和提升。对社会发展来说，人的现代化要求的实现在全面小康阶段不可能成为重点，而在基本实现现代化阶段却越来越重要。

全面小康社会建设着重发展经济和提高效率，但在经济上达到全面小康水平的同时，往往也伴有收入差距扩大和环境生态遭到破坏等负面效应，由此产生"中等收入陷阱"的威胁。基本实现现代化就是要针对这些负面效应进行重点突破，以公平性发展跨越"中等收入陷阱"阶段。因此，与全面小康相比，基本实现现代化不仅仅表现为经济发展水平的进一步提升，而且要更加强调以人为本和人民的幸福，更加强调经济社会的协调发展，更加强调物质文明、精神文明、政治文明、生态文明和社会文明的全面协调。

比较现代化和全面小康社会建设的指标体系，可以发现由小康社会建设转向现代化，有些是小康指标的延伸和扩大，如人均GDP、人均收入等；有些是质的改变，如产业结构的根本性转变、环境质量根本改善等；有些则是小康社会没有提出而在现代化阶段提出的要求，如人的现代化。从这个意义上说，对小康社会建设和现代化建设作出阶段区分是必要的。全面小康有中国特色，现代化不仅有中国特色还有国际标准。所谓现代化的国际标准，大致的核心指标涉及人均GDP达到中等发达国家水平、高科技化、克服城乡二元结构、普及高等教育、较强的科技创新能力、良好的生态环境等。在这里，虽然基本实现现代化仍然有对人均GDP的要求，但已不再将其视作根本性的衡量指标。对社会主义现代化来说，无论哪个现代化指标都要以人民的富裕幸福为出发点和落脚点。

二、由追赶逐步转向赶超的现代化

"现代化"并非新名词。长期以来，发达国家现代增长的历史进程被作为现代化的样板；与此相对应，现代化意指经济文化相对落后的发展中国家追赶先行现代化国家的过程，即追赶型现代化。如此，就有了将中等发达国家和高等发达国家分别作为基本实现现代化和全面实现现代化的追赶目标之说。进入新时代的中国式现代化不能停留在追赶意义上，最终目标定位是赶超发达国家，这是由中国式现代化进入新时代的特殊国情和社会主义目标决定的。新时代社会生产力水平基础稳固。我国社会生产力水平总体上显著提高，社会生产能力在很多方面进入世界前列。在这样的生产力基础上推进现代化，不是简单地跟在发达国家后面亦步亦趋，而是要确立由追赶到赶超的目标和战略。虽然我国基本实现现代化阶段设定的目标是人均 GDP 达到中等发达国家水平，具有追赶性质，但建成富强民主文明和谐美丽的社会主义现代化强国这个目标显然超过了发达资本主义国家的现代化水准。这就是邓小平在谈及"三步走"发展战略所说的："要证明社会主义真正优越于资本主义，要看第三步。"[①] 这第三步就是赶超。

无论是追赶还是赶超，都是发展社会生产力的问题。迄今为止，进入现代化阶段的国家都是资本主义国家，还没有哪个社会主义国家达到现代化水平。在此背景下，社会主义国家要建立自己的物质基础，就需要着力发展社会生产力，使之达到并超过资本主义国家的水平。也正是在这一意义上，邓小平提出社会主义就是解放和发展社会生产力。显然，追赶并赶超发达国家的现代化，是社会主义的应有之义。

从现代化角度讲，发展的生产力是先进生产力，也就是建立在现代科学技术基础上的生产力。其实，先进社会生产力是动态的概念。就像马克思所说的，现代工业的技术基础是革命的。现在我国达到的生产力水平已经大大超过马克思当年所处的资本主义国家的水平，但仍然不能说我国现代化的物质基础已经建立起来了，原因是发达的资本主义国家依赖其先行优势，不断地创新技术、创新产业，其生产力达到了更高的水平。中国式现代化，应该以新阶段发达国家所达

---

① 《邓小平文选》第三卷，人民出版社 1993 年版，第 227 页。

到的生产力水平作为先进社会生产力的参照系。一百多年前讲先进社会生产力是机器大工业,现在则是以信息化数字化为代表的新兴的高科技产业和绿色产业。

由追赶逐步转向赶超关键在科技先行现代化,发展新质生产力。改革开放以来,我国通过模仿和引进跟踪世界科技,明显缩短了与发达国家的科技差距。推进中国式现代化需要在更多领域并跑、领跑。所谓并跑,是指与国际接轨。所谓领跑,是指与未来接轨,直接瞄准国际最新技术取得突破性进展,成为某个领域的领跑者。由跟跑转向并跑和领跑,不仅体现中国科技的自立自强,而且体现科学技术现代化由追赶转向赶超。正因为如此,基本实现现代化的一个重要指标是进入创新型国家前列。进入前列就意味着赶超发达国家的科技。科技的赶超是最终实现现代化赶超的先导。只有这样,才能真正实现在21世纪中叶建成社会主义现代化强国的目标。

我国现代化的远景目标是最终建成"富强民主文明和谐美丽的社会主义现代化强国"。对我国所追求并将最终实现的社会主义现代化的展望则在于,伴随着政治、物质、精神、生态、社会五大领域文明程度的提升,中国将成为综合国力和国际影响力领先的国家;此时国家在治理能力和体系上更加现代化,实现共同富裕,人民享有更加幸福安康的生活。

第二节
工业化、信息化、城镇化、农业现代化同步推进

对中国式现代化道路的特点,习近平总书记有过这样一段论述:"我国现代化同西方发达国家有很大不同。西方发达国家是一个'串联式'的发展过程,工业化、城镇化、农业现代化、信息化顺序发展,发展到目前水平用了二百多年时间。我们要后来居上,把'失去的二百年'找回来,决定了我国发展必然是一个'并联式'的过程,工业化、信息化、城镇化、农业现代化是叠加发展的。"[①]就是

---

① 《习近平关于社会主义经济建设论述摘编》,中央文献出版社2017年版,第159页。

说,西方国家的现代化是先工业化,经过工业掠夺农业的过程再到其他方面的现代化,整整花了二百多年的时间。我国和发达国家现代化进程的共同点在于都是以工业化为先导,但我国工业化和其他方面的现代化进程是同步的、并联式的,因而可以大大缩短这个过程。

一、工业化与城镇化、农业现代化同步推进

工业化和城镇化是农业国实现现代化的必经过程,西方发达国家的现代化是由二百多年前的工业化起步的,其工业化以剥夺农民为代价。如马克思所说,使汇集在各大中心的城市人口越来越占优势,其后果是农业和农村的凋敝,"人和土地之间的物质变换"被破坏。① 它们是在实现工业化以后再来逐步解决农业农村问题的,因而其整体的现代化需要漫长的过程。

我国要想实现二元结构现代化,既要加快推进工业化,又要改变农业农村落后面貌。改变"三农"的落后状态是从农村改革开始的。推进以农民家庭联产承包责任制为主要内容的改革,调动了农民的生产和经营积极性,提高了劳动生产率,农业劳动力出现剩余。随着农村乡镇企业异军突起,在农村开始了推进工业化进程。农村工业化,不只是发展工业,同时吸纳农业剩余劳动力。其或在农村、城镇开办工厂、企业,或以乡镇工业为基地新建城镇。从农业中转移出来的劳动力进入城镇的非农产业就业,创造了中国特色的城镇化道路。工业化同城镇化同步推进,反哺农业,没有出现农业和农村凋敝的现象。

随着中国融入经济全球化,大举引进外商直接投资,不仅企业与外商合资合作的规模扩大,而且产品和技术不断升级。中国的工业品进入国际市场,中国的工业化也进入新阶段。中国有了"世界工厂"之称。这一过程对城镇化的带动作用也非常明显。首先,吸引外资的开发区基本上都是建在当时的农村,推动了地域的城镇化。其次,随着开放地区及城市工业的迅猛发展,劳动力需求也迅速增大,离土不离乡的农业剩余劳动力开始离土又离乡进入沿海和发达地区,开始了城市化进程。最后,在城镇的乡镇企业也在与外商合资合作及改制过程中脱去"乡镇"的外衣。这是中国特色工业化、城镇化道路。实践证明,这条道路符合中

---

① [德]马克思:《资本论》第1卷,人民出版社2004年版,第579页。

国国情,不但加快了工业化和城镇化的进程,中国迅速由农业大国转变为新兴的工业国家,而且带动了农业和农村的发展。

二、 工业化同信息化融合发展

各个经济时代的区别,不在于生产什么,而在于怎样生产,用什么劳动资料生产。在20世纪自然科学理论最新突破的基础上发展了信息技术、生物技术、新材料技术、新能源技术、空间技术和海洋技术,出现了以微电子技术、生物工程技术、新型材料技术为标志的新技术革命,简称为信息化。中国大规模推进工业化时正逢新科技和产业革命。中国的工业化虽然起步较晚,但在工业化还没有完成时就赶上了信息化的浪潮。在此背景下,我国的工业化紧紧抓住了信息化的机会,不走西方国家先工业化后信息化的老路。工业现代化同信息化融合,以信息化推动工业化,使许多产业的技术基础发生革命性变化。例如,一般的工业化都会经历重化工业阶段,这个阶段具有高消耗高污染的特征。信息化则可能跨越这个高消耗高污染的阶段。不仅如此,现阶段的信息化已经发展到移动互联网广泛应用的阶段,依托互联网平台和数字技术不仅创造了新产业,而且使许多传统产业部门一跃进入现代产业体系。我国制造业水平与发达国家的差距明显缩小,很大程度上要归功于信息化的带动。

三、 新时代的"四化同步"

实践已经证明,"并联式"的"四化"(即"四化同步")在中国大地上取得了成功。2022年,第一、二、三产业增加值占GDP比重分别为7.3%、39.9%和52.8%,城镇化率也达到65.22%。这意味着我国以降低传统农业部门比重为标志的工业化、农民进城意义上的城镇化均已基本到位。现代化水准即发展水平,这个水准是动态的,处于什么阶段提什么样的现代化水准。新时代推进的现代化需要继续坚持走"四化同步"的道路,但必须准确把握工业化、信息化、城镇化、农业现代化在新时代的新内容,新型工业化、信息化、城镇化和农业现代化这"四化"不是孤立的,而是相互融合、相互促进的。

首先是以信息化的最新成果数字化智能化为各个领域的现代化赋能。新时代推进的现代化需要抓住信息化的发展机遇,信息是科技更新最快的领域。如今,以信息化为代表的科技和产业革命仍在持续,智能化、大数据、云计算、物联网等新技术不断涌现。中国式现代化要加快推进信息化的现代化,在信息化上进入世界前列。信息化进入数字化阶段,涉及数字产业化和产业数字化两个方面。信息化和数字化成为各个产业高级化的基础。就工业来说,经典的现代化理论曾经把高度发达的工业社会作为实现现代化的主要标志。新时代工业化的任务不是进一步提高工业比重,而是更加突出制造业现代化。在保持制造业比重基本稳定基础上推进的工业现代化,突出表现在三个方面:一是制造业基础高级化,加快发展先进制造业,建设制造强国;二是推进低消耗、低排放的工业绿色化,如期实现国家的碳达峰、碳中和目标;三是围绕产业链部署创新链,推进产业链现代化。所有这些都离不开信息化的支撑。我国不仅要在现有产业中采用信息化数字化高科技,而且要直接发展一部分高科技产业,如微电子产业、信息产业、生物工程产业、新材料产业等,围绕工业产品研发设计、流程控制、企业管理、市场营销等环节,利用信息技术提升自动化、智能化和管理现代化水平。

其次是农业现代化与城镇化的融合和互动。农业、农村和农民现代化都离不开城镇化的支持。与农业的弱势产业地位相一致,无论是基础设施,还是教育、文化和医疗设施,广大而又分散的乡村都处于落后状态,农民在乡村享受不到城市人享受的现代生活方式和文明。乡村振兴要求农村生活和居住环境现代化,农民现代化的主要内容是人的城镇化,不仅要加快农业转移人口市民化,还要进一步解决农民不进入城市就能享受平等的市民权利的问题。实践证明,城镇化水平不高,乡村振兴不了。这就提出城乡发展一体化并且深度融合的要求。推进以人为核心的新型城镇化引出两个方面的现代化问题。一是城镇城市化。就像当年城镇消化农业剩余劳动力一样,当今城镇承担着农业转移人口市民化和农民市民化的双重重任。为此,需要增强城镇的城市功能,特别是需要在城镇均等提供基本公共服务,使转移人口和农民在城镇就能享受市民权利,满足包括农民在内的转移人口市民化的需求。二是城市现代化。城市是现代化的中心和策源地。城市现代化水平越高,周边农村区域的城镇和乡村的现代化水平越高。城市现代化不是单纯的经济发展,而是产、城、文化、生态的融合发展。在城市现代化基础上,推动城市发展的势头和要素"化"到农村,相应的制度安排是建立健全城乡融合发展体制机制,实现城乡一体的现代化。

最后是以"四化同步"的理念推动现代化。具体地说,用新型工业现代化理念来谋划现代农业发展,促进工业与农业的产业对接;用城镇现代化来消解二元体制张力,促进城乡协调融合发展;利用信息化成果,改造传统产业,创新现代产业,由此健全现代化产业体系,降低现代化的成本,加快现代化的进程。

第三节
供给侧结构性改革和现代化经济体系

习近平总书记从调节经济发展方式的角度指出:"需求侧管理,重在解决总量性问题,注重短期调控,主要是通过调节税收、财政支出、货币信贷等来刺激或抑制需求,进而推动经济增长。供给侧管理,重在解决结构性问题,注重激发经济增长动力。"[1]显然,供给侧调节注重长期发展,是实现高质量发展的有效调控方式。与一般调整生产关系的改革不同,供给侧结构性改革是要解决发展本身的问题。"供给侧结构性改革,说到底最终目的是满足需求,主攻方向是提高供给质量,根本途径是深化改革。"[2]在庆祝改革开放40周年大会上习近平总书记再次明确"我们要坚持以供给侧结构性改革为主线"。可见,供给侧结构性改革是我国长期的改革任务。从现代化角度讲,供给侧改革,一是解决结构性问题,二是培育新动能。

一、供给侧培育发展新动能

实体经济是一国经济的立身之本、财富之源。实现供给侧结构性改革目标还是需要实体经济发力,需要加大对实体经济的支持,在实体经济领域培育发展的新动能,在高质量发展中增强实体经济企业的盈利能力。一是提高供给体系的质量和效率,也就是习近平总书记所指出的"优化现有生产要素配置和组合,

---

[1] 《习近平关于社会主义经济建设论述摘编》,中央文献出版社2017年版,第99页。
[2] 《习近平关于社会主义经济建设论述摘编》,中央文献出版社2017年版,第115页。

提高生产要素利用水平,促进全要素生产率提高,不断增强经济内生增长动力"①。习近平总书记形象地用加减乘除法来说明结构调整的路径:"加法就是发现和培育新增长点,减法就是压缩落后产能、化解产能过剩,乘法就是全面推进科技、管理、市场、商业模式创新,除法就是扩大分子、缩小分母,提高劳动生产率和资本回报率,这是调结构这个四则运算的最终目标。"②质量变革、效率变革、动力变革就成为提高全要素生产率的基本途径。二是克服供给侧的动力不足问题。与需求侧突出市场选择不同,供给侧突出经济激励,需要提供发展的动力。供给侧对市场主体的激励主要涉及降低企业税、费、利息和社会负担,降低企业成本,使企业轻装上阵,保护企业家财产,激励企业家精神。

推进供给侧结构性改革是需要长期实行的发展政策,有着长远的目标。在去产能、去库存、去杠杆取得明显进展的同时,需要进一步转向培育新动能。关于新动能,习近平总书记指出:"既要紧盯经济发展新阶段、科技发展新前沿,毫不动摇把发展新动能作为打造竞争新优势的重要抓手,又要坚定不移把破除旧动能作为增添发展新动能、厚植整体实力的重要内容。"③

在现阶段,我国所要培育的新动能主要涉及中高端消费、创新引领、绿色低碳、共享经济、现代供应链和人力资本服务等领域。这些也是基本实现现代化所需的新动能。这里着重分析中高端消费和人力资本服务两个新动能。

首先是满足中高端消费的供给。由全面小康转向基本实现现代化的重要表现是消费升级,居民消费水平由低端转向中高端。中高端消费涉及两个层次:一是与解决温饱问题的低端消费相比,中高端消费主要是满足发展和享受需要,更为关注健康、安全、卫生、教育方面的消费需求。二是中高端人群的消费更为关注供给品的品牌、质量、档次、环保、品位等。我国现阶段拥有世界上人数最多的中等收入人群,人数达到4亿。习近平总书记指出:"我国供给体系产能十分强大,但大多数只能满足中低端、低质量、低价格的需求。"④中高端消费与其说是

---

① 《习近平关于社会主义经济建设论述摘编》,中央文献出版社2017年版,第108页。
② 《习近平关于社会主义经济建设论述摘编》,中央文献出版社2017年版,第82页。
③ 习近平:《在深入推动长江经济带发展座谈会上的讲话》,《人民日报》2018年6月14日。
④ 《习近平关于社会主义经济建设论述摘编》,中央文献出版社2017年版,第113页。

消费的增长点,不如说是供给的新动能。对生产和服务的供给者来说,生产和服务的供给还停留在低收入阶段,追求数量,不重视质量,为生产而生产,就不能适应进入现代化阶段以后消费需求的新变化,满足中高端消费的中高端产品和服务供给不足,不能满足多样化、个性化、高端化需求,势必产生有效供给不足、无效产能过剩、低端产品过剩问题。因此,推进现代化不仅要从中高端消费中发现新市场,更要从中高端消费中发现技术创新的方向,发现市场创新和管理创新的方向,由此满足中高端消费的供给。

其次是人力资本服务的新动能作用。经济增长有多种要素,在现代增长中哪种要素可以作为新动能来培育?皮凯蒂在《21世纪资本论》中回答:"现代的经济增长大多取决于人力资本的兴起。"[1]历史经验表明:"落后国家是通过提高科技水平、专业知识与技能和教育水准来追赶发达国家的。"[2]我国的实践也证明,人力资本积累是经济增长的源泉,是现代经济增长的决定因素和永久动力。人力资本即经过教育和培训形成的人的知识和技能的存量,相当于马克思理论中的复杂劳动概念。马克思当时就认为复杂劳动创造多倍于简单劳动的价值,可见人力资本的动能作用。人力资本服务成为新动能反映了现代经济增长的趋势。在供给侧把人力资本服务作为新动能来培育有以下几方面内容:一是在主要依靠人力资本服务的领域产生的新动能。随着知识经济的发展,一系列知识密集型产业领域产生了,如金融、咨询、设计、软件等。这些领域无疑需要更多的人力资本服务,可以说是知识经济时代发展的新增长点。二是从提高劳动者素质和技能方面培育新动能。即使是劳动密集型产业和环节也有复杂劳动密集型和简单劳动密集型之分。我国产业的分工环节处于中低端,原因就在于缺乏人力资本。因此培育新动能需要培育知识型、技能型、创新型劳动者大军。我国人口众多,有人力资源优势,通过教育、培训等途径进行人力资本投资,可以使人力资源优势转化为人力资本优势。在人才政策上,不能只是瞄准高精尖科技人才,还需要重视高级技工和应用型人才的培养和供给,培育更多的工匠和工匠精神。

---

[1] [法]托马斯·皮凯蒂:《21世纪资本论》,巴曙松等译,中信出版社2014年版,第42页。
[2] [法]托马斯·皮凯蒂:《21世纪资本论》,巴曙松等译,中信出版社2014年版,第71页。

三是尤为重视企业家人力资本。党的二十大报告就指出要弘扬企业家精神。在现代企业中,资本、劳动、技术、土地等要素都是由企业家组合的。熊彼特定义的创新是要素的"新组合",企业家就是实现要素"新组合"的组织者和推动者。企业家精神包含有创新精神和社会责任精神。企业家人力资本对企业创新及全要素生产率提高具有推动作用,对整个供给体系的质量起着决定性作用。培育新动能就是要推动经营者成为企业家,提高企业家人力资本积累,激发企业家精神,形成发展的新动能。

二、建设现代化经济体系

党的十九大提出建设现代化经济体系的新思路:"我国经济已由高速增长阶段转向高质量发展阶段,正处在转变发展方式、优化经济结构、转换增长动力的攻关期,建设现代化经济体系是跨越关口的迫切要求和我国发展的战略目标。"党的二十大进一步明确 2035 年基本实现现代化的重要目标是建成现代化经济体系。建设现代化经济体系是由小康社会建设转向现代化建设新征程的总体性、基础性安排。

根据习近平总书记的概括,现代化经济体系涉及开启现代化新征程的各个方面,包括建设创新引领、协同发展的产业体系是要实现实体经济、科技创新、现代金融、人力资源协同发展。建设统一开放、竞争有序的市场体系是要实现市场准入畅通、市场开放有序、市场竞争充分、市场秩序规范。建设体现效率、促进公平的收入分配体系是要实现收入分配合理、社会公平正义、全体人民共同富裕。建设彰显优势、协调联动的城乡区域发展体系是要实现区域良性互动、城乡融合发展、陆海统筹整体优化。建设资源节约、环境友好的绿色发展体系是要实现绿色循环低碳发展、人与自然和谐发展。建设多元平衡、安全高效的全面开放体系是要发展更高层次开放型经济。建设充分发挥市场作用、更好发挥政府作用的经济体制是要实现市场机制有效、微观主体有活力、宏观调控有度。这七大现代化经济体系可以归纳为高质量开启现代化新征程的三大系统。一是现代化的支撑系统,涉及产业体系、城乡区域发展体系和绿色发展体系。二是现代化的动力系统,涉及收入分配体系和全面开放体系。三是现代化的国家治理系统,涉及市场体系和经济体制,是转变发展方式、优化经济结构、转换增长动力的具体体现。现代化经济体系的这些内容是对新时代中国式现代化道路的创新和丰富。

提出现代化经济体系的概念,并且以此来全面开启现代化新征程,可以说是中国式现代化道路的重要创新。建设现代化经济体系需要推动质量、效率、动力三大变革,重要举措主要包括大力发展实体经济,筑牢现代化经济体系的坚实基础;加快实施创新驱动发展战略,强化现代化经济体系的战略支撑;积极推动城乡区域协调发展,优化现代化经济体系的空间布局;着力发展开放型经济,提高现代化经济体系的国际竞争力;深化经济体制改革,完善现代化经济体系的制度保障。

第四节
新发展理念指引中国式现代化之路

在全面建成小康社会、人均 GDP 达到中等收入国家水平的基础上,高质量开启现代化建设新征程实际上面临两大新课题:一是跨越"中等收入陷阱";二是经济由大变强。一些国家早在 20 世纪六七十年代就进入中等收入国家行列,并试图推进现代化,但迟迟进入不了高收入国家行列,陷入了"中等收入陷阱"。中国式现代化则找到了跨越"中等收入陷阱"的路径,就是习近平总书记所说的:"通过转变经济发展方式实现持续发展、更高水平发展。"[①]

进入新时代,在新的历史方位下,虽然我国仍处于并将长期处于社会主义初级阶段的基本国情没有变,但我国社会的主要矛盾已转化为人民日益增长的美好生活需要和不平衡不充分的发展之间的矛盾。针对新发展阶段的新矛盾及由此产生的现代化新课题,在党的十八届五中全会上,习近平总书记提出了"创新、协调、绿色、开放、共享"的新发展理念。新发展理念是对经济发展规律性认识的理论升华。

基于构建新发展格局要求,党的二十大报告提出,高质量发展是全面建设社

---

① 《习近平谈治国理政》第二卷,外文出版社 2017 年版,第 240 页。

会主义现代化国家的首要任务。其必要路径是立足新发展阶段，贯彻新发展理念，构建新发展格局，迈上更高质量、更有效率、更加公平、更可持续、更为安全的现代化之路。推进中国式现代化不仅需要坚持深化改革开放，还必须贯彻新发展理念。由此创新的现代化道路可称为中国式现代化新道路。这是中国式现代化道路的新拓展，体现了中国式现代化道路的守正和创新。中国式现代化新道路体现由理念到发展道路的转化，表现在以下方面。

一、现代化的创新发展之路

现代化的阶段不同，驱动力也不同。在最初阶段为要素驱动，主要依靠土地、资源、劳动力等生产要素的投入推动经济增长。接下来的阶段为投资驱动，靠持续的高投资（以低消费为条件）推动经济增长和起飞。进入新发展阶段，支持物质资源高投入的要素供给已至极限，居民也不愿以低收入和低消费水平为代价支持高投资，经济发展需要从要素驱动、投资驱动转向创新驱动。

党的二十大强调坚持创新在现代化建设全局中的核心地位。创新的核心是科技创新。科技创新的着力点是国际前沿核心技术。中国式现代化要求建立创新引领的现代产业体系。其前提是科技先行，不仅需要原创性创新成果，而且要突破发达国家的围堵和遏制，科技自立自强是重要支撑。

创新成为推动现代化之路径主要体现在以下三个方面：一是把高水平科技自立自强作为现代化的战略支撑。我国实现现代化的最大阻力是缺乏高端科技。就如习近平总书记所说："近代以来，西方国家之所以能称雄世界，一个重要原因就是掌握了高端科技，真正的核心技术是买不来的。正所谓'国之利器，不可以示人。'只有拥有强大的科技创新能力，才能提高我国国际竞争力。"[①]而且，发展中国家的科技越是接近现代化，越是引不来高端技术。当前的国际竞争主要表现为全球产业链的竞争。一些发达国家为了阻碍中国的崛起，在高科技环节上对中国企业断供，造成多条我国参与的产业链的国外高科技环节"断链"。应对这种挑战，高水平科技立足于自立自强，就可以避免关键核心技术被"卡脖子"，占领科技和产业的世界制高点。二是建立自主可控的现代化产业体系。我

---

① 《习近平关于科技创新论述摘编》，中央文献出版社2016年版，第39—40页。

国已经成为"世界工厂",在此基础上的现代化就是党的二十大报告要求的推进新型工业化,加快建设制造强国、质量强国、航天强国、交通强国、网络强国、数字中国。关键在于将科技创新与产业创新融合,将自立自强的科技创新转化为自主可控的现代产业体系,依托原创性科技成果迅速转化为有自主知识产权的新技术,实现新产业的跨越。三是围绕产业链部署创新链、围绕创新链布局产业链。"要以培育具有核心竞争力的主导产业为主攻方向,围绕产业链部署创新链,发展科技含量高、市场竞争力强、带动作用大、经济效益好的战略性新兴产业,把科技创新真正落到产业发展上。"①

创新可以不断开辟发展新领域新赛道,不断塑造发展新动能新优势。当今世界正在进入数字经济新时代。依托数字技术的数字产业化、产业数字化、国家治理和社会管理数字化能使经济社会获得更高质量的发展。发展数字经济意义重大,是把握新一轮科技革命和产业变革新机遇的战略选择,也就成为创新发展的主战场。

创新发展的关键是建立有效的科学—技术—产业的转化机制,形成有利于创新成果产业化和市场转化的通道。一是发挥举国体制的优势。"要充分发挥社会主义市场经济的独特作用,充分发挥我国社会主义制度优势,充分发挥科学家和企业家的创新主体作用,形成关键核心技术攻坚体制。"②二是发挥市场作用,发展完善的技术市场有效转移新技术,发展规范的资本市场有效提供创新投资并锁定创新风险。三是形成大众创新、万众创业的氛围。实现创新发展的动力和资源就是党的二十大报告提出的:科技是第一生产力、人才是第一资源、创新是第一动力。相应地需要深入实施科教兴国战略、人才强国战略、创新驱动发展战略。四是实现知识创新主体和技术创新主体的协同与深度合作。建立大学和企业共同参与的孵化新技术的产学研协同创新平台,推动知识创新主体和技术创新主体之间形成互补、协同和合作。知识创新主体解决创新的前沿科学导向,技术创新主体解决创新的市场需求导向。

---

① 《习近平关于社会主义经济建设论述摘编》,中央文献出版社 2017 年版,第 132—133 页。
② 习近平:《提高关键核心技术创新能力 为我国发展提供有力科技保障》,《人民日报》2018 年 7 月 14 日。

二、现代化的协调发展之路

协调发展是实现中国式现代化的重要目标和手段。协调是经济持续健康发展的内在要求。习近平总书记指出:"协调既是发展手段又是发展目标,同时还是评价发展的标准和尺度。"① 协调作为实现现代化的手段意味着,要注重发展的平衡性、系统性与可持续性,提高发展的整体水准。协调作为实现现代化的目标意味着,经济发展的目的不再是经济在数量上的累积,而是追求经济、社会、人与自然等多个方面的平衡发展。协调成为评价发展的标准和尺度意味着,协调是高质量发展的评价标准,涉及产业、城乡、区域等在结构上的平衡发展。

协调发展指的是在发展中协调。例如,进入新发展阶段后,实现"四化同步"的协调首先要明确各自的提升方向:工业化转向制造业高端化、智能化、绿色化;信息化进入数字化、智能化阶段,为其他三化赋能并成为协调发展的着力点;城镇化的核心转向人的城镇化、转移人口的市民化。在此基础上的"四化同步"的协调就同现代化要求一致起来了。

进入新发展阶段,实现"四化同步"的协调,需要补两块短板。一是补农业现代化的短板。党的二十大报告提出了农业农村优先发展的要求。加快建设农业强国,扎实推动乡村产业、人才、文化、生态、组织振兴。由原来的非农产业发展带动"三农",转向直面"三农"本身的发展。农业高质高效、乡村宜居宜业、农民富裕富足成为新阶段"三农"现代化的目标。农业强国的基础是农业从弱势产业变为强势产业。这不仅需要农业科技进步,还需要依托"三权分置",引导土地经营权规范有序流转,发展适度规模经营和产业化经营。二是补后发地区现代化滞后的短板。党的二十大报告要求促进区域协调发展,深入实施区域协调发展战略、区域重大战略,优化重大生产力布局,构建优势互补、高质量发展的区域经济布局。一方面,后发地区同样需要根据"四化同步"的要求,补工业化的课,补城镇化的课,在信息化(数字经济)上与先发地区同步并跑。另一方面,先发地区与后发地区要在产业一体化、创新一体化的协调联动中实现现代化。再一方面,需要利用国家实施的区域发展战略推动区域协调发展。

---

① 《习近平关于社会主义经济建设论述摘编》,中央文献出版社 2017 年版,第 35 页。

三、现代化的绿色发展之路

尊重自然、顺应自然、保护自然，是全面建设社会主义现代化国家的内在要求。工业文明时代推进的西方式现代化，虽然创造了巨大的生产力，但已威胁到人类的生存和地球生物的延续。中国在由工业文明转向生态文明的新时代推进的现代化，不能走西方式的高投入、高排放的道路。我们所要推进的是人与自然和谐共生的现代化。

绿色是永续发展的必要条件和人民追求美好生活的重要体现。习近平总书记提出的"绿水青山就是金山银山"的绿色发展理念，体现人与自然和谐共生，强调不能为谋求物质财富而牺牲生态财富。当今的现代化正处于从工业文明向生态文明过渡的时代。干净的水、清新的空气、多样性的生物、绿色的环境是宝贵的生态财富。这种生态财富观体现了人与自然和谐共生。

中国式现代化不能仿效西方待实现现代化后再来解决环境和生态问题，而是一开始就要走绿色发展、低碳发展的道路，并且将绿色发展贯穿于现代化的全过程，其内容主要涉及五个方面：一是把保护和改善生态环境提高到保护和发展生产力的高度，治理和改善过去的发展所遗留的生态环境问题。二是与生态财富观相适应的经济发展不仅要谋求物质财富，还要谋求生态财富，提供人民美好生活所需要的高质量的生态产品。三是力争2030年前实现碳达峰、2060年前实现碳中和。"双碳"达标时间都显著快于西方发达国家同等条件下的时间表。"双碳"目标下的新能源发展和利用会带动科技和产业的革命性变化。四是党的二十大要求，城乡人居环境明显改善，实现人居环境的绿色化和美化。五是如党的二十大报告所说，要"协同推进降碳、减污、扩绿、增长"。实现碳达峰和碳中和不能毕其功于一役，而是特别依赖技术进步和产业结构调整的进程。

四、现代化的开放发展之路

开放是国家繁荣发展的必由之路。改革开放以来，指导开放的经济理论突出利用国际国内两个市场、两种资源。即使在由发达国家主导的经济全球化背景下，开放仍然使中国享受到了全球化的红利。现在开放型经济也进入了新时代。与超级大国推行反全球化的政策相反，作为世界第二大经济体的中国扛起了继续推动经济全球化的大旗。遵循习近平总书记关于构建人类命运共同体的重要论述,新时代中国式现代化要建立高质量的开放型经济体系。

自立自强不排斥对外开放。一个国家只有开放才能成为现代化国家。我国不仅需要在开放中获取资源和市场,更需要在开放中获取国际前沿高新技术。进入新发展阶段,经济全球化和逆全球化并存。世界正经历百年未有之大变局,构建以国内大循环为主体、国内国际双循环相互促进的新发展格局是我国经济现代化的路径选择。强调以内循环为主体,绝不意味着降低开放发展的作用。无论是内循环还是外循环,都离不开开放发展。走和平发展道路的现代化需要更高质量的开放发展。

党的二十大报告要求推进高水平对外开放,稳步扩大规则、规制、管理、标准等制度型开放。高水平的对外开放主要涉及四个方面:一是培育新的比较优势和竞争优势。参与外循环的竞争优势,不是建立在原来的资源禀赋的比较优势(如劳动力资源丰富)基础上的,而是如党的二十大报告要求的那样,加快建设世界重要人才中心和创新高地,着力形成人才国际竞争新的比较优势。二是开放式创新。创新处于国际前沿、引领产业创新的具有自主知识产权的核心技术和关键技术,需要充分利用国际创新资源。目前相当部分的"卡脖子"技术源自基础研究。要以基础研究的开放式创新为突破口,利用和引进国际创新资源(尤其是创新人才),进行开放式的基础科技创新,创造有自主知识产权的原创性科技成果。三是以内循环促外循环。坚持出口和进口并重,"引进来"和"走出去"并重,引资、引技、引智并重,全球产业链环节的国际国内布局并重。四是统筹开放和国家经济安全。既要防范经济全球化的风险,也要防范逆全球化风险,建立多元平衡、安全高效的全面开放体系。

五、 现代化的共享发展之路

让广大人民群众共享改革发展成果,实现共同富裕是社会主义的本质要求,是社会主义制度优越性的集中体现,是我们党坚持全心全意为人民服务根本宗旨的重要体现。在共享发展中推动共同富裕反映社会主义现代化要求。

在历史性地解决了绝对贫困问题后,现代化新征程要进一步克服相对贫困问题。共同富裕不可能完全消除富裕程度的差距，也不可能简单地拉平收入，更不可能回到过去的平均主义分配制度。在现代化的进程中，一方面收入差距需要有个"合理区间"；另一方面共同富裕需要分阶段推进，不能一蹴而就。针对我国经济发展的"蛋糕"不断做大，但分配不公问题比较突出，收入差距、城乡区域公共服务水平差距较大的问题，"我们必须坚持发展为了人民、发展依靠人民、发展成果由人民共享，作出更有效的制度安排，使全体人民朝着共同富裕方向稳步前进，绝不能出现'富者累巨万，而贫者食糟糠'的现象"[①]。

解决收入分配体制所造成的收入差距问题，需要在体制上实现效率与公平相统一。基本要求是党的二十大报告指出的：坚持按劳分配为主体、多种分配方式并存；坚持多劳多得，鼓励勤劳致富，促进机会公平，增加低收入者收入，扩大中等收入群体；规范收入分配秩序，规范财富积累机制。

第一，初次分配阶段，在突出效率的同时解决好劳动者同其他要素所有者的共同富裕问题。这主要涉及两个方面：一是就业是民生之本，需要实施就业优先战略，强化就业优先政策，使人人都有通过勤奋劳动实现自身发展的机会；二是在要素报酬的框架内，让劳动者也成为多种生产要素的所有者，体现勤劳和智慧致富。

第二，"要防止社会阶层固化，畅通向上流动通道"[②]。简言之，就是要给更多人创造致富机会。相应的制度创新包括以教育平等促使劳动者获取知识和技术要素，以营商环境法治化和创新创业环境更加宽松促使其获取资本和管理收益，以畅通的要素流动为底层劳动者提供改变自己经济地位的要素，提供更多的创新创业机会，营造大众创新、万众创业的环境，使劳动者靠创新创业致富。

第三，政府在再分配环节更注重公平。政府主导的税收和公共产品的供给是推动共同富裕的基本路径。其中最为突出的是两个方面：一方面，健全社会保障体系，健全覆盖全民、统筹城乡、公平统一、安全规范、可持续的多层次社会保障体系，扩大社会保险覆盖面。另一方面，公平提供公共产品。虽然不排除不同

---

① 《习近平关于社会主义经济建设论述摘编》，中央文献出版社2017年版，第25页。
② 习近平：《扎实推动共同富裕》，《求是》2021年第20期。

家庭存在一定程度的私人产品的差别,但不同家庭享用公共产品和基本公共服务的权利应该是无差别、公平的。政府要确保为社会各阶层提供一个公平且达到现代水准的教育、公共卫生、公共服务和公共安全体系,使全体人民均等充分享受公共产品。

第四,发挥第三次分配的先富帮后富的作用。第三次分配是在自愿基础上,以募集、捐赠和资助等慈善公益方式对社会资源和社会财富进行分配。尤其是在救灾、济贫、助学等方面,第三次分配发挥着重要的作用。第三次分配体现了先富群体在现代化进程中的社会责任,是规范财富积累机制的重要方面。其基础是社会道德水准的提高、慈善文化的弘扬,需要有相应的税收等方面的政策激励。现阶段第三次分配的作用是有限的,需要培育,但相信其作用随着现代化进程的不断推进会逐渐增大。

总的来说,贯彻新发展理念的中国式现代化新道路是对中国式现代化的成功推进和拓展,不仅是马克思主义经济学说同中国具体实际相结合的道路,也是现代化的一般理论与中国国情相结合的道路。这是发展中大国特有的现代化之路。

第十章
科技创新引领现代化

创新是引领发展的第一动力,也是中国式现代化的第一动力。中国式现代化蓝图明确把创新同改革并列为发展的根本动力,强调坚持创新在现代化建设全局中的核心地位。党的二十大要求,加快实施创新驱动发展战略。坚持面向世界科技前沿、面向经济主战场、面向国家重大需求、面向人民生命健康,加快实现高水平科技自立自强,发展新质生产力。2024年1月31日,习近平总书记在二十届中央政治局第十一次集体学习时指出,新质生产力"特点是创新,关键在质优,本质是先进生产力"。具体来说:"要以科技创新推动产业创新,特别是以颠覆性技术和前沿技术催生新产业、新模式、新动能,发展新质生产力。"

第一节
创新在现代化建设全局中的核心地位

改革开放以来,中国经济增长举世瞩目,但这种增长很大程度上建立在要素投入的基础上。随着人口红利的消融和资源环境承载力逼近上限,传统的发展模式将难以为继,使得我国必须适应当代科技发展的规律,培育参与全球竞争的新优势,科技创新引领现代化是中国式现代化建设的必然选择。

一、经济发展方式的创新

最早的创新思想可追溯到马克思在《资本论》中所提出的自然科学在技术进步中的作用。根据马克思的概括,"脑力劳动特别是自然科学的发展"是社会生产力发展的重要来源。[①] 最早把创新驱动作为一个发展阶段提出来的是波特,他把经济发展划分为四个阶段:第一阶段是要素驱动阶段,第二阶段是投资驱动阶段,第三阶段是创新驱动阶段,第四阶段是财富驱动阶段。

长期以来,我国的经济发展基本上处于要素驱动和投资驱动阶段。要素驱动即依靠物质资源投入的经济发展;投资驱动即依靠高积累低消费的经济发展。经济发展到新阶段,一方面,物质资源和低成本劳动力供给严重不足,要素驱动的经济发展方式不可持续;另一方面,人民群众不可能长期忍受高积累低消费。在此背景下,我国的经济发展需要从要素驱动、投资驱动转向创新驱动。

创新驱动成为新的经济发展方式,可以从四个方面来说明:一是现有的资源容量(尤其是能源和土地)难以支撑经济的持续增长,必须寻求经济增长新的驱动力。创新驱动就是创造新的发展要素。知识和技术本身就是无形要素,创新带来的新知识、新技术作为新的发展要素,不仅可以替代物质资源投入,而且效率更高。当然,创新驱动不是不要投入物质资源,而是使投入的物质资源有更高的产出。二是由工业文明转向生态文明的基本要求是人和自然和谐共生,其路径不是控制和放慢工业化进程,而是依靠科技创新开发并应用低碳技术、能源清

---

① [德]马克思:《资本论》第3卷,人民出版社2004年版,第96页。

洁化技术、循环经济技术，发展环保产业，从而实现对高排放高能耗产业和技术的强制淘汰和替代。三是国家的竞争力在于其产业创新与升级的能力。产业结构优化升级需要有创新的新兴产业来带动。我国成为世界第二大经济体后，没有理由再错过新科技和产业革命的机会，需要依靠科技和产业创新，发展处于世界前沿的新兴产业，占领世界经济和科技的制高点，提高产业的国际竞争力。四是我国经济体大而不富，原因是许多中国制造的产品处于价值链的低端，核心技术、关键技术不在我们这里，品牌也不在我们这里，由此产生高产值低收益问题。要改变这种状况只能依靠创新驱动由中国制造转为中国创造和"智造"，进入全球价值链的中高端。

根据现代化的要求，创新驱动着力培育发展新动能，主要涉及以下两个方面：

一方面，发展新质生产力。经济发展的每一个时期都会产生反映当时最新科技水平的新产业和新动能，这被称为新质生产力。伴随着时代发展、科技进步出现的新质生产力，可以说是每个经济时代的新动能。当前的新质生产力是对新科技革命产生的新科技生产力、数字经济发展产生的数字生产力、新能源革命产生的绿色生产力的概括。既包括互联网、物联网、云计算、电子商务等新兴平台和业态，也包括制造业、服务业和农业中的人工智能、机器人、柔性化生产和定制化生产等。

另一方面，转向内生性技术进步。依靠新知识、新技术对资本、劳动力、物质资源等有形要素进行优化组合，改造物质资本、提高劳动者素质和科学管理水平，创造出新的发展要素。虽然自主创新不排斥引进和利用国外先进技术，但以其为基础的经济增长属于外生的。特别是在我国进入现代化阶段，与国外技术距离缩短甚至进入并跑和领跑阶段时，只有依靠自主创新的技术推动的内生经济增长才是可靠的和可持续的。

长期以来，我国驱动发展的先进技术很大程度上是外生的。主要表现为创新的先进技术大多是引进和模仿的，先进产业大多是加工代工型的。这种模式的技术创新基本上属于国外创新技术对我国的扩散，创新的源头在国外。采用的新技术是国外已经成熟的技术。这种技术创新的意义在于缩短我国与国际技术水平的差距,但不能进入国际前沿。现在我国在成为世界第二大经济体后,一方面已经具备了自主研发新技术的能力;另一方面西方发达国家不愿意看到中国成为经济强国,他们会在"中国威胁论"的幌子下竭力打压中国的科技和经济发展,明显加大对中国的高技术封锁,贸易摩擦不断升级。这就逼着我国着力推进科技创新,立足于自主创新,发展具有自主知识产权的技术和产业。因此,创新驱动的着力点是提高原始创新、集成创新和引进消化吸收再创新能力。在此基础上推动科技创新成果转化为现实生产力,实现产业创新,建设现代化产业体系。

二、作为现代化基本驱动力的科技创新

诺贝尔经济学奖获得者西蒙·库兹涅茨考察了欧美发达国家近百年经济发展的进程,在关于现代经济增长的定义中,他认为技术进步已成为一个国家经济长期增长的基础:"标志着现今这个经济时代的重大创新是科学被广泛地运用于经济生产领域的问题。"[①]知识和技术上的创新是任何重大经济增长的前提。

在现代化阶段,发展的基本动力转向了创新驱动。这个理论界定同我国发展的现实是一致的。发展动力不转向科技创新,实现现代化也就成为空话。

最早在经济上使用创新概念的是熊彼特。在他看来,创新即生产要素的新组合,创新领域可以简单地概括为产品创新、技术创新、市场创新和组织制度创新。后来弗里曼进一步将创新定义为新发明、新产品、新工艺、新方法或新制度第一次运用到经济中去的尝试。此定义特别强调"第一次运用":创新是指新发明第一次引入商业的全过程。创新的全过程包括发明、创新和创新的扩散三重概念。其中发明是指为新的或改进的产品、工艺或制度而建立的新思想、图纸或模型,通常表达一种前所未有的构思。创新的扩散是指创新的成果经过全体潜在采纳者之手扩散并提高全社会生产率。

诺贝尔经济学奖得主费尔普斯对创新的定义也是强调新技术、新发明的应用。他认为,创新是指新工艺、新产品在世界上的某个地方成为新的生产实践。

---

① [美]西蒙·库兹涅茨:《现代的经济增长:速度、结构与扩展》,戴睿、易诚译,北京经济学院出版社1989年版,第7页。

他特别强调经济学家与科学家对创新定义的差别：对经济学家来说，创新就是指新实践，而不仅仅是开发；而科学家则习惯把新工艺和新产品的发明都称为创新，不管用户是否接受。

OECD对创新的定义较为具体，其认为创新是一种新的或做出重大改进的产品（商品和服务）或工艺、一种新的市场经营模式，抑或是在商业实践、工作组织或外部关系中一种新的组织方式的实施过程。

以上各家对创新的定义有一个共同的特点，就是强调创意和新发明的应用。正如熊彼特所说，仅仅制造出令人满意的肥皂是不够的，诱导人们去清洗东西同样必要。这就是说，发明并不完全等同于创新，创新要求将创意落到实处。只有创造出价值时，发明才具有创新的价值。

2016年G20杭州峰会通过的《二十国集团创新增长蓝图》对创新的含义曾有完整的阐述："创新是指在技术、产品或流程中体现的新的和能创造价值的理念。创新包括推出新的或明显改进的产品、商品或服务，源自创意和技术进步的工艺流程，在商业实践、生产方式或对外关系中采用的新的营销或组织方式。创新涵盖了以科技创新为核心的广泛领域，是推动全球可持续发展的主要动力之一，在诸多领域发挥着重要作用，包括促进经济增长、就业、创业和结构性改革，提高生产力和竞争力，为民众提供更好的服务并应对全球性挑战。"

创新既是不竭的动力，也有丰富的源泉，如文化创新、制度创新、管理创新、市场创新、技术创新、科技创新等。在我们所考察的创新驱动的经济发展方式中，科技创新是核心。进入推进现代化的新阶段，科技创新有以下两个新的特点。

第一，过去常用的概念是技术创新，现在更强调科技创新。这实际上反映了创新源头的改变。技术创新多是源于生产中经验的积累、技术的改进和企业内的新技术研发。过去由科学发现所推动的技术进步，会间隔很长的时间，往往需要几十年甚至上百年。现在的技术进步更多来源于科学的发明。特别是在20世纪后期产生新经济以来，科学上的重大发现从发现到应用于生产，再到转化为现实生产力，所需时间越来越短，缩短到十几年甚至几年。现在，从科学发现到生产应用（尤其是产业创新）几乎是同时进行。这意味着利用当代最新的科学发现的成果迅速转化为新技术可以实现大的技术跨越。例如，新材料的发现、信息技术和生物技术的突破都迅速转化为相应的新技术。这种建立在科技创新基础上以科学发现为源头的科技进步模式，体现了知识创新（科学发现）和技术创新的密切衔接和融合，是技术进步路径的革命性变化。

第二，科技创新强调创新成果的转化和应用。科学技术现代化有两个层次：一是科学技术本身的现代化；二是生产和服务领域掌握现代科学技术，现代科学技术是现代化的基础和动力。科学技术的突破和高科技产业化已经成为科学技术现代化不可分割的两个方面。从现代化角度界定的科技进步，突出的是科学的应用。对发展中国家来说，其现代化的一个必要途径是分享和利用国际最新科学技术。

科技现代化的直接作用是产业现代化，形成自主可控的现代产业体系。提升一个国家和地区的现代化水平，最为重要的是发展该时代处于领先地位的新兴产业，特别是主导产业的更新，培育一国产业拥有可与世界级竞争对手较劲的竞争优势。在现阶段依靠科技创新发展的现代产业主要涉及三个方面：一是发展知识密集型的高科技产业。二是发展绿色产业。所有产业都需要得到创新的绿色技术的改造，实现低碳、低排放、低能源消耗。三是传统产业采用现代技术，或者进入新兴产业的产业链。因此创新驱动要实，实就实在产业化创新。由此形成的新的增长点，既包括培育前瞻性战略性新兴产业，又包括高科技产业化，实现工业化与信息化、绿色化的融合，同时还要创新改造传统产业的新技术。

三、进入创新型国家前列

现代化国家都是创新型国家。当今世界国家可以分为三类：一是资源型国家，主要依靠自身丰富的自然资源增加国民财富，如中东产油国家；二是依附型国家，主要依附于发达国家的资本、市场和技术，如一些拉美国家；三是创新型国家，把科技创新作为基本战略，大幅度提高自主创新能力，形成日益强大的竞争优势。创新型国家是以创新驱动经济和社会发展的国家，因而有较强的自主创新能力。当前，公认的创新型国家主要有美国、芬兰、丹麦、日本、德国、英国、瑞典、瑞士、加拿大、荷兰、新加坡、法国、奥地利、以色列、比利时、澳大利亚、冰岛、挪威、爱尔兰、意大利等。

科技创新成为经济发展的主要动力是建成创新型国家的重要标志。我国建设创新型国家的目标非常明确:全面建成小康社会时进入创新型国家行列;基本实现社会主义现代化时进入创新型国家前列;全面建成社会主义现代化强国时成为世界科技强国。

根据各个创新型国家的经验,建成创新型国家有以下五个评价标准:一是高强度的研发投入。创新型国家的研究与试验发展(Research and Experimental Development,R&D)资金投入占GDP的比重一般都在2%以上。据2019年数据,美国研发投入占GDP的比重为3.1%,日本为3.2%,德国为3.2%;以色列和韩国则分别达到了4.9%和4.6%,研发强度最高。根据世界银行统计,在全球R&D投入中,美国、欧盟、日本等发达国家和地区占到极高比例。二是创新产出能力强。创新产出能力主要表现在科技论文、发明专利和高技术产业产出三个方面。三是科技进步贡献率高。发达国家的科技进步贡献率一般都在70%以上,因此有较强的自主创新能力。研究表明,创新型国家对引进技术的依存度均在30%以下。四是支持创新的基础设施完善和社会文化发达,包括教育(尤其是高等教育)发达,以互联网为代表的信息化水平高,知识产权保护力度大,形成支持创新的文化和氛围。五是集聚创新要素,风险资本投资活跃。创新要素主要包括高端创新创业人才、科技企业家、研发机构,以及风险和创业投资等。

目前我国同这些创新型国家相比还存在一定的差距。以上创新型国家的评价标准也就成为我国进入创新型国家前列的参照系。

第二节
科技和产业革命及现代化的机遇

每一次现代化浪潮都是由科技革命或产业革命推动的。谁抓住了科技和产业革命的机会,谁就跨入了现代化的大门。也有一些国家虽然没有抓住科技和产业革命的机会,但凭借其持续的科技创新和产业创新,同样敲开了现代化的大门。

一、新科技和产业革命的特点

科技革命即科学的突破性发现。产业革命即科技革命引领的产业的革命性变化。研究世界科技和产业史,可以发现科技革命和产业革命有时重合,即科技革命直接带来产业革命;有时不重合,即科技革命没有同时带来产业的革命性变化。根据熊彼特对资本主义的经济发展过程的分析,第一次科技革命即第一次产业革命,大约是从1783年到1842年,产生了蒸汽机,由此产生的热力成为主要动力。第二次科技革命是从1842年到1897年,即蒸汽机成为主要动力机械后人类进入钢铁和铁路时代。第三次科技革命即第二次产业革命,是从1897年开始直到20世纪40年代初期,电力成为新动力,电动机和内燃机得到普遍应用后人类进入电气、化学和汽车时代。第四次科技革命可以从1946年世界出现第一台可编程计算机算起,以信息技术为代表,特别是到20世纪末产生了电子信息网络,网络计算能力成为新动力,使从战后开始的科技革命达到最高峰。研究之前的两次产业革命,其基本特征是产业动力的革命:第一次产业革命带来的是蒸汽动力,第二次产业革命带来的是电气动力。如今,新能源技术、生物技术(生物医药、生物能源等)、环保技术与第四次科技革命的互联网等信息技术结合所产生的新的动力革命标志着第三次产业革命的到来。新能源将替代前两次产业革命的动力——化石能源,给各个产业带来革命性变化。与此同时,随着数字经济的到来,算力成为新的动力。

科技创新与科技革命是互动的关系。科技创新是量变,科技创新累积到一定阶段就产生科技革命。一场科技革命下来又可能产生一系列持续不断的以此成果为基础的科技创新,其直接成果是产业创新。一般情况下都是先有科技创新后有产业创新。从过去的几次科技革命来看,科学上的重大发现从发现到应用于生产,再到转化为现实生产力,所需的时间越来越短。例如,蒸汽机从开始研制到18世纪定型投产用了近90年;从1831年发现发动机原理到1872年发明发动机,经历了41年;19世纪内燃机从研究到工业化用了38年。20世纪从发现雷达原理到制造出雷达用了10年,从发现铀核裂变到制造出原子弹用了7年,半导体的发明用了6年,晶体管的发明用了5年,移动电话的发明仅用了4

年,而激光从发现到应用间隔不足2年。现在从科学发现到生产应用(尤其是产业创新)几乎是同时进行。这意味着新科技革命使科学转化为生产力的过程发生了质的变化,科学技术真正上升为第一生产力。利用当代最新的科学发现可以实现大幅度的技术跨越,经济增长速度主要由科学转化为现实生产力的速度决定。正是科学新发现迅速转化为新技术使知识创新成为经济学上创新的环节或源头。

二、 当代世界的重大科技创新

当前世界范围内的重大科技创新突出表现在以下方面:

大数据。工业化时期数据量大约每十年翻一番,现在数据量每两年就翻一番。浩瀚的数据海洋就如同工业社会的石油资源,蕴含着巨大生产力和商机。谁掌握了大数据技术,谁就掌握了发展的资源和主动权。大数据依托计算机和互联网,具有4V特点,即volume(大量)、velocity(高速)、variety(多样)、value(价值),基础是各个参与者都在提供经过分析和处理的数据。大数据越来越成为经济发展的资源。现代科技创新如人工智能的基础就是大数据,现代市场营销的基础也是大数据。这都表明大数据已经成为经济发展的重要因素。

先进制造。依托信息技术、人工智能等新科技,诞生了3D打印、无人驾驶等绿色化、智能化、柔性化、网络化的先进制造业。先进制造不仅会从源头上有效缓解资源环境压力,而且还引发了制造业及其相关产业链的重大变革,如3D打印可能减少产业链的环节。

量子调控。科学家们开始调控量子世界,这将极大推动信息、能源、材料科学发展,带来新的产业革命。我国发射了量子人造卫星,量子通信已经开始走向实用化,这将从根本上解决通信安全问题,同时将形成新兴通信产业。

人造生命。2010年第一例人造生命——完全由人造基因控制的单细胞细菌诞生,打破了生命和非生命的界限,为在实验室研究生命起源开辟了新途径。人造生命研究不仅对人类认识生命本质具有重要意义,而且在医药、能源、材料、农业、环境等方面展现出巨大潜力和应用前景。

以上仅指出了具有代表性的新科技,依托重大科技向产业链高端发展,主要表现在移动互联网、智能终端、大数据、云计算、高端芯片等新一代信息技术发展将带动众多产业变革和创新；围绕新能源、气候变化、空间科学、海洋开发的技术创新更加密集；绿色经济、低碳技术等新兴产业蓬勃兴起；生命科学、生物技术带动形成庞大的健康、现代农业、生物能源、生物制造、环保等产业。

2013年德国推出的"工业4.0"计划，是继机械化、电气化和信息技术之后，以智能制造为主导的第四次工业革命。现在"工业4.0"已由概念走进现实，产生了智能工厂、智能生产、智能物流。基于新一轮科技和产业革命蓄势待发的趋势，我国制定的制造强国战略，确定了包括新一代信息技术产业、高档数控机床和机器人、航空航天装备、海洋工程装备及高技术船舶、先进轨道交通装备、节能与新能源汽车、电力装备、农机装备、新材料、生物医药及高性能医疗器械等在内的重点领域。

过去的几次重大科技革命都首先产生于发达国家，我国由于发展水平等原因错过了几次科技和产业革命的机会。后发国家现代化的一个必要途径是分享和利用国际最新科学技术。如库兹涅茨所说的，新发明和新技术"大部分是发达国家的产物，任何国家的经济增长都依赖于这些发明的利用"[①]。因此，"某个特定国家对现代经济增长的参与是一个学习和直接利用国际性技术和社会知识的问题"[②]。一般说来，发展中国家获取发达国家创新知识有后发优势：企业之间、国家之间在知识创新投入上的差异，最终表现为经济增长速度和经济增长质量上的差异。这种差异可以通过国际贸易得到改善，因为国际贸易可以促进知识在国际间的传播，减少后进国家的研发费用，从而间接达到增加发展中国家资本积累的目的。这么多年来我国依靠开放型经济，引进和利用外资，学习和分享国际先进技术，但这还只是跟随型创新。这种跟随型创新对发展中国家来说在一定的发展阶段是必经的过程。跟随发达国家学习和引进国际先进技术虽然能提升我国自身的技术和产业水平，但不能改变后进地位，也谈不上现代化，还会受

---

① [美]西蒙·库兹涅茨：《现代经济增长：速度、结构与扩展》，戴睿、易诚译，北京经济学院出版社1989年版，第250页。
② [美]西蒙·库兹涅茨：《现代经济增长：速度、结构与扩展》，戴睿、易诚译，北京经济学院出版社1989年版，第255页。

制于人。这种路径创新的源头在国外,学习的技术在发达国家已经是成熟技术,发展的新产业也已经是国际市场上产能开始过剩的产业了,而且随时会遇到断供。

我国推进现代化所面临的国际经济和科技环境发生了重大变化。世界是平的,经济全球化和科技全球化的互动,使正在发生的新科技和产业革命的机会对各个国家都是均等的。在此背景下,我国不能再错过这次新科技和产业革命的机会。我国推进现代化应直接瞄准国际最新技术,与发达国家并跑,实现跨越式发展。其他国家能够研究和开发的新科技、新产业,我国同样也可以研究和开发。其现实可能性主要体现在中国已成为世界第二大经济体,人均GDP达到中等偏上收入国家水平,经济发展跃上新台阶。在全球化、信息化、网络化的背景下,我国与其他发达国家进入同一创新起跑线的基础性条件是,大学和科研机构掌握的高科技研究成果的国际差距,相对来说,要比高科技产业的国际差距小,科学研究没有国界。只要能够着力推进科学发现向新技术的转化,最先应用新发明,就可以产生具有自主知识产权的创新成果,占领世界科技和产业的制高点。

由跟随创新转向与发达国家并跑,反映了我国经济和自主创新能力的提升。所谓并跑是指在创新上主攻相同方向。库兹涅茨把现代经济增长看作以划时代的创造发明为基础的一个过程,科技和产业的"时代划分是以许多国家所共有的重要创造发明为依据的。这是现代经济增长的一条特殊真理"。[①] 具体地说,在现代具有划时代意义的创造发明是清洁能源、新材料、生物技术、节能环保技术等。这些新科技成为我国科技创新的主攻方向,表明我国与发达国家开始并跑,甚至进入同一创新起跑线。

自主创新不等于封闭创新。各个国家主攻相同方向的科技和产业,所产生的新知识、新科技可以在世界范围内传播。我国的自主创新不但不拒绝接受其传播,而且还要积极吸收和引进。在主攻同一创新方向过程中吸收和引进新发

---

① [美]西蒙·库兹涅茨:《现代经济增长:速度、结构与扩展》,戴睿、易诚译,北京经济学院出版社1989年版,第251页。

明、新技术,不只是为了避免重复研究并节省研发费用,更为重要的是要保持自己在具有划时代意义的创新领域的领先地位。这种学习和引进已经不是过去意义上的跟随创新,而是占领科技和产业创新世界制高点的必要途径。如我国近年来发展起来的高铁技术,其中的许多技术可能是引进的,引进的技术与自主创新的技术集成使我国的高铁技术进入世界前列。

三、自立自强的科技战略

由于发展中国家与发达国家的差距突出表现在科技现代化水平上,因此追赶发达国家的科技水平成为我国现代化建设的重点。由于技术产出的溢出效应及其在一定程度上所呈现的公共物品性质,技术信息在国家之间的交流有助于每个国家的经济增长。知识资本的国际传播越是频繁,每个国家的研发创新成本就越低。目前,伴随着逆全球化思潮的抬头,经济全球化进程受到阻碍,科技封锁愈来愈常态化,原有的技术引进或者模仿创新途径将遭遇瓶颈。以美国为首的西方国家对我国的战略打击已延伸至高科技领域,特别是高端芯片、5G、航空航天等领域成为竞争的主战场。如果发达国家进一步强化科技遏制,对我国开展"科技冷战",则我国外部创新资源的利用将变得异常困难。在贸易壁垒日趋严重、国际贸易形势充满不确定的背景下,我们迫切需要更加注重科技的自立自强,以自主创新为主,尽可能利用外部创新资源,加快实现关键领域及相关"卡脖子"技术的突破性创新。

我国的科技创新已从以跟跑为主转向跟跑和并跑、领跑并存的新阶段。中国的现代化由追赶型转向赶超型,技术创新也就不能再停留在跟随创新的阶段。我国不仅要同发达国家并跑,更要领跑。所谓领跑就是与未来接轨,直接瞄准国际最新技术取得突破性进展,在重要科技领域成为全球领跑者,在前沿交叉领域成为开拓者,成为世界主要科学中心和创新高地。这种领跑者地位不是在实现现代化以后形成的,而是要在现代化进程中就不断开拓领跑领域。只有这样,才能实现中国式现代化的目标。

立足于自主创新,形成具有自主知识产权的关键技术和核心技术。关键在两个方面:一是提高科技创新能力,尤其是知识创新能力;二是解决好知识创新和技术创新对接的载体和路径。

目前我国同发达国家科技经济实力的差距主要体现在创新能力上,要在创新的源头上提高创新能力,包括科学新发现所产生的原创性创新成果、对引进的先进技术的再创新,形成具有自主知识产权的关键技术和核心技术。着力点就是加大进入世界前沿的基础研究的力度,提高知识创新能力。其路径包括实施一批国家重大科技项目,在重大创新领域组建一批国家实验室,中国的科学家提出并牵头组织国际大科学计划和大科学工程,等等。依托这些项目和载体,可以产生突破性重大知识创新成果。不仅如此,由于新技术的知识产权限制,新技术的国际流动性明显弱于科学和知识的国际流动性。大学利用国际最新科学发现进行技术创新,可能实现技术的跨越;依托大学的知识创新,企业的技术创新就可能在许多领域得到当今世界最新科学技术的推动。

科技自立自强战略的基础是,既有一批高水平研究型大学,有能力跟踪世界高科技发展,又有一批成为创新主体的企业,有能力推进高科技产业化,形成支持科技创新的生态环境,包括人才环境、创新成果供给环境、创新文化环境和制度环境。

提升创新能力要求对研究开发活动有高强度的投入。根据国家统计局、科学技术部和财政部联合发布的《2020年全国科技经费投入统计公报》,2020年我国共投入R&D经费24393.1亿元,比上年增长10.2%,R&D经费投入强度(与GDP之比)为2.4%。从创新投入来看,我国已经在追赶甚至超过某些发达国家水平,但是在某些领域(如高端芯片),我国仍迫切需要实现突破性创新,以更好地突破贸易壁垒背景下的各种技术封锁与发展制约。对我国来说,追赶发达国家的科技水平,不只是在某个和某几个领域取得突破,而是既要全面又要持续。因此需要实施科技自立自强战略。

从提升创新能力考虑,孵化和研发新技术是创新投资的重点环节。在以科学新发现为源头的创新路线图中,它是科技创新的中游环节。从产学研合作角度分析,它是连接知识创新和技术创新的桥梁和纽带。越来越多的新技术、新产品和新企业在这个阶段产生,成为创新驱动经济发展的重要表现。

在主要依靠物质资源推动发展阶段,对人力资本的要求不是很高。而在依靠创新驱动经济增长阶段,人力资本成为主要的创新要素,人力资本投资将成为投资重点,这就要求提高人口素质,提升受过高等教育人口的比重。高端人才的引进和培养、劳动者素质的提高,越来越成为创新驱动所关注的重点,这些正是人的现代化的必要途径。

第三节
国家创新体系和创新链

由于发展中国家与发达国家的差距突出表现在科技现代化水平上,因此追赶并赶超发达国家的科技水平成为我国现代化建设的重点。对我国来说,科技现代化不只是在科技领域取得突破,还要推进产业和技术创新。提高整个国家的自主创新能力,需要建立国家创新体系来保障。

一、 国家创新体系

OECD提出的国家创新体系概念是,创新需要使不同行为者(包括企业、实验室、科学机构与消费者)之间进行交流,并且在科学研究、工程实施、产品开发、生产制造和市场销售之间进行反馈。因此,创新是不同参与者和结构共同体大量互动作用的结果,把这些看成一个整体就称作国家创新体系。[1]

可见,国家创新体系理论不仅指出了从科学研究到新产品新技术研发再到其进入市场的路线图,而且指出了在此路线图中创新的不同参与者(包括企业、实验室、科学机构与消费者)之间的互动和交流。在创新的实践中,国家创新体系的内涵和外延都在扩大。我国的《国家中长期科学和技术发展规划纲要(2006—2020年)》指出:"国家科技创新体系是以政府为主导、充分发挥市场配置资源的基础性作用、各类科技创新主体紧密联系和有效互动的社会系统。"目前,我国基本形成了政府、企业、科研院所及高校、技术创新支撑服务体系相互衔接的创新体系。

国家创新体系涉及三大创新体系:一是知识创新体系,包括基础研究、前沿

---

[1] 经济合作与发展组织(OECD):《以知识为基础的经济》,杨宏进、薛澜译,机械工业出版社1997年版,第11页。

技术研究、社会公益性技术研究。这些研究属于知识创新的范围,在知识创新体系中,研究型大学及其科学家是创新主体。高水平研究型大学、高水平研究机构及与此相关的国家实验室、国家重点实验室、国家工程实验室、国家工程技术研究中心、国家工程中心、国家企业技术中心、国家级高端研发平台等,不仅是国家基础科学和战略高技术研究的重要基地,也是科技人才培养高地。二是技术创新体系,即企业为主体、市场为导向、产学研相结合的技术创新体系。企业不仅是采用新技术的主体,更是研发新技术的主体。三是现代产业体系。科技创新会落脚到产业创新上。现代产业体系有两个重要特征:"群"与"链"。"群",即产业集群;"链",即产业链。

二、科技创新链

科学技术突破和高科技产业化已经成为科学技术现代化不可分割的两个方面,形成创新链。在新科技革命的背景下,核心技术是国之重器,培育核心技术的技术创新的源头在大学和科研机构的科学新发现,即知识创新。因此科技创新的全过程的起点是知识创新,其中包括新创意,接下来经过基础研究成果孵化为新技术的环节、采用新技术的环节(包括科技创业环节),最终进入高新技术产业化阶段。这样,整个创新链如下图:

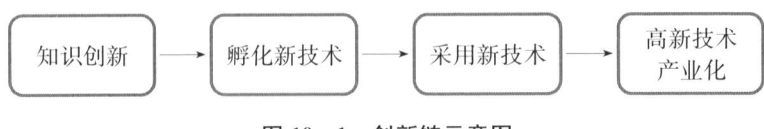

图 10-1 创新链示意图

科技创新链的各个阶段中,创新的内容是不一样的。知识创新阶段是基础性科技创新;孵化阶段是应用性科技创新,也就是通常说的发明阶段;采用新技术阶段直至高新技术产业化阶段除了要对采用的新技术进行改良性创新外,还要进行商业模式创新和市场创新。

科技创新的关键在创新的源头即高校和科研机构提供原创性创新成果。由于技术创新速度不断加快,加上受到专利技术的限制,在现有技术轨道进行学习并形成竞争优势的创新模式虽然仍被需要,但已经不完全适应时代潮流,渐进性创新的贡献效果逐渐降低。现代化更需要突破性科研成果,突破性科研成果的基础为一整套不同的科学技术。突破性创新在工艺、产品和服务领域创造出颠覆性的变革，这种变革或改变现有的市场和产业格局，或创造出全新的产业和市场。突破性科研成果的源头正是高校和科研机构。它们搭建了严谨的学术体系，设立了完整的学科门类，在某一专业领域有着长期研究积淀，具有更大概率取得突破性科研成果。

基础研究是创新的源头，需要重视对基础研究的激励，特别关注基础研究成果的转化，也就是孵化和研发新技术阶段。这个阶段需要作为知识创新主体的大学及其科学家同作为技术创新主体的企业及其企业家共同进入。

科技创新链涵盖知识创新到产品市场化的整个产业链，也就是"科研成果—企业产品转化—量产—市场覆盖"的完整链条。科技创新链提供了观察创新活动的独特视角：高校提供原创科研成果，成果转化为创业企业，企业经过研发做出可以实际应用的产品，再经过流水线上的大规模量产，以能够被消费者接受的价格推向市场。对企业来说，科研成果转化为产品后的量产反映创新的成败。量产解决的是如何用新技术造出大规模、低成本、高质量产品的问题。只有实现量产，企业才有可能平摊创新的巨额成本，才有盈利的可能。然而，量产的投入包括建厂房、买设备、招工人等，这些成本很可能是一笔沉没成本。量产还要解决很多具体生产和制造问题。到此，创新的链条仍未结束。只有将产品推向市场，让用户认可，创新的价值才能实现。在创新链条中，用户不是被动的消费者，而是创新的参与者。他们参与创新、推动创新，不断发现新的应用，使创新被越来越多的人接受，覆盖到更大的市场。

三、产学研协同创新

自产生新经济以来，科技创新的新趋势是技术创新和知识创新在高新技术孵化阶段相互交汇。一方面，技术创新的先导环节前移到科学向技术的转化过程；另一方面，知识创新的环节延伸到了科学知识转化为生产力的领域。高科技的孵化领域成为技术创新和知识创新的交汇点。也正是这种创新的交汇产生了知识经济。

早期的技术创新，科学研究与产业实践是脱节的，企业与高校之间没有很好地对接,无法保证创新的持续性和系统性。这种脱节现象表现为科技与经济"两张皮"。我国目前研发投入、科学论文和专利的总量都已居世界前列,但是科技成果转化率长期偏低,企业的技术创新能力不强,未形成创新驱动的发展模式。在许多技术革命频发的基础性行业中,产业的核心技术仍然严重依赖国外。这反映了科技创新链中知识创新与技术创新的脱节。产学研的协同创新提供了知识创新和技术创新有机衔接的机制和路径。通过构建产学研协同创新体系促进科技成果的快速转化,并推动科学研究面向产业创新需求,可以促使我国形成科技发展与产业发展共同进步的格局。

产学研协同创新平台主要建立在新技术孵化阶段。大学的科学家进入产学研协同创新平台意味着知识创新延伸到了孵化阶段,大学的知识创新不再限于创造知识,还涉及将科学研究成果推向应用。而对企业来说,企业的技术创新不能限于自身的研发力量,还需要得到大学和科研机构开发的新技术。企业获取新技术固然可以通过技术交易的途径,但购买技术还有成本效益的考虑,而且企业获取新技术还有自身的特殊要求。因此,企业进入产学研协同创新平台就将技术创新环节延伸到了大学提供的科研成果的孵化阶段。知识创新主体和技术创新主体在孵化阶段交汇,形成企业家和科学家的互动合作。科学家带着知识创新的成果进入高新技术孵化阶段需要以市场为导向,实现创新成果的商业价值;企业家带着市场需求进入高新技术孵化阶段是以技术的先进性为导向,寻求的是学术价值。由此产生两者的相互导向,解决了学术价值和商业价值的结合问题,从而使创新成果既有高的科技含量,又有好的市场前景。这样,在产学研协同创新中,企业、大学、科研院所投入各自的优势资源,在政府、科技服务中介机构、金融机构等相关主体的协同支持下,共同进行技术开发。

在产学研协同之前,创新是偶然、个体化的行为。技术创新体系与知识创新体系通过协同创新对接后,高校多年的科研积累释放出来,进入创新链条,源源不断地把实验室里的最新科技转变为新技术和新产品。

四、科技金融

创新本身需要足够的投入来驱动。金融是现代经济的核心,创新离不开金融资本的支持。诺贝尔奖获得者希克斯在经济史理论中就开创性地提出"金融体系能够为新技术的产生提供大量的资金支持"的观点。以科学新发现为源头的创新涉及产学研多个环节。从产生新思想到孵化出新技术再到应用于生产，最后产品进入市场，每个阶段都需要投入。这意味着创新投入不是单个企业所能解决的，需要动员多个投入主体。特别是在科技创新的前期阶段更需要金融进入，这就提出发展科技金融的要求。科技创新还存在明显的不确定性，创新投入有两个明显的特点。一是投资回收期长。有些创新如生物医药的发明，从科学发现到临床使用要经历很长的时间，投资周期长，期间还需要不间断地投入。二是投资效益的不确定性。一方面，新思想能否孵化为新技术有很大的不确定性；另一方面，孵化出的新技术、新产品能否被市场接受也有很大的不确定性。创新成果的不确定性产生了投资风险。

科技金融是科技创新活动与金融创新活动的深度融合，是由科技创新活动引发的一系列金融创新行为。例如，不同创新阶段的功能不同，这就决定了科技金融进入各个阶段需要采取不同的方式。一是在孵化新技术、新产品阶段，依据科学发现产生的孵化新技术的新思想的项目多而分散，最终的成活率也低，但一旦成功，效益非常明显。通常的投入方式是天使投资之类的风险投资。二是在采用创新成果进行科技创业阶段。新技术、新产品一旦被孵化出来就要飞出孵化器进入创业阶段。这个阶段或者是以新成果创新企业，或者是企业转向采用新技术生产新产品。这时需要的是创业投资。三是基于创新成果的高新技术产业化阶段，即新产品逐渐成长为新兴产业阶段。这时候市场信息较为完全，不仅是科技金融，一般的市场性金融也开始介入了。在创新技术产业化阶段，风险投资可以考虑退出，与此同时银行融资成为主体。

科技金融机制的要义在于，让金融资本参与创新活动，分散科技创新的风险，分享科技创新收益；让科技创新更快、更大地财富化，为金融资本带来更为丰厚的回报。前者指科技资源借助金融实现风险分散和价值发现，金融对科技资源进行开发；后者指科技进步推动生产效率的提高，为金融资本提供了高额回报。

科技金融对技术创新的促进机制主要体现在以下三个方面：一是为技术创

新提供资金支持;二是通过审查机制实现对创新项目的筛选;三是为技术创新提供事后监督管理。发展科技金融要求现有的银行性与非银行性金融机构和金融资本都能进入科技创新领域。这就需要针对现有的金融机构和金融资本的特性,以必要的制度安排进行引导、激励和培育。为此设定的制度安排需要兼顾两方面目标:一方面是能够使更多的科技项目得到金融支持;另一方面是要降低其风险,不影响资金的流动性。科技金融体系建设是科技金融发展的关键,要以创业投资为主导,在政府的引导下,发挥以银行、证券、保险、信托、担保为依托的多层次、多元化、高效率平台的作用。

要特别重视风险投资(创业投资)及相配套的科创板和创业板之类的资本市场的作用。科技创业企业运行的目标是在资本市场上获得高的价值评价。科创板和创业板市场支持风险投资和科技创业。较主板市场宽松许多的上市条件使创新企业的首次公开发行上市变得容易,其功能不仅是为风险投资提供顺畅的退出机制,使风险资本在孵化出高新技术和企业后及时退出并得到回报,保证风险投资的可持续,而且能对为创新作出贡献的企业家、风险投资家和高技术人员起到激励作用。

五、培育技术创新主体

创新系统有两个主要功能:激励创新竞争和发展社会整体创新能力。前者指的是对以企业为主的创新者进行激励和成果保护,后者则主要体现为培育可以为创新者广泛采用的公用知识。企业在创新过程中所运用的知识80%以上为公用知识。企业对只占少数的专用知识的创造是创新竞争的核心,需要得到制度性保障和激励,而专用知识正是在企业吸收社会整体所储存和生产的公用知识后发展起来的。

在国家创新体系中,企业技术创新在于对新知识,特别是源自大学与科研院所的新思想、新概念、新想法及新工具的学习与运用,用以创造新的社会价值和经济价值。故市场成功是其创新的判断标准,也是其创新的根本动力。当代创新表现出日益强烈的多技术、动态性、以科学为基础和以组织为载体的特征。与大学等科研机构相比,企业更能够适应当代创新的这些要求,企业开发的项目更容易与市场贴近、更容易与生产贴近。

企业不仅仅是技术创新成果的消化者、应用者和新技术产业化的实践者,更是科技创新的投资者,从而是技术创新风险的承担者。在产学研协同创新中,要克服知识创新和技术创新之间的断层,就必须真正确立企业在孵化新技术阶段的主体地位。其必要性体现在三个方面:一是技术创新的主要过程都是通过企业实现的;二是——也是更为重要一点——孵化出的新技术必须要具有商业价值和产业化价值,能够确定其商业和产业化价值的只能是企业;三是孵化新技术需要足够的投资,这些投资可能通过高科技产品进入市场从而得到回报。因此,孵化高科技的投资主体应该是企业。

企业作为创新主体关键在于培育科技企业家。科研成果成功地转化为现实产品是创新链的关键环节,执行这项任务的主体是企业家。虽然国家大力提倡科研人员创业,但是,从科研成果被验证到产品上市,中间需要几年的研发周期和大量的研发投入;科研人员也需要从头学习经商、建立融资人脉,成功转型的可能性并不高。长期以来科研成果转化不尽如人意,一方面是知识产权保护和商业信用环境的问题,另一方面是科技企业家缺乏的缘故。

建设激励科技企业家成长的制度对培育创新主体最为重要。一个区域、一个企业能否转向创新型经济就看是否拥有科技企业家。科技企业家向哪里集聚,哪里就可能形成科技创新和科技创业的环境。科学家实践化成为科技企业家,企业家知识化成为科技企业家,是推进产学研协同创新的主观条件。科技企业家与一般的企业家不同,是既有深厚的学科知识,又有敏锐的商业化眼光的经营人才。企业家没有相应的知识层次,没有科技视野,就不知道科技创新的方向,也就不知道怎样去开发知识产品、如何与科学家合作。培育和集聚科技企业家的基本条件是要有科技企业家成长的土壤和制度生态。

六、大众创新、万众创业

实现以创新驱动现代化,需要形成大众创新、万众创业的氛围。所谓大众创新、万众创业不是每个人都去创业,而是指大众各尽所能地参与到创新创业过程中。

创新创业过程与生产过程不完全相同。创新创业过程虽然也需要物质资源和劳动的消耗，但更为重要的是智慧和创意。创新所依赖的资源主要是人力资源，人力资源不是一般的知识和技能。就如诺贝尔经济学奖得主费尔普斯所说，基本要素是想象力或创造力，即对可能开发和推广但还没有人想到过的事物的构想。这就是说，知识类人力资本是创新所依赖的资源，但更为重要的是想象力或创造力，是新的创意，也就是可以转化为新技术的商业化的创意。创新创业过程就是从创意开始的。费尔普斯描述的大众创新、万众创业的景象就是，有创新思想的人士提出创意；不同投资主体的参与，如天使投资人、风险投资家、商业银行、储蓄银行和风险投资基金等为创意提供风险投资；不同生产商的参加，如创业公司、大公司及其分支机构将创意转化为创新创业的实践；创新成果出来后又有各种市场推广，包括制定市场策略和开展广告宣传等活动；终端客户又会对创新成果进行评价和学习，在这里消费者也介入并引导创新。现代经济把各种类型的人都变成了"创意者"，金融家成为思考者，生产商成为市场推广者，终端客户成为"弄潮儿"。[①]

在由创意到创新再到创业的过程中需要孵化器。孵化新技术的孵化器是指一个能够在企业创办初期举步维艰时，提供资金、管理等多种便利，旨在对高新技术成果、科技型企业和创业企业进行孵化，以推动合作和交流的集中的空间。孵化器具有共享性和公益性的特征，主要功能是为高新技术成果转化和科技企业创新提供优化的孵化环境和条件，包括提供研发、中试、科技和市场信息，通信、网络与办公等方面的共享设施和场所，系统的培训和咨询，政策、融资、法律和市场推广等方面的服务和支持，等等。孵化器更加注重创业，着重建立"创业苗圃—孵化器—加速器"创新服务体系，为创业者提供几乎成本为零的创业环境，还通过物理空间和相对完备的孵化服务体系让创新种子生根发芽，孵化出企业，并且推动上市。这是一个全产业链的过程与关系。

---

① 参见［美］埃德蒙·费尔普斯：《大繁荣》，余江译，中信出版社2018年版。

第十一章
现代化的区域协调

中国是发展中大国,幅员辽阔、人口众多,各地因地理区位和历史发展等因素差异明显,经济社会发展水平很不平衡。改革开放以来,中国曾经实施允许一部分地区先富起来的政策,效果非常明显。与此相伴的问题是地区差距进一步扩大。进入新时代,开启现代化新征程,根据协调发展的理念需要推动区域协调,促进地区之间的共同富裕。现代化区域协调的关键是后发地区实现现代化的跨越,与先发地区一体实现现代化。这需要建立先发地区和后发地区彰显优势、协调联动的机制。

第一节
区域发展差距

区域发展差距是由多方面因素导致的，剖析各类因素对区域发展差距的影响，对于探索不同区域的现代化路径非常重要。

一、区域自然条件差异

自然条件包括自然环境和自然资源两个方面，不同区域的气候水文、地理位置、地质地貌等环境因素，以及各种矿产、动植物等资源因素不尽相同。自然条件对区域发展有着最原始的影响。马克思曾把自然条件差异所形成的劳动生产率称为劳动的自然生产率差异。

自然条件差异对区域发展差异的影响主要体现在四个方面。一是自然条件为经济发展提供物质基础，尤其是那些资源型产业对自然资源的依赖性很大，自然禀赋的分布差异会使区域经济发展出现不平衡。二是农业受自然条件的影响很大，农业占比大的地区，自然条件也将影响第二、三产业的发展水平，进而形成区域间产业结构的差异。三是自然条件的区域分布会对经济发展的空间结构产生影响，各个经济中心和经济地带的分布背后都有相应的自然条件分布。四是自然条件通过影响当地人的生活方式和经济发展，进而影响当地社会和文化的发展。

根据马克思的分析，不同区域的自然条件有两点不能忽视。一是交通条件，很多地方经济落后是因为被交通条件边缘化。交通条件是可变的，如铁路通达后原先的水运中心可能会因没有铁路经过而衰落。现在，高铁、高速公路是否通达成为地方经济发展的重要条件。二是人口密度。人口密度高的地区经济发达，反之则经济欠发达。原因是人口密度越高，经济机会越多。

依据人口密度标出的著名的"胡焕庸线"实际上标出了我国经济发达地区和欠发达地区的分界线。地理学家胡焕庸从人地关系的角度研究我国人口问题和农业问题，1935年提出中国人口的地域分布以瑷珲（今黑河市南）—腾冲一线为界,划分为东南与西北两大基本差异区。根据其当时的分析,在此线之东南,全国36%的土地,养活全国96%的人口;反之,在此线之西北,在全国64%的土地上,只有全国4%的人口。这就是说,同全国平均人口密度相比,东南部高出2.67倍,而西北部仅及其1/16。在二者之间,平均人口密度成42.6与1之比。之后的数次人口普查数据显示,种种自然和人为的人口迁徙并没有撼动"胡焕庸线"确定的人口分布格局。

值得注意的是,尽管自然条件对区域发展差异有重要影响,但随着科技经济发展,自然条件对区域经济发展的作用越来越小;越是生产力发达的区域对自然条件的依赖性越小,反之越大。有关数据表明,20世纪以来,世界对原材料的需求每年下降约1.25%,20世纪末一个单位的工业产品所需要的工业原料至多只有20世纪初的40%。经济的发展逐渐从资源密集型向资本和技术密集型转变,自然条件的优劣差异逐渐不再成为区域差异的决定性因素。但工业生产依然要消耗原料和燃料,特别是农业和采掘业对自然条件的依赖性依然很大,因此自然条件对区域发展差异的影响仍然不可忽视。

二、区域经济社会条件差异

现实中,一个地区的资本(资金)、产业结构、教育和技术水平、基础设施与条件、市场、城市化水平等经济社会条件对区域发展差异的影响比自然条件要大。

第一,资本(资金)。工业区位理论认为,资本是社会生产过程必不可少的要素。没有足够的资金供给,新工业区便不可能形成;没有持续的资金供给,已经形成的工业区也会衰落,这里的工业会向其他地方转移。区域发展所需的资金有内部和外部两大来源。就其内部来源来说,主要指其自身经济发展水平所能提供的资金支持。发达地区的企业利润、财政收入和居民收入高,因此投资也会高;而欠发达地区的企业利润、财政收入和居民收入低,造成了投资和储蓄能力也低。经济发展水平差异本身就造成了地区间的内部资金来源存在差异。就其外部来源来说,发展程度不同的地区,其自身对外部资金的吸引力也存在差异。经济活跃、开放度高、增长率高、法制健全、经济安全性强的地区对外部资金的吸引力更强;反之,经济发展滞后、营商环境不好的地区对外部资金的吸引力则很弱。发展较好的地区,自身造血能力和引进外部资金的能力也较强;发展不好的地区,自身造血能力差,引进外部资金困难。如果不存在政策干预或其他经济冲击,内外部资金积累的差异会进一步扩大地区间的差距。

第二,产业结构。与产业结构相关,不同地区占主导的产业的科技含量、市场价格等因素直接影响其产业利润率。目前中西部地区农业比重大、基础产业比重大,其生产周期长、对市场的应变能力弱,产业利润率相对较低;东部地区工业和服务业比重大、加工工业比重大、产业的科技含量高,其生产周期短、对市场的应变能力强,产业利润率相对较高。目前不同地区因产业结构差异而产生的发展水平差异可以说是地区差异的主要因素。

第三,教育和技术水平。区域教育和技术水平的高低直接影响区域发展水平和创新能力。经济发达地区往往是科教资源及相应的技术要素丰富的区域,同时也能吸引大量的高素质人才,这些要素进一步推动了技术进步。创新制度、科研氛围也会影响一个地区的技术水平。对创新的激励、对知识产权的保护、有利于科研的社会制度和风气等因素都会提高一个地区的创新能力和技术水平。反之,教育和科技水平相对落后的地区经济发展水平不高,创新能力也较差。

第四,基础设施与条件,包括硬件方面的基础设施和软件方面的基础条件。一般来说,发达地区在基础设施和基础条件方面都会好于后发地区。交通、信息等基础设施,高校和科研机构数量和水平、金融发展水平、劳动力素质、地方政府行政能力和办事效率、社会文化等基础条件,在地区之间都是存在差异的,进而造成区域发展差距。

第五,市场。既涉及一个地区的市场化水平,也涉及一个地区的市场容量。市场既涉及要素市场,也涉及商品和服务市场。市场化水平和市场容量的变化都对区域产业结构变化和经济发展有着重要影响。一个地区的要素市场越是完善,越能通过市场获取资源。一个地区的消费水平直接影响市场容量。市场容量越大,对生产和服务的促进越大。人口密度越大的地区经济发展水平越高就是这个道理。市场规模的扩大、市场竞争的加剧和市场变化节奏的加快,使市场活动呈现多样性变化。经济发展水平不同的区域对多变的市场反应不同,进而调节自身结构和政策的速度不同,最终也会造成区域经济发展不平衡。

第六,城市化水平。城市化水平反映一个地区的经济能量的集聚程度。由产业集聚而形成的集聚力能够带来规模经济效益以及外部经济效益。公司和服务业的集聚程度、外资的集聚程度、市场和信息的集聚程度都是经济集聚程度的表现。不发达地区经济落后的重要原因往往在于城市少、城市小、城市功能弱,集聚不了发展的要素。

过大的地区差距会损害欠发达地区的现代化发展能力。这些地区在对资金和人才等资源的争夺中处于不利的地位,进而造成发展动力更加不足,进一步拉大差距,陷入"差距大—发展能力不足—差距更大"的恶性循环。尤其是欠发达地区为了赶超发达地区,有时会不惜破坏当地生态和环境以换取一时的经济增长,而这种短视行为不但对于欠发达地区自身的可持续发展不利,还会影响到发达地区以及全国的经济社会的现代化进程。

过大的地区差距会影响国民经济现代化总体发展。我国中西部是矿产、能源和原材料的主要分布地区,因此也分布着很多资源型产业;而东部沿海地区是我国加工工业和科技工业的集中地区。长期以来,东部沿海与中西部是一种垂直分工关系,中西部为东部经济发展提供能源和原材料。但是,当东部与中西部经济发展差距过大时,资金和人才等资源也流向了东部,东部地区的对外开放使其资源和市场更多面向海外,对中西部资源和市场的依赖性减弱,如此造成了严重的供需不平衡,资源型产业与加工工业严重脱节。这种供需失衡导致中西部地区发展进一步滞后,进而影响国民经济现代化总体进程。

第二节
区域现代化的基本逻辑

推进现代化的区域协调,要基于国情和经济发展规律,本着科学合理的逻辑。针对二元经济结构,遵照共同富裕的要求推进现代化,不能只是关注城市和先发展地区现代化的先行,更要关注农村和后发展地区现代化的跨越,体现以高质量发展实现共同富裕的要求。

一、由不平衡发展战略转向平衡发展战略

根据发展经济学理论,区域发展有两种战略选择,一种是平衡发展战略,另一种是不平衡发展战略。平衡发展战略考虑到各区域生产要素之间的互补性,以及资本的供给和需求间的均衡性,主张在各区域均衡布局生产力,谋求各地区经济均衡增长。不平衡发展战略的理论根据则是,发展中国家资源不足,不具备全面增长的资本和其他资源,再加上人们的投资决策能力存在缺陷,主张集中力量先推动发展基础好的区域的生产力发展,并以它们为动力逐步带动其他区域的发展。其用意是设法创造一些促使人们作出决策的激励条件,即有意使不同区域和部门之间出现不平衡,引导人们的投资决策,借助市场和区域间的联系,通过扩散效应带动其他区域发展。

我国改革开放初期采用的是不平衡发展战略,即允许一部分地区先富起来。东部沿海地区借助其较好的发展基础、优越的地理位置以及国家给予的率先改革开放政策,积极对接国际市场,引进国际投资和技术,率先发展起来。中西部基于自身丰富的资源和劳动力,在产业链上对接东部地区,为东部地区的生产提供原材料、初级产品和市场。

从理论上讲,东部地区经济发展起来后,东部企业会从自身发展考虑——或者是为了开拓市场,或者是为了获得原材料和廉价劳动力——主动向中西部地区投资,由此促进中西部发展。从中西部流入东部的劳动力不仅获得人力资本投资的机会,而且其收入汇回中西部这一行为本身也是中西部资金积累的重要渠道。正因为如此,不平衡发展模式下的生产力布局,既促成了东部的率先发展,也带动了中西部的共同发展。但是,不平衡发展战略推行到现在,负面效应也逐步凸显。特别是沿海地区发展外向型经济,资源和市场两头都在外,其发展对中西部地区的带动作用不如想象中的那么大,不同区域间的差距逐步拉大。区域间的差距过大,不可避免地产生区域发展不可持续问题,阻碍现代化进程。一方面自然资源禀赋丰富的中西部不发达地区逐步衰落;另一方面国际市场上的逆全球化使沿海地区从海外获取资源和市场受阻。这意味着我国实施多年的不平衡发展战略需要转向平衡发展战略。正如2001年诺贝尔经济学奖获得者

斯蒂格利茨所说:"随着经济增长和全球经济环境的变化,那种主要依靠出口和国外直接投资来推动经济增长的战略的重要性将降低。同时,中国面临着继续改善资源分配和生产力的挑战。"应对这个挑战的对策,就是"使国内经济成为增长和平等的发动机"。[①]

二、 现代化进程的区域时序

我国各个地区的全面小康社会不是同步建成的。区域发展不平衡的国情决定了中国实现现代化需要采取"区域推进"的方式。党的十八大报告提出,鼓励有条件的地方在现代化建设中继续走在前列,为全国改革发展作出更大贡献。

从经济发展的区域时序分析,经济发达地区在现代化上走在前,实际上是培育增长极。所谓增长极指的是区域中能带动其他地区发展的中心地区。中心地区在现代化上走在前,对其他地区的现代化有明显的带动和示范作用。而且根据区域梯度推进理论,现代化的势头总是从核心区逐步向周边辐射和传导,逐步扩大现代化的区域。这种带动作用可以大大加快全国的现代化进程。

局部地区能否率先基本实现现代化?对此持否定答案的人认为,此类区域不可能是封闭的,而是具有开放性,较高的居民生活水平和优越的生活环境会吸引外来人口流入,从而拉平与其他地区的发展水平差异。而且,在开放度高的区域,居民对美好生活的要求往往更高。这意味着,一国之内不同区域的现代化进程应该是同步的,即使有区域率先开启了现代化进程,基本实现现代化也是同步的。确实,此类区域不可能靠设置人口流入的行政障碍来保证本区域民众充分享受发展成果。但是,先行现代化区域的产业结构的技术水准可能形成人口流动的壁垒。创新驱动型经济和先进的产业结构以较高的知识和技术水准设置了就业门槛,在吸引高人力资本劳动力涌入的同时,增加了低人力资本劳动力流入的困难,这就可以支持某个区域率先基本实现现代化。而且,先行现代化的区域与集聚的高人力资本劳动力相适应,收入水平、消费水平、价格水平尤其是房价一般都高于其他地区,这就形成人口流动的市场屏障。这意味着,不需要借助行

[①] [美]约瑟夫·斯蒂格利茨:《中国第三代改革的构想》,应春子、刘晓勇、张蓓译,《经济导刊》1999年第5期。

政手段,只要依靠其发展水平、依靠市场选择,某个区域率先基本实现现代化是有可能的。同时,在现代化进程中不同区域的基本公共服务趋向均等化,也就弱化了低收入地区人民进入率先基本实现现代化的区域获取基本公共服务的驱动力。当然,即使在理论和实践上能够明确某个地区可以率先基本实现现代化,根据我国基本实现现代化的蓝图,到2035年也不能只是先发地区基本实现现代化,而是应包含后发地区在内一体基本实现现代化。这就提出了现代化的区域协调问题。

区域现代化有个空间尺度问题。就生态和环境的现代化来说,某个区域的水环境可能受上游来水的污染,某个区域的大气环境也可能受周边其他区域的空气污染,因此区域基本现代化的范围不应该太小。这意味着区域基本现代化的空间尺度不可能是一市一县的范围。区域内需要有工业区和生态区两方面的功能区安排。

根据空间经济学的观点,区域现代化的空间尺度应该包含中心和外围,即既要有中心城市又要有周边农村。单纯的中心城市的现代化指标明显高于周边农村,决不能就此认为中心城市已率先基本实现现代化。中心城市的现代化建设实际上需要外围地区充分供给包括人力资源在内的各种要素,从而降低现代化成本,如外围地区的人力资源为中心城市提供低成本的建筑、运输、家政等服务。中心城市如果没有外围地区的低成本要素供给,其现代化成本会更高。中心城市对外围地区不仅有要素的吸引,也有要素的扩散。动态地看,地区现代化过程中,在中心城市实现的"现代化社会"的商务和生活条件会诱使要素和人口向中心集聚;随着集聚水平的上升,不可流动的要素(如土地)价格上升,生活成本上升。其结果是低水平要素"望而却步",高水平要素继续集聚。与此同时,其现代化能量也会向外围地区扩散,从而使原先的外围也成为中心,其相对较低水平的要素会出现"边际转移",接受过现代化"洗礼"的要素又将带动外围地区的现代化进程。因此,率先基本实现现代化的区域范围与经济发展能量集聚的范围相关。我国实施的长三角一体化发展战略所涉及的一市三省就包含了中心和外围地区在内。以上海为中心的长三角核心区明显带动了长三角其他地区发展水平的提升。

三、基本实现现代化的地方特色

在一个统一的主权国家推进现代化建设必须明确,有些现代化指标必须是全国统一的;有些则允许有地方特色,不要求千篇一律。

全国统一的现代化评价标准指的是现代化的必要标准,也就是说,某个区域在宣告基本实现现代化时,有些指标是必须达到的,如人均 GDP 指标、信息化指标、人民幸福的指标、人的现代化指标、普及高等教育的指标、创新能力指标、保护环境和生态的指标等。这些指标可以说是现代化的核心指标,或者说是必要指标。

有些指标也可以说是全国统一的,但其实现需要一个过程,如国家层面上要求的现代化指标,尤其是政治、法治现代化,其进程需要国家层面的顶层设计,各个地区不能各行其是。因此就一个区域来说,不可能先行先试,也不应该有地方特色。

现实中有地方特色的现代化指标,也就是选择性指标,主要与一个地区的产业结构相关,需要因地制宜、保持特色。这意味着一个国家基本实现现代化的某些指标不可能要求每个地区都同样达到。例如产业结构,从国家层面来看,进入现代化的发达国家的农业比重均已降到 5% 以下,第三产业比重在 70% 上下。现代化国家的城市化率一般都在 70% 以上。这种产业结构成为我国现代化的追赶目标。但有些地区农业比重大,有些地区工业比重大,都不影响其率先基本实现现代化。就像目前的发达国家中,美国、英国的服务业比重大,德国、韩国的工业比重大,澳大利亚的农业比重大,均不影响他们的现代化国家地位。城市化率也是这样。新加坡是城市国家,其城市化率显著较高。上海是大都市,但其他现代化区域的城市化率不可能达到上海的水平。因此,工业化率、城市化率这类指标对不同区域是有弹性的,可选择的。

明确区域现代化的选择性指标是要突出不同区域的现代化特色,不意味着降低现代化要求。即使是选择性指标也有现代化要求。例如,如果某个地区的农业比重较大,城市化率不是很高,那么在其城市化率达到基本要求的前提下,其农业现代化水平必须更高,农民的市民化程度以及享受到的城市文明程度也必须达标。如果某个地区的服务业现代化水平不如其他地区,制造业比重较大,那么其制造业的技术水准和创新能力必须更高。如果某个地区由于自然环境的原因绿化面积不是很大,那么该地区的生态和环境保护必须做得更好。如果某个地区由于高校布局的原因大学数量不多甚至没有,那么该地区与大学的合作必须更密切,居民接受过高等教育的人口比重也必须达标。

现代化的地方特色还表现在各自现代化道路的选择上。观察先行现代化国家的实践,可以发现各个国家的现代化进程也有各自的特色。除了几个工业化起家的老牌现代化国家之外,几个后起的现代化国家如日本、韩国、新加坡等,走的都是开放型道路,以出口为导向,主动融入全球化浪潮,主动承接欧美国家产业转移,积极参与国际分工,在此基础上实现了现代化。再如以色列、爱尔兰等国,国土面积小,资源缺乏,走的是依靠科技创新实现现代化的道路。国内不同区域的现代化道路也会呈现出各自的特色。我国各个地区的现代化进程虽然都有共性,有需要共同遵循的规律,但由于各自的基础和资源禀赋不同,不可避免地带有地方特色。比如有的地区地处开放前沿,其现代化更突出开放;有的地区有科教资源禀赋,其现代化更突出创新;有的地区经济发展已经达到较高水平,现代化的短板在环境和生态,那么环境和生态建设就会被着重考虑。

四、后发展地区的现代化跨越

进入新发展阶段,实现共同富裕成为社会主义现代化的着力点,需要特别关注区域和城乡差距。不同地区由于气候、资源、地理、交通等原因本来就存在自然差距。改革开放以后这种差距进一步放大为发展水平的差距。后发展地区的农村发展水平更低,过去绝对贫困的人口主要集中在这些地区,现在相对贫困的人口仍然主要集中在这些地区。如果将东部地区的城市居民收入与西部地区的农村居民收入作比较,差距将会大得多。当前存在的相对贫困的人口主要是务农的农民,尤其是后发展地区务农的农民。实现共同富裕要特别关注这些相对贫困人口的富裕程度。

我国2035年基本实现社会主义现代化的目标包括了后发展地区也能基本实现现代化。后发展地区是现代化的"洼地","洼地"变"高地"是个重大跨越。

从现代化的区域时序来看，允许和鼓励发达地区率先开启现代化进程并率先基本实现现代化，不只是让这些地区实现现代化，而是要求这些地区在先行发展的同时，充分释放其现代化的潜力，承担先富帮后富的责任。

一般说来，率先推进现代化的地区，对毗邻区域的现代化有明显的外溢性，就像苏南现代化的势头也会梯度推移到苏中和苏北。苏中各市会利用其毗邻苏南的区位优势，融入苏南的现代化进程。在这里所讲的区域协调不限于这种自然的客观的现代化外溢，更为重要的是先行现代化地区对后行地区的自觉带动。

后发展地区现代化缺乏内生的资源和动力：缺乏创新要素，缺企业家；人才不足，人才外流、创新人才进不来；基础设施落后，尤其是被交通边缘化，难以吸引和集聚发展的要素。显然，这些地区如果没有发展的外源和外力推动，就搭不上现代化的列车，实现不了跨越式发展。共同富裕的区域协调就要求先发展地区为后发展地区提供现代化要素。

对先发展地区来说，已经实现了经济起飞，具有内生的发展资源和动力，也就有了自我持续发展的能力。只要放开手脚，其完全有能力率先基本实现现代化。但其推进现代化不是没有弱项和瓶颈的。首先，最早进行工业化并且工业比重高的地区，环境和生态的压力最大。其次，先发展地区普遍面临着土地开发强度过高的问题。最后，先发展地区发展现代服务业的空间也受限。克服其发展瓶颈的出路就在于根据新发展格局要求与后发展地区协调联动。这样，对于支持后发展地区现代化，先发展地区和后发展地区互有需求并有共同的利益，也是推进区域共同富裕的有效路径。

第三节
促进后发展地区的现代化

现代化不能让后发展地区掉队。后发展地区首先要根据现代化的规律激发自身的内生动力，补齐现代化的短板。但是其实现跨越式发展单靠内生的资源和能力是不够的，必须要有外部的资源和外力推动。我国需要发挥社会主义制度的优越性，在推动共同富裕中促使后发展地区与先发展地区一体实现现代化。

一、补齐"四化同步"的短板

新时代经济现代化涉及工业化、信息化、城镇化和农业现代化四个领域。中国式现代化的一个重要特征是"四化同步"。后发展地区需要根据"四化同步"要求补齐短板。

我国经济发达地区的现代化基本上是工业化先行的。后发展地区之所以经济落后,主要原因是工业化没有到位。后发展地区基本上是农业地区(农业比重大都在10%以上),工业占比大都达不到全国的平均水平(36%),有的地区甚至不到30%。虽然农业为主的地区照样有可能进入现代化社会,但就中国目前的发展阶段而言,只依靠发展农业就进入现代化社会是非常困难的。后发展地区要补工业化的课,提高现代工业的比重,为实现现代化跨越积累发展能力,推进工业化尤其要注重与信息化、城镇化、农业现代化同步。

就信息化来说,信息化要为各个产业提供信息化基础,也就是信息化为其他"三化"赋能。在信息化上没有先发展地区和后发展地区之分。实践证明,只要搭上产业革命的快车就能一跃跨入现代化的门槛。后发展地区要实现现代化的跨越,关键是在信息化上实现跨越,要直接瞄准前沿信息化技术,发展现代信息产业,并且推进各个产业的信息化。

就城镇化来说,在广大的后发展地区,城镇化率还不到50%,甚至更低。而且当地人口城镇化的方向大都不是转移到本地城镇,而是进入发达地区城镇。后发展地区落后的主要原因是城市少、城市小、城市功能弱,集聚不了发展要素,吸引不了人力资源。这是后发展地区经济落后的重要原因。要特别指出的是,先发展地区是在城镇化达到较高水平后实施乡村振兴战略的,其乡村振兴有城镇化的支撑;而后发展地区城镇化相对滞后,其乡村振兴得不到城镇化的支撑。因此后发展地区补齐城镇化短板,不仅要在当地建设和发展城镇,还要推进城镇城市化,使其具有城市功能,起到集聚发展要素、增强致富能力的作用。

就农业现代化来说,后发展地区都是农业比重大的地区。农业现代化实际上是通过发展农业使后发展地区由农业大区转变为农业强区。虽然农村改革提高了农业劳动生产率,但农业的弱势地位没有改变,农产品附加值低造成了务农农民收入低。农业现代化需要改变农业发展范式,由目前提供剩余农产品和剩余劳动力的剩余范式,转向"品质加附加值"范式,从根本上改变农业的弱势地位,增加务农农民的收入。在后发展地区,转向新的农业发展范式的阻碍往往是农业科技的落后和经营农业的人力资本缺乏。要想实现转向,既要引入科技要素,又要解决好谁来种田的问题,关键是吸引和培育新型农业经营主体,促使农业经营者以增加其包括人力资本在内的资本收益增加农业收入。

概括起来,后发展地区与先发展地区一体实现现代化可以说是现代化的跨越。其"四化同步"的现代化可以概括为工业化引领,信息化赋能,城镇化和农业现代化补短。

二、 建设彰显优势、协调联动的城乡区域发展体系

世界银行发布的《2009 年世界发展报告》对中心和外围的一体化发展提出了重塑经济地理的思路:当今世界提升区域发展水平、克服地区差异的重要趋势是重塑经济地理;其重要路径是在毗邻城市地区推进区域一体化,形成具有内在经济联系并相互促进的经济板块,从而在更大范围内优化资源配置、拓展新的发展空间。我国目前推进的一系列区域发展战略如京津冀协同发展、长江经济带发展、长三角一体化发展、粤港澳大湾区建设等目的就是构建若干个新的经济板块。如何推进毗邻地区一体化发展?世界银行提出了三条路径:一是提高密度,实现经济集聚;二是缩短距离,降低运输成本;三是减少分割,建设统一市场。

习近平总书记提出,建设现代化经济体系的一个重要方面是建设彰显优势、协调联动的城乡区域发展体系。所谓彰显优势,不仅是指彰显先发展地区的先发优势,也要彰显后发展地区的后发优势;所谓协调联动,是要求先发展地区与后发展地区在现代化建设中协调联动,实现共同富裕。

先发展地区在现代化建设中与后发展地区协调联动是实现区域共同发展、共同富裕的重要路径。在全国范围内,各个区域实际上都或多或少存在先发展地区和后发展地区。先发展地区可以说是所在区域的发展极,或者说是区域发展中心;后发展地区是其外围。现代化的区域协调就是彰显先发展地区作为发展中心的优势,与其外围在现代化建设中协调联动。具体涉及四个方面:

第一，发展先发展地区与后发展地区的一体化经济。一体化发展的路径主要包括三个方面：一是产业一体化。先发展地区把发展项目（包括制造业和服务业项目）落到后发展地区，把企业建在后发展地区。主要方式是产业链一体化布局，把产业链延伸到后发展地区，以产业链形成一体化的产业体系。二是创新一体化。高新技术的研发和高新技术产业化在空间上可以分开。先发展地区作为科创中心将创新的成果放到后发展地区实现产业化，就形成从科创到产业化的创新一体化。三是建设双向的"飞地经济"。先发展地区可以到后发展地区建设"飞地"，包括各类工业园区。后发展地区也可到先发展地区设立研发机构，利用先发展地区的科技力量和人才优势，研发自身所需要的可以实现产业化的新科技。

第二，交通信息设施的一体化建设。后发展地区的落后很大程度表现在基础设施（尤其是交通设施和信息化设施）被边缘化，在时间和空间上远离发展中心，难以获得中心发展要素的辐射。为此需要重点规划和建设后发展地区的现代交通信息设施，补齐其获取发展要素和信息流动的短板。一是完善交通类基础设施。港口、高速公路、机场等是对外联系的通道，互通、便捷、共享的港口、高速公路和机场等基础设施可以缩短发达地区和落后地区的距离。二是提高信息类基础设施水平。信息不畅或信息成本较高是贫穷地区的共同特征。旨在推动区域经济一体化的政策应该聚焦互联网等数字经济信息类基础设施的建设。基础设施建设不仅是要增加供给，更要解决基础设施的共享问题。其中包括跨区域信息网络互通，推动信息要素交流，实现电子政务、电子商务等信息资源和信用体系资源的互通共享。现在问题突出集中在两个方面：一是拥有基础设施的地方设置障碍增加外地企业共享基础设施的困难；二是本地重复建设、重复投资可以共享的外地的基础设施，以至于两地的基础设施的使用都达不到规模经济。面对这种反一体化的倾向，要从制度上克服对基础设施的市场分割；在体制上整合港口之类的基础设施，进行跨地区组合。

第三，建设区域共同市场。这是全国统一大市场的组成部分。在现阶段，不同行政区之间存在的市场分割主要表现在竞相争夺企业（包括外资）进入，限制企业流出；争夺要素流入，限制要素流出；鼓励产品流出，保护本地落后企业和产品。市场分割必然导致区域过度竞争,无论是对先发展地区还是后发展地区都会带来明显的负面影响。建立区域共同市场是打破市场的行政分割的重要机制。建立共同市场的基本要求是统一市场规则,包括五个部分:一是相互开放各类市场,消除条块分割的体制障碍,如保证在投资准入、市场秩序、信用信息等方面的规则一致;准许企业异地流动,鼓励企业跨地区投资;共建企业信用监管体系等。二是完善区域资本市场和金融服务自由化,推动资本在区域间自由流动;鼓励和支持优质资本、优良企业跨行政区的企业并购、资产重组;拓展区域内投融资渠道。三是统一技术标准,地区内相互承认技术标准与认证,排除技术标准方面的区域障碍;联手保护知识产权(商标与专利)。四是建立统一的人才市场,通过相互承认学历和技术证书,使人员在地区间自由流动和就业;集中区域内的科研优势力量,有计划、有重点、有选择地开展跨地区、多层次、多形式、多专业的科技交流与攻关,联手攻克一些亟待解决的重大课题;在高科技、高附加值项目的研制开发方面,互为对方提供更加便利的条件。五是统一企业经营的法规,为企业在地区间流动和合作提供良好的基础。显然,区域共同市场的基本要求就是区域之间统一政策,降低要素区域流动的高门槛(高交易成本),消除区域壁垒,实现产品互相准入、资本自由流动、要素自由流动、企业跨区运作的统一市场。扩大企业的市场配置空间,在更大范围获得规模经济和范围经济及技术外溢。

第四,健全地区间合作互助机制,推动各地区在资源、技术和人才等方面的合作共赢,形成先进地区带动落后地区、共同发展的良好局面。有效合作机制须建立在各地区自身优势基础之上。中西部地区的优势在于资源和廉价劳动力,东部地区的优势在于资金、技术和人才,相互之间的合作即各方优势的结合。可推动东部某些产业向中西部转移,靠近资源原产地;同时中西部也可与东部开展科技合作,提升自身生产技术。另外,在基础设施建设、公共服务方面也可以加强合作,中西部基础设施的改善也有利于东部地区生产的扩张。健全互助机制,就是要鼓励和支持先富地区对后富地区的帮扶。发达地区要对口支援落后地区,在社会捐助、义务教育、医疗卫生、技术和人才等方面均可开展援助工作。发达地区在帮扶支援落后地区时,要引导后发展地区逐渐提升自身的内生发展能力,这样才有利于后发展地区的现代化发展。

三、政府作为

企业跨地区投资,人才跨地区流动,创新要素跨地区配置,大都涉及先发展地区的发展要素流向后发展地区。这不仅与市场调节方向相悖,也会遇到行政区域的阻力。要增强区域发展的平衡性,实施区域重大战略和区域协调发展战略,健全转移支付制度,缩小区域人均财政支出差异,加大对欠发达地区的支持力度。按此要求,政府的有效作用除了打破地区分割、推动区域经济一体化外,还需要促进发展要素流向后发展地区,涉及上级政府和平级政府行为的优化。

(一) 平级政府间有为

平级政府的行为主要涉及四个方面:

第一,克服不同地区的政策和体制落差。在相当长的时期中,我国的改革和发展基本上是靠政策推动的,对不同地区不同产业实行有差别的政策,如特区政策、沿海开放政策等。现在随着市场化改革的深入,这些政策已经趋向取消,但是不同地区的经济政策差异依然非常明显。为了吸引外地企业,争夺资本、人才等生产要素,各个地方政府会在税收、土地使用费、人才待遇等方面竞相出台优惠政策。表面看来这会给企业降低商务成本;实际情况则是政府成本加大,甚至高于企业所节省的商务成本。不仅如此,政府依靠优惠(歧视)政策干预市场的后果是,资本流动、人才流动不是受市场调节和市场选择,而是受政府选择和政府调节;所形成的生产要素价格也不是真正的市场价格。因此,打破市场封锁统一市场的前提是统一政策,不仅仅是统一中央对各个地方的政策,还应该统一各个地区干预市场的政策。只要各地政府在做出制度安排时,从提高整体竞争力出发,相互协调、统一规划,就可以大大降低各项制度安排的实施成本和各项制度安排间的摩擦成本,产生制度安排与实施的规模经济和范围经济。

第二,优势互补。地区间相互封闭的地方保护主义做法会阻碍要素资源的自由流动,造成市场分割,引起产业结构趋同,抑制各地发挥自身优势,破坏地域分工格局。要实现区域间可持续发展,必须依据比较优势进行合理的区域分工和协作,加强区域间的经济联系。发达地区往往地理位置优越,与海外联系便利,经济发展水平高,科技、资金、人才等优势明显,交通、通信等基础设施条件较好,创新和商业氛围、营商环境良好。发达地区应继续发挥其领头羊的作用和优势,积极利用国内外资源,对外参与国际分工,对内带动经济发展,大力发展技术含量高、附加价值大、能源与原材料消耗低的新兴产业,推动产业转型升级、更新换代,引领我国经济高质量发展。中部地区的矿产和农业资源较丰富,可深层次开发利用优势资源,同时积极承接东部产业转移,推动工业转型升级。西部地区能源、矿产、生物等资源均较为丰富,要立足资源优势,优化已有资源型产业,另外可依托丰富资源和已有国有企业发展高技术产业,培育西部地区的增长极。

第三,推动企业为主体的区域合作。在市场对资源配置起决定性作用后,企业的市场主体地位便得以凸显。政府所进行的区域协调只是提供现代化区域推进的外部环境,企业跨地区流动则可以打破市场的行政分割。一是以产权链建立企业间跨地区合作。主要形式是企业跨地区分布和企业跨地区并购,由此形成跨地区的产权联系。企业跨地区分布即总部与生产基地或营销体系跨地区分布,其结果是企业的生产要素能够在更大范围内,特别是在不同区域之间自由流动。生产要素跨区域流动和组合促进了区域之间相互渗透、逐步融合,形成以资源有效配置和整体利益最大化为基础的区域专业化分工格局。二是以供应链建立企业间跨地区合作。供应链即上、下游企业之间按原料、投入品、生产、销售的供应链条在更大范围内分工合作。现在无论是在世界范围还是在国内,竞争关系包括供应链内不同环节的企业之间的竞争和不同供应链之间的竞争。与此相应,企业间的区域合作表现为分布在不同地区的同一个供应链上不同环节的企业开始由竞争关系转向合作关系,在此基础上形成的区域内不同地区间供应链的竞争和合作成为统一市场的强大动力。三是发挥现代流通组织统一市场的作用。这类服务业组织包括银行、保险之类的金融机构,连锁超级市场和电商,等等。这些服务业企业跨地区分布和经营,可能在较大范围内推动统一市场建设。

第四,后发展地区政府要克服"等、靠、要"思想,善用市场思维创新吸引发展要素的政策,着力培育市场化、法治化、国际化营商环境。

(二)上级政府的调控行为

上级政府(主要是中央和省级政府)的调控行为主要涉及两个方面:

第一,改革发展政策更多向后发展地区倾斜。后发展地区要实现现代化的跨越,必须要有相应政策支持,需要调整政策思路,将改革发展政策更多向后发展地区倾斜。例如,现代化的示范区、试验区可考虑多分布在后发展地区,并给予必要的政策支持,增强其获取发展要素的能力和自我发展能力,为后发展地区提供更多的发展机会和更好的发展条件。目前国家对各个区域设定的限制类政策,如针对环境污染设定的碳排放指标、针对土地过度开发设定的土地开发强度指标等,基本上以先发展地区为标准,导致后发展地区面临相同的限制约束。考虑到后发展地区实现现代化跨越的需求,应该从实际出发,一些限制性政策需要考虑后发展地区所处发展阶段的特征。向后发展地区的倾斜,要注意基于其自身发展基础和比较优势,强优势补短板,如此才能事半功倍。在我国,相对落后的中西部地区拥有丰富的矿产资源、能源和原材料、农业资源等,可重点扶持相关资源型产业的发展。另外,针对基础设施短板,还须重点加大交通、通信等方面基础设施的建设力度。一方面发挥中西部地区的比较优势,利用其比较优势弥补区域劣势,实现快速发展,同时又能支撑东部可持续发展;另一方面,通过补短板改善后发展地区的生产生活条件和投资环境,夯实发展基础,增强中西部承接东部产业和技术转移的能力,创造条件促使东部地区对中西部地区发挥扩张和带动效应。

第二,城乡、区域差距很大程度上是基本公共服务质量和水准的差距。后发展地区,尤其是一些革命老区、民族地区、边疆地区,在义务教育、公共卫生、公共安全、公益文化和生活保障等公共服务方面明显低于全国平均水平,这就需要国家调动公共资源向这些地区倾斜。扶持的基本途径是财政转移支付,促进优质公共服务城乡、区域配置均等化。中央财政的转移支付重视提高后发展地区基本公共服务的供给能力,并使基本公共服务的供给能力与当地的GDP和财政收入脱钩。这对后发展地区和农村实现现代化的跨越尤为重要。另外,对各地政府的GDP统计、税收分享、人才政策等方面进行制度创新,不仅要打破行政壁垒,还应具有激励导向作用。

四、实施区域重大发展战略

我国是发展中大国,各个地区的资源禀赋不同,发展很不平衡。国家为推动发展,针对不同区域实施区域发展战略,产生了明显的效果。改革开放之初,实施沿海开放战略,在对外开放和体制改革方面先行先试。由于市场化和国际化的先行,沿海地区的现代化走在了全国的前列。同时伴有的问题是地区差距进一步扩大。在此背景下,国家特别针对几个后发展地区实施一系列的区域发展战略,试图利用国家的资源和战略引导推动这些后发展地区实现现代化的跨越,最为突出的是以下几个国家战略。

西部大开发战略。西部地区资源丰富,市场潜力大,战略位置非常重要。推动西部大开发,缩小地区差距,是现代化区域协调发展的内在要求。实施西部大开发是一项长期又艰巨的任务。基于西部发展基础和发展条件,西部大开发要实施"以工促农,以城带乡",破解西部"三农"问题;要加快推进战略性基础设施建设,进一步夯实发展基础;要加快发展特色经济和优势产业,增强自主发展能力;要加强生态环境保护和建设,实现生态改善和农民增收;要大力发展教育,提高西部人力资源质量;要加速开放、深化改革,为西部大开发注入强大动力。

中部崛起战略。基于中部地区的发展基础和条件,中部地区要继续充分发挥农业的比较优势,提升农业尤其是粮食主产区的重要地位;依托现有工业基础和产业转移契机,加快产业转型升级;加快城市化进程,培育若干具有较强带动作用和辐射作用的城市群;大力优化投资环境,打破地区行政分割,积极融入东部经济,提高经济开放度;加大对中部老区、库区和少数民族地区的扶持力度;提高中部资源环境对经济发展的承载能力,注重中部地区的生态保护。

东北振兴战略。东北是老工业基地,也是国有企业最为集中的地区。东北振兴的着力点:一是深化经济体制改革,以体制机制的创新振兴东北老工业基地,尤其是增强其体制、机制的活力;二是加快推进产业结构调整升级,大力发展循环经济,走新型工业化道路;三是扩大对内对外开放,积极吸引外资参与老工业基地调整改造;四是加大对农业的支持力度,实现城乡经济的协调发展。

进入新时代后,在继续推进区域发展战略基础上,习近平总书记明确强调:"推动区域协调发展战略、区域重大战略、主体功能区战略等深度融合,优化重大生产力布局,促进各类要素合理流动和高效集聚,畅通国内大循环。"[1]国家区域发展战略的一个重要特点是把先发展地区和后发展地区包含在同一个区域战略中协同发展。

"一带一路"倡议。"一带一路"是"丝绸之路经济带"和"21世纪海上丝绸之路"的简称。对外而言,"一带一路"作为倡议,旨在亚欧非大陆65个国家和地区开展更大范围、更高水平、更深层次的区域合作,深度融入经济全球化。对内则是区域战略,旨在推动原先远离开放前沿的中西部地区与东部沿海地区共同发展,加强东中西互动合作,全面提升开放型经济水平。"丝绸之路经济带"主要涉及新疆、重庆、陕西、甘肃、宁夏、青海、内蒙古、黑龙江、吉林、辽宁、广西、云南、西藏13省(自治区、直辖市)。"21世纪海上丝绸之路"主要涉及上海、福建、广东、浙江、海南5省(直辖市)。

京津冀协同发展。该战略涉及京津冀三地,三地作为整体协同发展需要聚焦四个方面:疏解北京非首都核心功能,调整优化城市布局和空间结构,构建现代化交通网络系统,扩大环境容量、生态空间。

长三角一体化发展。该战略涉及上海和江苏、浙江、安徽一市三省。长三角地区是我国经济发展最活跃、开放程度最高、创新能力最强的区域之一,在全国经济中具有举足轻重的地位。长三角一体化发展上升为国家战略,使得长三角区域发展具有极大的区域带动和示范作用,要紧扣"一体化"和"高质量"两个关键,带动整个长江经济带和华东地区发展,形成高质量发展的区域集群。

长江经济带发展。该战略覆盖上海、江苏、浙江、安徽、江西、湖北、湖南、重庆、四川、贵州、云南等11个省(直辖市),涉及国土面积约205.23万平方公里,占全国面积的21.4%,人口和生产总值均超过全国的40%。长江经济带发展战略旨在充分发挥长江经济带横跨东中西三大板块的区位优势,以共抓大保护、不搞大开发为导向,以生态优先、绿色发展为引领,依托长江黄金水道,推动长江上中下游地区协调发展和沿江地区高质量发展。

粤港澳大湾区建设。粤港澳大湾区是中国改革开放开风气之先的地区,是

---

[1] 习近平:《加快构建新发展格局　把握未来发展主动权》,《求是》2023年第8期。

中国开放程度最高、经济活力最强的区域之一。该战略将大力发展该地区，打造世界级城市群和更具综合竞争力的国际一流湾区，使其成为具有全球影响力的国际科技创新中心。

黄河流域生态保护与高质量发展。黄河流域覆盖青海、四川、甘肃、宁夏、内蒙古、山西、陕西、河南、山东9省（自治区），总人口1.6亿。黄河流域生态保护与高质量发展需要在协调联动中实现。

以上六大国家战略打造的经济区域，是现代化区域协调发展的动力源。随着现代化的推进，国家还会推出新的区域发展战略。

第十二章
新发展格局中推进现代化

习近平总书记在《把握新发展阶段,贯彻新发展理念,构建新发展格局》一文中指出:"构建新发展格局明确了我国经济现代化的路径选择。"构建新发展格局实质上是解决现代化所需要的资源、市场和发展动力问题。新发展格局的提出,是对现代化发展规律的深刻把握和实践运用。构建以国内大循环为主体、国内国际双循环相互促进的新发展格局,形成需求牵引供给、供给创造需求的高水平动态平衡,有利于确保我国的现代化经济体系成为一个既独立又开放的内外联动的动态系统,为高质量推进现代化打下坚实基础。

第十二章 新发展格局中推进现代化

第一节
以国内大循环为主体、国内国际双循环相互促进

发展格局涉及国民经济的外循环和内循环,反映发展的外部环境和内部环境。加快构建以国内大循环为主体、国内国际双循环相互促进的新发展格局,是综合研判我国进入新发展阶段、国际国内发展环境和条件变化后做出的战略部署,是应对世界百年未有之大变局、重塑我国国际竞争新优势的战略抉择,服务和统一于中华民族伟大复兴的战略全局,具有极为重要的现实意义。

一、世界百年未有之大变局

在开放型经济背景下,考虑到经济循环的国家边界,国民经济循环既可以在国内,又可能进入国外,由此形成内循环和外循环。内循环指的是从生产到消费各个环节都在国内;外循环除了生产和消费一头在外一头在内,即进口和出口外,还有产业链的部分环节在国外,形成产业链的外循环。

从我国发展格局的历程来看,1949年中华人民共和国成立至改革开放前,我国主要实行的是国民经济的内循环。1978年改革开放后,对外开放成为基本国策,从而启动了国民经济的外循环。尤其是20世纪80年代后期,沿海发展外向型经济,启动了出口导向的国际循环,利用我国劳动力充裕的资源优势发展劳动密集型产业;吸引外商直接投资,大力发展"三资企业";资源和市场"两头在外",大进大出。2001年加入世界贸易组织(WTO)后,中国经济快速融入全球化,在外商直接投资大规模进入的同时,我国的产业和企业也进入了全球产业链和价值链,参与了国际产业链的分工。我国在参与国际循环中享受到了经济全球化的红利,跃升为全球第一大出口国,成为世界制造业中心。

美国经济学家萨缪尔森关于国际分工有个著名理论,即劳动分工和专业化能提升生产效率。简单来说,美国擅长制造飞机,只造飞机可以比什么都造更有效率;而中国擅长制造衬衫,专注于造衬衫也比什么都造更有效率。然后美国把飞机卖给中国,赚了钱再来中国买衬衫;这样中国也有了钱,可以买美国的飞机,

也可以买别国的其他东西。在维持原有分工不变的情况下,各自提高自己在专业领域的生产效率,对本国、他国都是好事。萨缪尔森肯定了国际分工的以上价值。然而,他同时又指出,如果以前造衬衫的中国,突然在飞机制造领域无端出现了惊人的技术进步,那就可能"永久地损害了美国利益",必然会遇到技术封锁。[①] 现在中国不仅开始造飞机,华为、大疆等高科技公司还在很多领域具有世界领先水平。根据"美国优先"的理念,美国政府挑起中美贸易战,力图与中国在科技、产业等领域脱钩,打压、围堵中国的科技和产业进步,试图延缓中国的现代化。

2008年世界金融危机以来,中国经济发展面临着机遇与挑战并存的局面。发达经济体经济增速明显放慢,世界经济低迷、全球市场萎缩,经济全球化遭遇逆流,保护主义抬头,贸易摩擦常态化;外加肆虐全球的新冠病毒重挫世界经济。

在此背景下,传统国际大循环格局面临一系列的隐患。一是过于注重"两头在外",大进大出,国际市场萎缩影响了大国经济优势的发挥。二是过度依赖外循环和比较优势,当这些条件发生变化时(如政治干预、要素成本上升等),风险陡增,容易受制于人,遭遇"卡脖子",影响产业链、供应链的稳定和安全,使一系列全球产业链断裂。中国不仅要扛起继续推动经济全球化的大旗,还要根据自身发展的需要,推动形成以国内大循环为主体、国内国际双循环相互促进的新发展格局。2020年8月24日,习近平总书记在经济社会领域专家座谈会上指出:"这个新发展格局是根据我国发展阶段、环境、条件变化提出来的,是重塑我国国际合作和竞争新优势的战略抉择。近年来,随着外部环境和我国发展所具有的要素禀赋的变化,市场和资源两头在外的国际大循环动能明显减弱,而我国内需潜力不断释放,国内大循环活力日益强劲,客观上有着此消彼长的态势。"

二、 国民经济循环转向以内循环为主体

根据马克思的再生产理论,社会再生产包含生产、分配、流通、消费四个环节,这些经济活动环节并不是孤立存在的,而是一个动态循环的过程,这四个环节的循环形成了国民经济循环。为应对世界百年未有之大变局和全球疫情冲

---

① 参见周其仁《在台州读萨缪尔森》,《经济观察报》2006年4月21日。

击,我国由以外循环为主体转向以内循环为主体,将有力应对国际市场风险并促进以满足人民日益增长的美好生活需要为根本目的的社会主义现代化。

新发展格局的内涵主要包括三个方面。一是新发展格局是在新发展阶段重塑我国国际合作和竞争新优势的战略抉择,是长期战略。二是在市场和资源两头在外的国际大循环动能明显减弱的同时,我国内需潜力不断释放。依托规模处于世界前列的国内市场,抓住扩大内需这个战略基点,使生产、分配、流通、消费更多依托国内市场,提升供给体系对国内需求的适配性,形成需求牵引供给、供给创造需求的更高水平的动态平衡。三是新发展格局是更高水平的对外开放,主要表现在参与国际循环的基础由资源禀赋的比较优势转变为新的比较优势,即竞争优势;开放模式由出口导向转向内需导向,引进国外资源更重视引进创新要素,引资引技引智并举,以推动开放式创新。

国民经济循环以外循环为主体转向以内循环为主体,主要涉及两个方面的转变。

第一,部分外向度高的地区经济转向以国内循环为主体。我国沿海地区推进的外向型经济,资源和市场都在国外。虽然沿海地区在外向型经济中得到了繁荣发展,但带动西部地区发展效应较弱,地区差距进一步扩大。诺贝尔经济学奖获得者斯蒂格利茨前几年针对沿海地区"两头在外"的外向型经济模式告诫中国:随着经济增长和全球经济环境的变化,这种主要依靠出口和国外直接投资来推动经济增长的战略的重要性将降低。同时,从国内环境来看,中国面临着继续改善生产力和资源配置方式的挑战,应对这个挑战的对策就是使国内经济成为增长和平等的发动机。[①] 由于外部环境和我国发展所具有的要素禀赋发生了重大变化,市场和资源两头在外的国际大循环动能明显减弱,而我国内需潜力不断释放,外向度高的沿海地区转向以国内循环为主,将资源和市场的取得放在国内也有满足自身发展的要求。

第二,产业链循环由外转内。产业链的国外循环实质是利用国外技术和市场。国际环境的变化导致一系列全球产业链断裂,我国产业尤其是在高科技环

---

① [美]约瑟夫·斯蒂格利茨:《中国第三代改革的构想》,应春子、刘晓勇、张蓓译,《经济导刊》1999年第5期。

节受到打压和断供。在此背景下,不少产业链的外循环难以为继,产业链循环的国外环节转向国内不可避免。

三、畅通国民经济循环

构建新发展格局需要充分了解我国所处的发展阶段,深刻把握大国经济特征,充分发挥大国经济的内部可循环优势。我国已成为世界第二大经济体、世界第一大出口国,是全球最大和最有潜力的消费市场。我国国内消费市场不仅规模大、范围广,而且需求层次多样。我国家庭消费支出在2008—2018年间保持着9.92%的增速,分别高出全球、中等偏上收入国家、OECD成员国6.65、4.8和8.26个百分点。同时,人民美好生活需要日益丰富,消费结构面临优化升级,国内大循环活力强劲。上述发展的阶段性特征表明,打通国内大循环,能够大大增强我国发展的自主性,有效提升我国经济在各种可以预见和难以预见的复杂变局中的生存力、竞争力、发展力、持续力,为更好地同国际市场有机衔接构筑坚实基础,促进以满足人民日益增长的美好生活需要为根本目的的社会主义现代化。

构建新发展格局必须疏通生产、分配、流通、消费各环节中的堵点和难点,推动经济活动在国内各个环节、各个产业、各个部门和各个区域之间的循环畅通与高效配置。

产业链的内循环需要疏通产业上下游关系,最为重要的是保持产业链、供应链的稳定性和竞争力,提升供给体系对国内需求的适配性。我国生产环节存在低端产能过剩而先进制造业发展不足的突出问题,关键技术缺失、基础材料技术水平偏低,存在"卡脖子"的技术难点和相应的供应链环节。疏通内循环中的堵点和难点,需要供给和需求两侧共同发力。

第一,以扩大内需为战略基点,依托我国国内市场的超大规模性和消费市场的多层级性,建立起扩大内需的有效制度,加快培育完整的内需体系,在适应居民消费需求转型升级的基础上持续释放内需潜力,使生产、分配、流通、消费各环节更多依托国内循环。这将有效提升我国产业链、供应链的韧性,为我国经济现代化注入更加强劲、更可持续的发展动力。

第二,坚持供给侧结构性改革这一战略方向,为经济现代化奠定坚实基础。畅通国民经济循环,有赖于提升供给体系对国内需求的适配性,形成需求牵引供给、供给创造需求的更高水平动态平衡。深化供给侧结构性改革,强化质量和效率导向,全面优化升级产业结构,针对"卡脖子"技术集中力量攻关,不断提升经济创新力和竞争力,构建实体经济、科技创新、现代金融、人力资源协同发展的现代化产业体系,稳固国内经济体系的基本盘。

第三,处理好内部平衡和内外联动问题,保持活力强劲的国内经济循环,这为经济现代化提供了平稳支撑。合理布局国内产业体系,完善区域优势互补、协同发展机制,加快建立国内统一大市场;与此同时,加强同国际市场的互联互通,有助于统筹推进国内发展和对外开放,形成内部平衡发展、内外协调联动的现代化经济布局。

第四,新发展格局是开放的国内国际双循环,要求统筹开放和国家安全。我国改革开放的实践证明:开放之门开得越大、改革之路走得越快,就越有利于形成推进经济现代化的强大合力。新发展格局以国内大循环为主体并不意味着自我封闭,不能为经济全球化的逆风和回头浪所阻,要在发挥国内大循环主体作用的基础上,发展开放型经济。这既需要牢牢掌握经济发展的主动权,又需要以一种积极、安全的方式融入世界经济,确保我国的现代化经济体系成为一个既独立又开放的内外联动的动态系统。

第二节
依托超大规模的国内市场

中国式现代化是基于超大规模国内市场的现代化。我国经济的显著特征之一是经济地理空间广阔,存在梯度差异和产业互补,不仅回旋余地大,而且内部可循环。推动新发展格局下的国民经济良性循环,要求充分利用好我国经济纵深广阔的优势,使规模效应和聚集效应充分发挥,最终使我国经济稳定健康发展,提高抵御外部风险的能力。

一、超大规模国内市场

超大规模的内需是大国国民经济顺畅内循环的基础。党的二十大要求,增强消费对经济发展的基础性作用和投资对优化供给结构的关键作用。这是扩大内需的两个途径。我国国内市场的超大规模性和消费市场的多层级性特征是建立国内大循环的重要条件。经济超大规模性包括超大规模的经济体量、超大规模的人口数量、超大规模的国土空间和超大规模的市场。这有利于实现范围经济、规模经济,有利于空间集聚、区域间的创新溢出和学习效应外溢。多层级消费市场是由于中国不同区域或相同区域的要素禀赋或产品偏好不同,进而中国消费者收入水平和消费习惯存在差异,导致中国存在不同层次和不同类别的消费者,产生了多元化的消费结构。特别是中国形成了世界上人口最多的中等收入群体,而中等收入群体的消费能力和消费欲望最为强烈。市场规模大、消费层次多又为中国生产提供了良好的市场基础,有利于利用国内和国外两个市场和两种资源,实现内循环和外循环的相互促进。

超大规模市场能够涵盖生产和消费的每一个环节,并且能够在每一个环节上都产生对新技术、新产品的新需求,从而迅速降低创业创新成本[①],形成全球创新创业新优势,进而对全球创新资本、全球创新要素产生"虹吸效应"。具体而言,中国作为一个拥有14亿多人口的大国,人均GDP已经突破1万美元大关。2023年,最终消费支出对经济增长的贡献率达82.5%,在GDP增长的5.2%中,消费需求拉动4.3个百分点。更重要的是,我国中等收入群体已超过4亿人,超过任何一个发达国家总人口,消费潜力比其他收入群体更强。据预测,到2035年,我国中等收入群体将翻倍达到8亿人,催生巨大消费需求。

我国具有全球最完整、规模最大的工业供应体系,是全世界唯一拥有联合国产业分类中的所有工业门类的国家,有41个工业大类、207个工业中类、666个工业小类及相应的完善的工业生产配套能力。外商直接投资纷纷涌入中国,就是看准中国有完整的供应链。这种完整的供应链能够支撑中国转向以国民经济

---

① 欧阳峣、刘智勇:《发展中大国人力资本综合优势与经济增长——基于异质性与适应性视角的研究》,《中国工业经济》2010年第11期。

内循环为主体的新发展格局。此外,我国还拥有 1.3 亿户市场主体和 1.7 亿多受过高等教育或拥有各种专业技能的人才,创新和制造能力优势明显,使得中国制造形成庞大的产业网络和供应链,彼此互相配套。而这种配套关系不断重组,富有弹性。供应链的规模大,存在范围经济效应、网络经济效应和集聚效应。

需要指出的是,国内市场大、内需潜力大只是潜在的发展要素,要转化为现实的生产力还需要继续扩大内需,培育完整的内需体系,完善扩大内需的支撑和保障体系。这就是习近平总书记在党的十九届五中全会上指出的:"构建新发展格局,要坚持扩大内需这个战略基点,使生产、分配、流通、消费更多依托国内市场,形成国民经济良性循环。"[①]根据党的二十大报告,内循环的要求是增强国内大循环内生动力和可靠性,涉及消费需求和投资需求两个方面。

二、突出消费需求的基础性作用

内需包括国内的消费需求和投资需求,涉及国民生产总值中的投资率(积累率)和消费率。我国在相当长的时期里在国民收入分配中实行高积累低消费的政策,经济增长主要靠投资拉动,消费支出常年占国民收入 30% 以下。改革开放以后消费率逐年提高,2011—2019 年我国消费率平均为 53.4%,2023 年最终消费支出占 GDP 的比重为 55.7%;但横向比较仍较低,发达国家同期最终消费支出占 GDP 的比重达到 70%—80%,全球最终消费支出占 GDP 的比重平均达到 78%。这说明我国消费率还有较大的提高空间,尤其是转向新发展格局后,消费支出对 GDP 的贡献率明显高于其他需求,消费率的进一步提高是必然的。

消费率的高低实际上反映了不同的经济发展方式。我国在过去相当长时期内实行的高积累低消费政策,是以高积累来谋求高速度。这种发展方式在经济增长初期是有效的,适应的是短缺经济背景下的发展格局。但其以低消费谋求高速度、为生产而生产、增长质量和效率不高的弊端随着经济的发展逐渐暴露出来。党的十八大根据转变经济发展方式的要求,明确提出,要牢牢把握扩大内需

---

① 习近平:《关于〈中共中央关于制定国民经济和社会发展第十四个五年规划和二〇三五年远景目标的建议〉的说明》,《人民日报》2020 年 11 月 4 日。

这一战略基点,加快建立扩大消费需求长效机制,释放居民消费潜力,保持投资合理增长。党的十九大进一步指出,要完善促进消费的体制机制,增强消费对经济发展的基础性作用。党的二十大继续强调增强消费对经济发展的基础性作用。由追求高积累到明确消费对经济发展的基础性作用,反映了我国发展理念及相应的发展方式的转变。

根据马克思的再生产理论,生产、消费既是起点,也是终点;相应地,国民经济循环有正向循环和反向循环两个链条。正向循环是以生产为起点、消费为终点,其间经过分配和流通环节的循环;反向循环则是以消费为起点、生产为终点,其间经过分配和流通环节的循环。正向循环和反向循环形成完整的、闭合的、正负反馈的循环链。正向循环中,生产决定消费,生产方式决定消费需求和消费方式。反向循环中,消费决定生产。对于快速增长型经济体而言,以消费为起点的顺畅的反向循环就特别重要。一方面,最终消费需求对供给有显著的牵引作用。就如马克思分析的,在再生产中,消费提供生产的目的和动机,没有消费就没有生产。居民消费能力的提升将直接带动生产水平提升。另一方面,我国的生产能力达到高位水平,经济增长的主要制约因素是市场需求。在已有的发展格局中有相当一部分的生产能力是靠国际市场需求消化的,现在这些国外需求中的一部分由扩大的国内消费需求来替代。

进入新时代以来,我国消费、投资、出口三大需求中,最终消费支出对GDP增长的贡献率显著提高,明显高于投资和出口需求的贡献率。据国家统计局数据,2013—2019年7年间最终消费支出对GDP增长的贡献率分别为50.2%、56.3%、69%、66%、55.9%、64%、58.6%,2021年为65.4%,2023年达82.5%。消费发挥了保证经济稳定运行的"压舱石"功能,消费需求成为中国经济增长的第一动力源。

在推进现代化的进程中,基于消费在新发展格局中的基础地位,需要从以下两个方面进一步拉动消费需求,从而拉动经济增长。

第一,提高社会消费力,即居民的消费能力。根据马克思的相关理论,发展生产力与培育消费力同等重要。消费力本质上就是一种生产力。"消费的能力是消费的条件,因而是消费的首要手段,而这种能力是一种个人才能的发展,一种生产力的发展。"①对消费力同消费需求的关系可以用宏观经济学的宏观均衡式分析,一般关注储蓄与投资需求均衡的关系(即储蓄＝投资)。现在研究消费,就要关注消费力和消费需求均衡的关系(即消费力＝消费需求)。等号左边的是供给方面的消费力,等号右边的是消费需求。这就是说,扩大消费需求的前提是在供给方面提高消费力,而且要解决消费的供给能否充足地转化为消费需求的问题。

第二,消费升级。据国家统计局数据,2015年至2019年我国恩格尔系数从30.6%下降到28.2%,2021年回升为29.8%。总体上,随着收入的增长,居民对食品之类的基本生活消费品的需求在新增收入中的比重明显下降。2021年全国居民人均消费支出中,食品、烟酒消费支出占29.8%,居住消费支出占23.4%,交通通信、教育文化娱乐、医疗保健、生活用品及服务消费支出分别占13.1%、10.8%、8.8%、5.9%,其他用品及服务消费支出占2.4%。居民消费结构升级是现代化方向,体现了居民对满足发展和享受需要的消费品和消费服务需求的增长。要适应消费升级方向,以提升质量、打造品牌为重点,促进消费向健康、绿色、安全等领域转型,形成消费新模式,培育消费新业态。消费升级可以促进更优质、更广泛的消费品供给,为居民提供样式更多、质量更高的消费品选择。消费结构的这种转型必然牵动供给结构转型。转向新发展格局需要对消费升级的方向给予支持和引导。

以上提高消费率的安排,同时也会拉动和引导投资需求。满足居民的消费升级及公共消费的需要会牵引相应的投资需求。从这个意义上说,提高消费率并不挤出投资需求,而是给投资需求提供方向、创造新空间,加速推进居民储蓄向投资转变。

三、 最终消费的形成依赖生产、分配和流通环节的作用

强调以消费为起点的国民经济的反向循环,突出消费的基础性作用,绝不意味着只有最终消费影响国民经济循环。最终消费从哪里来,消费力是如何提高的? 这些要靠再生产的其他环节的作用。

---

① 《马克思恩格斯全集》第46卷(下),人民出版社1980年版,第225页。

(一) 生产和分配环节解决居民能消费和敢消费问题

扩大消费需求需要收入增长的支撑。扩大有收入支撑的消费需求涉及生产和分配环节。在生产环节最为重要的是稳定和扩大就业。这是收入增长之源。

在社会再生产中分配是生产与消费之间的重要媒介,扩大消费需求离不开分配的作用。根据马克思的消费力理论,个人消费力是由其收入水平决定的,而社会消费力则决定于社会的分配关系。影响消费力的因素主要包括两个方面,一是企业内的收入分配关系,即微观分配关系,生产成果在不同生产要素所有者之间或在社会各个阶层之间的分配决定着消费力;二是国民收入在积累和消费之间的分配比例,即宏观分配关系。现阶段畅通的国民经济循环,转向新发展格局需要通过分配关系的调整来提高居民消费力,从而扩大消费。其主要路径包括以下方面:

第一,增加居民收入,特别是需要提高低收入者的收入。低收入群体的消费收入弹性是最高的;也就是说,低收入群体一旦收入提高,消费倾向会最为强烈。我国完成的脱贫攻坚任务消灭的是绝对贫困,相对贫困问题仍将长期存在。低收入人群中大部分是农民和城市中的失业者。提高这部分群体的收入是增强社会消费力的重要方面。其路径,一是稳就业。就业是民生之本,需要进一步强化就业优先的政策,完善失业保险制度。二是坚持和完善以按劳分配为主体、多种分配方式并存的分配制度,提高居民收入在国民收入分配中的比重,建立健全促进工资合理、稳步增长的机制,解决"没钱可花"问题。

第二,完善社会保障制度,形成良好的消费预期,解决"有钱敢花"问题。社会保障体系对低收入者具有消除消费的后顾之忧作用,也是社会稳定器。当前社会保障体系的完善主要涉及三个方面:一是提高社会保障水平;二是坚持公平原则;三是实现城乡、异地社会保障制度接轨,同时发挥好慈善、捐赠等第三次分配的作用,改善收入和财富分配格局,从而为消费者营造放心消费、敢于消费的制度环境。

第三,扩大中等收入群体。居民按收入层次分为高收入、中等收入和低收入三个群体,我国目前是低收入者占多数的金字塔型结构。与新发展格局相适应的结构是,越来越多的低收入人员上升到中等收入群体,形成两头小、中间大的橄榄型分配结构。2035年基本实现社会主义现代化的一个重要标准是中等收入群体显著扩大。对扩大消费需求来说,中等收入群体的消费意愿和消费能力相对较强,是中高端消费的主力,是消费升级的领头羊,是产业升级的推动者。我们所讲的中国市场大,不只是指14亿多人口的市场,更是指4亿多中等收入者的市场。因此,扩大中等收入群体规模是构建新发展格局的重要政策目标。从实践看,中等收入群体基本上是靠要素报酬获取收入的,资本收入、技术收入、管理收入是中等收入群体的主要收入来源。

第四,完善再分配调节机制。现阶段的再分配机制主要有社保、税收、转移支付等。这些再分配机制的运行以精准调节为目标,控制过高收入、提高低收入。尤其要强调扩大公共消费。公共消费一般是由政府财政承担,用于行政管理、科学、国防、文化、教育、环境保护、卫生保健、城乡公用事业及各种生活服务方面的消费支出。我国公共消费的比重在计划经济时期比较高。市场化改革后,许多公共消费由私人消费替代。有些地方过度市场化,把公立医院、学校、幼儿园也私有化,导致公共消费比重不断下降。2019年我国公共消费占GDP的比重为16.6%,该比重的世界平均水平为17.1%。我国在进入上中等收入国家发展阶段后公共消费比重还有上升空间。现在我国已全面建成小康社会,党的十九届五中全会通过的《中共中央关于制定国民经济和社会发展第十四个五年规划和二〇三五年远景目标的建议》中明确提出适当增加公共消费。不仅如此,公共消费中用于国家行政管理方面的消费的比重会逐渐下降,而用于科学、文化、教育、环境保护、卫生保健等方面的消费的比重会逐渐增加。扩大公共消费需要明确教育、卫生、医疗的准公共产品属性,私人资本进入这些领域只是作为补充而不能起替代作用。而且,扩大公共消费绝不仅仅是消费量的扩大,更为重要的是通过扩大公共消费来推进基本公共服务的均等化。转向新发展格局,需要在公共消费领域提高社保、医疗、教育、就业等方面的公共支出,减轻居民享用这些公共服务的经济负担,提升与民生直接相关的公共服务的范围和质量。

(二) 流通环节解决居民愿消费问题

马克思指出,流通是商品占有者的全部相互关系的总和,涉及市场关系。最终消费是在市场上实现的,自给自足的消费只局限在家庭范围,无法形成国民经济的循环。

由于国民经济的循环实质上是社会总产品的市场实现问题,社会再生产的实现涉及在市场上实现价值补偿和物质替换,这需要完善的市场体系和规范的市场秩序。畅通国民经济循环很大程度上是指畅通市场流通。我国流通环节的突出问题是,资本、土地、劳动力等要素的合理流动仍然存在不少障碍,地方保护主义导致市场分割等深层次问题仍有待解决。我国的物流成本偏高已是社会共识,全社会各种物流成本占到了 GDP 的 15%;而美国只有 7%,欧洲、日本为 6%—7%,甚至东南亚发展中国家也只有 10% 左右。

消费只有同流通结合才能形成现实的消费需求。流通作为生产和消费的媒介,一头连着生产,一头连着消费。完善的市场机制能够有效调节供求关系,市场价格自动调节供给与消费需求的适配性,也就是结清市场供求。这正是国民经济顺畅循环所需要的调节机制。对于居民的消费力来说,对其消费的支付能力起决定性作用的不仅有收入分配因素,还有流通领域的市场价格因素。

消费需求实际上指的是市场需求,市场到哪里,哪里的潜在消费需求就会成为现实的消费需求。由于市场的创新和扩大会创造和扩大消费需求,畅通国民经济循环所需要的最终消费需求的增长离不开市场有效作用。基于流通与消费的关系,尤其是市场对扩大消费需求的作用,构建新发展格局需要着力进行市场建设。

首先,建设现代标准的市场体系,打通生产和消费的市场堵点,确保市场流通。其中包括建立适应多层次消费需求的新型市场,健全现代流通体系和物流体系,特别是要开拓城乡消费市场,提高农民的消费力。其次,发展消费金融。根据马克思的市场理论,货币作为流通媒介后,买和卖在时间和空间上不一致,这时候信用介入就可以畅通流通。推行消费信用,就能克服短期内消费能力的不足,进而达到扩大消费需求的作用。当然,还需要防范可能存在的债务风险,尤其要重视消费领域的信用体系建设。最后,发展流通新技术新业态新模式,其中包括利用电子商务发展线上流通,发展无接触交易服务,促进线上和线下的融合发展,降低企业流通成本。

有两个市场秩序问题对扩大消费影响最大:一是假冒伪劣、坑蒙拐骗等行为直接挫伤消费热情;二是市场价格水准直接影响消费的支付能力。因此强化并优化市场监管机制,规范市场价格形成,建设法治化营商环境和消费环境,可以使人们在良好的消费预期中扩大消费需求。

以上分析表明,内需体系不只是消费环节,而是包括分配、流通、消费在内的系统。相应地,培育完整的内需体系是个系统工程,需要以最终消费为中心,分配和流通环节与之相协同并且相互畅通。

四、内循环的供给侧支撑

生产大国同时要成为消费大国,从而扩大内需,不仅要解决消费力问题,还要解决对国内产品的需求问题,否则提高的消费力更多的是形成对进口产品的需求,而不是内需。在开放型经济中,扩大对国内产品的消费需求不能靠政府保护,而是要靠自身的供给体系及其产品和服务对消费需求的吸引力,以产品的质量和品牌赢得消费者的信任。

畅通国民经济循环要求深化供给侧结构性改革,提升供给体系对国内需求的适配性,包括投资对优化供给结构的关键作用。由此形成需求牵引供给、供给创造需求的更高水平动态平衡。

第一,供给体系质量和水平的提升。根据内生技术变迁理论,新技术主要是在市场利益的驱动下产生的,其生产量是由新技术的市场需求所决定的。市场需求规模制约着技术创新的发生及其规模,这是需求引致技术创新的普遍机制。中国是超大规模的国家,数量众多和规模庞大的企业可以形成巨大的技术市场和技术需求,这是大国创新的推动力量。同时,大国对技术创新还有特殊的国家需求,大国的强盛要求建立独立完备的产业体系,这就需要有独立完备的技术体系做技术支撑,不可能像小国那样发展单一的重点产业和相应技术。而且,在世界经济体系中的大国经济和技术竞争特别突出,大国不可能像某些小国那样单纯依靠引进国外技术来发展经济,而是必须有自主创新的技术体系来保障国家安全和经济发展。

第二,发展服务经济,许多产品消费需要以服务消费为媒介。服务经济与消费经济互动发展。新型消费业态的拓展也是由服务业引导的。哪里的消费需求旺盛,服务业就到哪里去;哪里的服务业发达,哪里的消费需求就旺盛。从消费结构看,2021年上半年,我国服务消费比重已上升到52.5%,但与发达国家普遍在70%以上的水平相比,我国服务消费发展空间仍然广阔。

第三,攻克产业链上"卡脖子"环节技术难题。面对世界百年未有之大变局和全球疫情冲击,要牢牢坚持供给侧结构性改革这个战略方向,打通产业链循环的堵点,把产业链国外循环受阻的环节转向国内。产业链循环的畅通既涉及需求又涉及供给。产业链上的每一个环节都会存在前向和后向的需求问题,也都存在供给问题,尤其是技术供给问题。目前产业链中断的国外环节并非都是国内不能配套,或者不具备相应的技术供给条件的环节。我国具有最完整、规模最大的工业供应体系,是全世界唯一拥有联合国产业分类中所列全部工业门类的国家。这种完整的供应链能够支撑中国转向以国民经济内循环为主体的新发展格局。

产业链转向以内循环为主体的关键是在疏通产业链上下游关系中重组供应链和产业链:一方面要使中断的国际产业链环节能够在国内找到替代;另一方面要将失去国外订单的供应商变成推销商,在国内找到新的买家,在此基础上保持供应链的稳定性和竞争力。要提升供给体系对国内需求体系的整体适配性,针对产业链上可能遭到封杀、断供的环节,在可能"一剑封喉"的环节拥有自主知识产权和可控性。这是现阶段产业链转向内循环的着力点。

第三节
新发展格局中的开放发展

新时代的现代化需要站在国内国际两个大局相互联系的高度,审视我国和世界的发展。开放发展涉及要素的全球配置,只有开放才能获取现代化所需的国际资源尤其是创新要素。开放发展无论是在过去、现在还是将来都是中国发展的重要动力源。习近平总书记多次强调,中国开放的大门不会关闭,只会越开越大。发挥国内大循环的主导作用并不意味着自我封闭,而是要让国内市场发挥在资源配置和经济增长中的基础性作用,改变中国参与国际竞争的形式、方式和途径,以国内国际双循环代替"两头在外、大进大出"的单循环格局;同时要使国内市场与国际市场链接起来、互动起来,以宏大顺畅的国内经济循环,更好吸引、优化、重新配置全球资源与要素,满足国内需求的同时全面提升我国产业技术水平,培育我国参与国际经济竞争和合作的新优势。

一、参与国际分工由比较优势转向竞争优势

新时代经济全球化的推进意味着原有资源禀赋(劳动力和资源)的比较优势逐步终结。习近平总书记在 2015 年中央全面深化改革领导小组第十六次会议上明确提出,要加快形成有利于培育新的比较优势和竞争优势的制度安排。所谓新的比较优势,也就是竞争优势。它不是建立在原来的资源禀赋的比较优势基础上,而是在创新驱动基础上培育核心技术的竞争优势,就是把创新和技术进步列为思考的重点。这种新优势的核心竞争力是技术、品牌、服务和质量,其中尤其要重视三个方面的优势:一是核心技术的优势。核心技术是国之重器,如习近平总书记所讲的:"国际经济竞争甚至综合国力竞争,说到底就是创新能力的竞争。谁能在创新上下先手棋,谁就能掌握主动。"[①]二是人才优势。要集聚高端科技和管理人才。三是产业优势。就如波特所说的竞争优势理论的依据,即一国产业是否拥有可与世界级竞争对手较劲的竞争优势。谋求竞争优势的基本途径是依靠科技和产业创新推动国内产业结构升级,特别是发展与其他发达国家相同水平的新兴产业,形成能与世界级竞争对手较劲的具有竞争优势的产业结构。这体现了增长的内生性,也是参与外循环的支撑。

二、开放发展由出口导向转向创新导向

出口导向的开放模式主要表现为"利用外资—发展生产—扩大出口—扩大利用外资"或"出口创汇—扩大进口—发展生产—扩大出口"的链条。这种模式忽略了培育国内市场大循环体系,未能发挥超大规模经济体的优势。新发展格局所需要的开放发展,突出的是围绕自身发展需要参与利用国际市场,有效配置国际资源。目标在于增强自身的国际竞争力,在开放中提升质量和效益。在新

---

① 《习近平关于社会主义经济建设论述摘编》,中央文献出版社 2017 年版,第 125 页。

发展格局中,创新导向的开放发展,是"以我为主"的国际分工,注重产业结构的升级,特别是发展战略性新兴产业,目标是占领科技和产业发展的世界制高点。

创新导向的开放发展的主要特征是坚持"出"和"进"并重,利用超大规模的国内市场,以高质量的"进"促高水平的"出",有效畅通国内国际双循环。这涉及两个方面:一是借助进博会等平台扩大进口,尤其关注国内循环中遇到的技术供给堵点环节的产品和技术进口。二是优化升级外商直接投资。在有序放宽市场准入的同时,注重外资质量。与过去以"三来一补"等方式利用国内劳动力和环境资源的制造环节的外商投资不同,引进外资要以其科技水准进行选择:外资进入的环节应该主要集中在产业链的中高端环节;外资进入的产业应该是国际领先的新兴产业,在中国完成产业链的"补链""扩链""强链"。在此基础上的"出"是出口替代,提高出口质量,包括以绿色产品替代资源密集型、高能耗高污染的产品,以科技密集型产品替代劳动和资源密集型产品。

服从于产业链现代化要求,创新导向的开放发展着力引进创新资源。一是突出高端人才的引进。过去着力引进资本要素,原因是其他国际资源包括技术和管理要素往往是被资本带入。创新导向则着力引进高端创新人才,原因是国际创新要素(包括高端科技和管理要素)是跟着人才走的。这些人才进入我国的大学、科研机构、研发平台和科技企业,可以引领科技创新和创业。二是依靠开放式创新强化自立自强的科技创新。创新导向的开放发展把主要从事基础研究的大学和科研机构推向了开放发展的前台。自立自强不等于封闭创新,而是更需要开放式创新。科研部门可以通过开放性实验室、开放式研究平台吸引和引进国际科学家参与高端核心技术的研发。不仅瞄准产业链上的"卡脖子"技术,而且瞄准国际前沿技术,以最新的原创性科技引领国内国际双循环。

三、重组产业链国际布局

新发展格局不排斥产业链的国际布局,这是全球配置资源能力提升的重要方面。尽管某些发达国家针对我国产业链的一些环节进行断供,但不可能完全堵塞外循环的通道。在产业链布局多元化的背景下,我国以我为主的产业链可以找到新通道。第一条是"一带一路",我国可以同"一带一路"沿线国家和地区开展多层次、多领域的务实合作,促进商品、资金、技术、人员更大范围流通,开拓合作共赢新局面,共同推动世界经济强劲、可持续、平衡、包容增长,让经济发展成果惠及不同国家、不同人群。第二条是以《区域全面经济伙伴关系协定》(RCEP)生效实施为契机推动中日韩、东盟等"近邻循环",RCEP一体化大市场的形成将释放巨大的市场潜力,进一步促进区域内贸易和投资往来,有利于形成双循环新发展格局。第三条是自贸区和中国特色自由贸易港。截至2021年底,我国已设立21个自贸试验区及海南自贸港,它们的一个重要使命就是要在贸易自由、投资自由、资金流动自由、运输自由、人员停居留和就业自由、数据流动自由等方面进行先行先试。产业链布局以自贸区(港)为依托,培育与国际市场相通的产业实力和能力,打造具有国际影响力的先进制造业集群、战略新兴产业基地等。

产业链"走出去"布局,并不仅仅是为了攫取稀缺的矿物资源,还要增强中国企业市场竞争优势。具体来讲,一是要推动我国品牌企业参与境外基础设施建设和产能合作,推动我国高铁、电力、通信、工程机械以及汽车、飞机、电子等以我为主的产业链走向世界,向极具市场潜力的新兴市场渗透和延伸,以消化国内过剩生产能力和市场竞争的压力。"一带一路"产业链布局将是国际产能合作的重要平台,相关国家也可以共享中国发展成果,与中国企业互利共赢。二是要依托于我国市场规模迅速成长的"母市场效应",除了提升出口结构的水平外,还可以在"走出去"中就地利用国外先进生产要素尤其是高级人才,以此服务于国内企业的研发设计能力提升。三是要利用我国巨额的外汇储备,扩大在国外的投资,充分利用所在地稀缺资源,增强我国企业在全球价值链上的产业控制力,构建以我为主的全球产业链国际布局。四是要有效利用产品、资本的纽带,全面建立"国内与全球"之间的知识流动管道,构筑国内创新创业的双向流动机制,提升国内企业在全球创新网络中的地位。

四、转向制度型开放

中国已有的开放型经济基本上以政策型开放为特征,以优惠政策和差别待遇为基础,以利用外资和大规模出口为主导,以开发区为载体,从而形成大进大出的循环格局。在新发展格局中,我国的对外开放需要进一步提升,由政策型开放转向制度型开放。

制度型开放的实质是推动形成全面开放新格局。2018年4月,习近平主席在博鳌亚洲论坛上提出:"坚持引进来和走出去并重,推动形成陆海内外联动、东西双向互济的开放格局,实行高水平的贸易和投资自由化便利化政策,探索建设中国特色自由贸易港。"①这个对外开放新格局体现高质量的开放发展,具体表现在四个方面。一是在提升向东开放的同时,推进与"一带一路"沿线国家合作,加快向西开放步伐,推动内陆沿边地区成为开放前沿。二是进口与出口并重。2018年在上海举办第一届中国国际进口博览会,2020年在北京举办中国国际服务贸易交易会。三是扩大引进外资的领域和深度。不仅以负面清单保障外资进入中国的领域,而且进一步放开对外资进入的限制,尤其是金融领域的进一步开放。四是建立对外开放的新载体。为推动资源和商品更为便利地国际流动,实行高水平的贸易和投资自由化便利化政策,设立自由贸易试验区、自由贸易港。

由政策型开放转向制度型开放,要求全面对标国际高标准市场规则体系,吸收借鉴国际成熟市场经济制度经验和人类文明有益成果,在规则、规制、标准、管理等方面与国际接轨,进一步优化法治化营商环境。我国可以依托自贸区(港)的"改革试验田"功能,围绕建设开放新高地,扩大制度型开放。通过国内国际双循环,推动我国由商品和要素流动型开放向规则等制度型开放转变。实施自贸区扩容和提升战略,充分发挥自贸区与自贸港的引领作用,赋予其更大改革自主权,通过加强协同与集成式制度创新,不断放宽市场准入限制,有序扩大服务业开放水平,在数字经济、互联网等领域持续扩大开放,进一步完善外商投资准入负面清单管理制度、涉外法律体系、知识产权保护制度、海外企业管理与保护制度等,优化我国公平竞争环境,深入开展贸易和投资自由化便利化改革创新,以推动形成更高水平开放型经济新体制。

制度型开放还要注意统筹发展与安全的关系,防范和化解影响我国现代化进程的各种风险,构筑与更高水平开放相匹配的监管和风险防控体系,不断增强我国现代化经济体系的自身竞争能力、开放监管能力、风险防控能力。

---

① 《习近平谈治国理政》第三卷,外文出版社2020年版,第193—194页。

第十三章
国家治理体系和治理能力现代化

  现代化进程,不仅是科技和产业进步的过程,也是制度现代化的过程。一个国家能否走上现代化道路,现代化发展进程是快是慢、是优是劣,归根到底要由其制度变迁和创新来决定。实现现代化需要制度创新先行。2024年5月23日,习近平总书记在主持召开企业和专家座谈会时强调,进一步全面深化改革,要锚定完善和发展中国特色社会主义制度、推进国家治理体系和治理能力现代化这个总目标,紧扣推进中国式现代化。中国式现代化的制度现代化有三大基石:一是基本经济制度,二是市场制度,三是国家治理体系和治理能力。

第一节
推动现代化的制度创新

实现现代化需要制度创新先行。对经济现代化来说,制度现代化是基础。在罗斯托看来,经济起飞的三个特征之一便是"存在或迅速出现一个政治、社会和制度体系,这个体系能够发掘现代部门扩张的动力,以使起飞带来潜在的外部经济效果,并使增长具有连续性"[①]。习近平总书记指出:"中国式现代化既要创造比资本主义更高的效率,又要更有效地维护社会公平,更好实现效率与公平相兼顾、相促进、相统一。"[②]这个目标的实现,依赖于国家治理体系和治理能力的现代化。

一、制度变迁理论

实现经济的现代化,先要有制度的现代化。诺贝尔经济学奖获得者诺思通过研究发达国家的经济史提出,产业革命不是由人们常说的技术上的突变开启的,而是一系列的制度上的变化为技术革命铺平了道路。在技术没有发生变化的情况下,通过制度创新和变迁也能实现经济增长。推动产业革命的技术不是出现在制度变迁之前,而是之后。根据诺思的研究,19世纪下半叶之所以产生产业革命,原因是在此之前出现了一系列的制度变迁,在三个方面最为突出,一是建立了一套产权制度,尤其是专利制度,提高了发明和创新的私人收益率;二是市场规模的扩大,减少了交易费用,并且符合规模经济;三是组织的变迁,从家庭和手工生产的纵向一体化走向专业协作化,分工和专业化推动技术进步。显然,是制度的变迁推动了技术进步,从而引发了第一次产业革命。因此得出的结论是制度变迁推动了先行国家走上现代化之路。[③]

诺思的研究还发现,与技术变迁相类似,在制度变迁中,同样存在着报酬递

---

① [美] W. W. 罗斯托:《从起飞进入持续增长的经济学》,贺力平等译,四川人民出版社1988年版,第30页。
② 习近平:《推进中国式现代化需要处理好若干重大关系》,《求是》2023年第19期。
③ 参见 [美] 道格拉斯·C.诺思:《经济史中的结构与变迁》,陈郁、罗华平等译,上海三联书店、上海人民出版社1994年版。

增和自我强化的机制。这种机制使制度变迁一旦走上某一路径,它的既定方向会在以后的发展中得到强化。这就是路径依赖。沿着既定的路线,制度变迁可能进入良性循环的轨道,迅速优化;也可能顺着错误的路径走下去,甚至被锁定在某种无效率的状态中。一旦进入锁定状态,就很难走出这种境地。这就是说,一个国家只有选择了一条正确的路径,有一套制度的保证,才能走上持久增长之路。

制度变迁可以理解为一种收益更高的制度对另一种收益较低的制度的替代过程。现代化的动力不仅靠技术革新,也靠制度创新。如果没有制度创新,没有通过一系列制度(包括产权制度、法律制度等)构建把技术创新的成果巩固下来,那么人类社会长期经济增长和社会发展是不可设想的。

制度是一系列被制定出来的规则、守法程序和行为的道德伦理规范。制度可以看成是社会的游戏规则,是人类在生产和交易中创造出来用以规范人们相互交流和交易的行为的。制度包括正式的制度安排,如政治制度、法律、组织等;也包括非正式的制度安排,如社会的习俗、惯例等。正式制度和非正式规则相互作用,构成制度的完整变迁过程,进而决定了社会变迁的轨迹。

实践证明,进入现代化的国家无一不是实行市场经济体制的国家。我国的发展实践证明了制度变迁的重要性。从20世纪70年代末开始到现在所进行的改革就是制度变迁的过程。改革选择了市场化的方向,逐步明确建立社会主义市场经济体制和社会主义初级阶段的基本经济制度。由于选择的制度变迁方向正确,取得了报酬递增和自我强化的效应,市场的作用也由对资源配置的基础性作用演化到决定性作用。由制度变迁推动,技术变迁也进入创新驱动阶段。

二、 现代化对国家治理体系和治理能力的要求

党的十八届三中全会通过《中共中央关于全面深化改革若干重大问题的决定》,提出把"完善和发展中国特色社会主义制度,推进国家治理体系和治理能力现代化"作为全面深化改革的总目标。其基本要求是在重要领域和关键环节改革上取得决定性成果,形成系统完备、科学规范、运行有效的制度体系,使各方面制度更加成熟更加定型。这也是实现社会主义现代化的制度保障。

第十三章　国家治理体系和治理能力现代化

所谓国家治理体系,是治理国家的制度体系,包括经济、政治、文化、社会、生态文明和党建等各领域体制机制、法律法规安排,是一整套紧密相连、相互协调的国家制度。所谓国家治理能力是运用国家制度治理社会各方面事务的能力。国家治理体系现代化,是指适应时代变化,既改革不适应实践发展要求的体制机制、法律法规,又不断构建新的体制机制、法律法规,使各方面制度更加科学、更加完善,实现党、国家、社会各项事务治理制度化、规范化、程序化。

国家治理体系和治理能力的现代化有方向和道路问题。道路关乎国家前途、民族命运、人民幸福。国家治理体系和治理能力的现代化,实际上规定着中国现代化的方向和道路。我国建立适合国情的治理体系,就是坚持中国共产党的领导,"既不走封闭僵化的老路,也不走改旗易帜的邪路",只能走中国特色社会主义道路;也就是在中国特色社会主义制度体系的框架内寻求现代化的国家治理体系。

第一,现代化需要在转变经济发展方式中实现,转变经济发展方式的基础是制度创新。现有的物质资源投入型经济发展方式是由激励投入的制度支持的。要想转向创新驱动型经济发展方式需要建立激励创新的制度。已有的发展主要依靠物质资本的投入,相应的制度安排基本上是建立在物质资本产权基础上的。而在现代增长中,知识资本和人力资本越来越成为决定性的资本,知识创新体系和技术创新体系的衔接和协同也成为制度创新的关键。相应的制度安排很大程度上成为新的产权制度安排的基础。

第二,现代化不仅需要依靠完善的市场机制增强微观活力和动力、提高效率,还需要宏观平衡,防止经济的大起大落,以免宏观失衡打断现代化的进程。在中国这样的发展中大国,协调问题不仅涉及区域、城乡协调,还涉及产业协调。所有这些都涉及企业、市场和政府的制度安排。

第三,现代化需要协调好多方利益。现代化虽然会增进所有人的利益,但每个人的利益增进程度是不一样的。社会制度安排的本质是社会对不同利益要求的制度性响应。现代化是在进入中等收入国家发展阶段后提出的。进入这个阶段,人民群众的关注点由物质需要进一步转向精神需要,关注健康和教育,关注社会公平。特别是在文化水平提高以后,人民群众的维权意识也会大大增强。

与此相应,社会矛盾也会比过去突出,居民的维权诉求更可能转化为维权行动。在此新的社会背景下,政府不仅要努力使广大工人、农民、知识分子和其他群众共同享受经济社会发展的成果,使他们不断得到看得见的物质文化利益,从而使现代化得到人民的支持,而且要借助国家的公共制度安排和治理能力提升来协调多方利益,使社会资源分配更加公平和公正。国家需要建立多元化的利益表达机制和诉求机制,需要适应人民群众不断增强的权利意识,推进基层群众自治,完善信息公开机制,为公民有序参与政治开辟新渠道。

显然,以上现代化进程中出现的新问题和新矛盾、提出的新课题都涉及国家治理层面,需要通过改革解决国家治理体系和治理能力的现代化问题。这个问题不解决好,我国难以真正走上现代化之路。

第二节
社会主义基本经济制度的完善

一定社会的基本经济制度是该社会的生产关系的总和。中国的经济体制改革是围绕改革和完善基本经济制度推进的。党对社会主义基本经济制度的认识是逐步深化的。在已经明确公有制为主体、多种所有制经济共同发展是我国社会主义初级阶段的一项基本经济制度的基础上,2019年党的十九届四中全会明确把公有制为主体、多种所有制经济共同发展,按劳分配为主体、多种分配方式并存和社会主义市场经济体制这三个方面的制度一起称为社会主义基本经济制度。这是从生产、分配和交换三个维度勾画出社会主义基本经济制度。

需要指出的是,基本经济制度的每一个方面都涉及过去政治经济学理论中所认为的两种相对立的经济形态,如公有制与多种非公有制经济、按劳分配与要素报酬、社会主义和市场经济,但现在均包容在基本经济制度中。这种包容性正是各自在体现社会主义制度优越性方面和发展社会生产力方面的制度优势的结合。公有制为主体、多种所有制经济共同发展,按劳分配为主体、多种分配方式并存和社会主义市场经济体制组成的社会主义基本经济制度是中国独特的创造,是中国式现代化的制度保证。

一、公有制为主体、多种所有制经济共同发展的制度优势

我国原来是公有制的天下。我国的经济改革从农村实行家庭联产承包责任制、城市发展个体私营经济开始,到引进外资,国有经济有进有退的战略性调整,直至明确混合所有制经济是基本经济制度的重要实现形式,形成了公有制为主体、多种所有制经济共同发展的所有制结构。实践证明,包括公有制和非公有制在内的多种所有制经济共同发展的所有制结构对发展社会生产力有五大制度优势。

第一,以适合社会主义初级阶段的所有制形式动员了一切发展生产力的资源和活力。改革开放40多年来,我国经济发展能够创造中国奇迹,公有制经济和非公有制经济都作出了重大贡献,特别是发展民营经济充分动员了民间资本。现在民营经济贡献了50%以上的税收,60%以上的GDP,70%以上的技术创新成果,80%以上的城镇劳动就业,90%以上的企业数量。

第二,多种所有制经济的存在促进了不同所有制之间的竞争,尤其是促使公有制经济在竞争中改革自身体制,完善了公有制的实现形式,国有企业普遍亏损的现象得到了逆转。公有制经济的竞争力、创新力、控制力和抗风险能力得到大大增强。

第三,公有制经济和非公有制经济在竞争中合作。公有制和非公有制的存在都有其目标导向,分别在各自见长的领域发挥自己的制度优势。公有制经济主要在公益性和自然垄断性领域,追求公益性和公平性方面的目标;非公有制经济主要在竞争性领域,追求利润目标。虽然两种所有制经济所追求的目标不完全协同,但彼此间的竞争过程又是相互学习的过程。公有制经济学习非公有制经济的效率,非公有制经济学习公有制经济的社会责任感。不同所有制企业在提高效率、促进公平方面实现合作。

第四,混合所有制经济成为基本经济制度的重要实现形式,国有制企业可以在产权交易中吸引非国有资本进入,做大做强做优。非公有资本可以参股控股国有企业。这就为各类企业增强活力提供了资本动力。在公有制控股的混合所有制企业中,公有制为主体,多种所有制经济在同一个企业内共同发展。

第五,在多种所有制经济共同发展的基础上推进现代产权制度建设。党的十九大把完善产权制度作为经济体制改革的两大重点之一,目标是完善产权的有效激励。主要涉及三个方面:一是建立现代产权结构,以多元股权混合、产权明晰为特征,明确产权结构中的出资者产权、法人财产权,农村土地制度中实行所有权、承包权、经营权三权分置等;二是在严格保护产权基础上允许并规范产权交易,促使资产向高效率企业集中;三是实行有效的破产制度。这种现代产权制度对发展生产力具有明显的制度优势。理论和实践都证明,财产权利的激励是相当重要的激励。产权激励是市场经济最强大的动力源。对企业来说,最致命的风险是产权丧失,最重要的收益是财产增值。产权的界定、配置和流转具有更强更有效的激励作用。把人们从事经济活动的努力和财产权利紧密地联系在一起,是稳定持久的激励措施。

在多种所有制经济共同发展的基础上,公有制为主体的制度优势体现在实现社会主义制度的优越性。面对共同发展的多种所有制经济,公有制经济不是依靠其数量而是依靠其质量和地位发挥明显的主体地位作用。公有制经济依靠其在社会总资产中占优势、控制国民经济命脉的主体地位对现代化的方向起导向作用,尤其是在共同富裕方面起推动作用。因此,习近平总书记指出:"公有制主体地位不能动摇,国有经济主导作用不能动摇。这是保证我国各族人民共享发展成果的制度性保证,也是巩固党的执政地位、坚持我国社会主义制度的重要保证。"[①]

二、按劳分配为主体、多种分配方式并存的制度优势

针对原有的平均主义大锅饭式的收入分配体制,我国的分配体制改革先是明确坚持按劳分配,后又明确各种生产要素按贡献参与收入分配,从而形成按劳分配为主体、多种分配方式并存的分配制度。推进现代化,在分配体制上既要坚持按劳分配为主体,又要完善按要素分配的体制机制,促进收入分配更合理、更有序。其发展生产力的制度优势主要体现在四个方面:

第一,完善要素报酬机制。在各种生产要素属于不同的所有者的条件下,要

---

① 《习近平关于社会主义经济建设论述摘编》,中央文献出版社2017年版,第63—64页。

素报酬具有激励要素投入的功能。生产要素参与收入分配可充分动员和激励属于不同要素所有者的要素投入,让一切创造社会财富的源泉充分涌流。完善要素报酬机制需要提高全要素生产率,这与要素报酬的原则相关。党的十八届三中全会提出,健全资本、知识、技术、管理等由要素市场决定的报酬机制。党的十九届四中全会进一步提出,健全劳动、资本、土地、知识、技术、管理、数据等生产要素由市场评价贡献、按贡献决定报酬的机制。要素报酬不只取决于各种要素的投入,还取决于要素的贡献,以及各种要素市场的供求。这种分配机制既促进了企业对要素的有效组合,提高了全要素生产率,又促进了贡献大的优质要素的供给,尤其是明确知识、技术和数据的贡献及相应的报酬推动了创新及创新成果的应用。基于这种分配制度,一切创造财富的劳动、资本、土地、知识、技术、管理、数据等生产要素的活力竞相迸发,充分释放了发展经济的潜力。

第二,在多种分配方式并存中坚持按劳分配为主体,不仅能提高劳动效率,还能促进勤劳致富。参与收入分配的要素包括劳动、资本、土地、知识、技术、管理和数据等。参与收入分配的劳动不只是指生产一线的劳动者的直接劳动;知识、技术、管理和数据等要素在马克思的理论中均属于总体的生产劳动,而且这类劳动是复杂劳动。就如马克思对生产劳动的定义:"为了从事生产劳动,现在不一定要亲自动手;只要成为总体工人的一个器官,完成他所属的某一个职能就够了。"[1]按此定义,按劳分配为主体带来的收入就不能只是指直接劳动的收入,还应该包括知识、技术、管理和数据等要素参与的劳动的收入。只要复杂劳动的收入得到实现,勤劳就能致富。复杂劳动收入连同直接劳动收入一起,就可能实现按劳分配为主体。进一步说,直接劳动者通过教育和培训,提高劳动的复杂程度,掌握知识和技能,可能获取复杂劳动报酬,是勤劳致富的体现。相反,劳动者如果不能掌握知识和技能,勤劳也不一定能致富。这就是习近平总书记所说的:"幸福生活都是奋斗出来的,共同富裕要靠勤劳智慧来创造。"[2]

第三,在要素报酬的分配结构中增加一线劳动者劳动收入,逐步实现共同富

---

[1] [德]马克思:《资本论》第1卷,人民出版社2004年版,第582页。
[2] 习近平:《扎实推动共同富裕》,《求是》2021年第20期。

裕。各种生产要素参与收入分配,一线劳动者收入占比下降是不可避免的。社会主义公平正义的实现要求增加一线劳动者的劳动报酬,鼓励勤劳和智慧致富,逐步实现共同富裕。其路径不是要否认生产要素参与收入分配,而是要靠按劳分配为主体的制度安排。根据马克思的表述,在社会主义社会实行按劳分配的一个重要原因是,在这个阶段,劳动还是谋生的手段。作为谋生手段,劳动报酬的增长就不仅限于劳动者的劳动贡献,还应该包含体现谋生要求的内容。谋生的范围就是必要劳动的范围。随着社会的进步、文化的发展,劳动者的必要劳动范围也应扩大,相应地劳动报酬有增长的趋势。为此需要着力提高一线劳动者的收入,逐步提高最低工资标准。其制度安排是,在初次分配阶段就要处理好公平和效率的关系,提高劳动报酬在初次分配中的比重。为此需要建立企业职工工资正常增长机制和支付保障机制,实现劳动报酬和劳动生产率同步提高。针对一线劳动者在各种生产要素参与收入分配中的弱势地位,需要通过人力资本投资(公平教育)和增加居民财产性收入等途径增加直接劳动者的非直接劳动要素供给,使直接劳动者的收入随着其拥有更多的非直接劳动的生产要素(知识、技术和管理等)而提高。

第四,对非公有制经济也有按劳分配的要求。按劳分配适用范围越广,共同富裕程度越高。在现阶段的收入分配中,劳资收入差距扩大主要存在于非公有制企业。按劳分配本来属于公有制企业分配原则。混合所有制经济成为基本经济制度的重要实现形式后,原有的非公有制经济与公有制经济融合在一起,按劳分配的分配原则也广泛适用于混合所有制经济,按劳分配也就成为混合所有制企业的主体分配方式。而对民营企业来说,由于其处于社会主义社会的环境之中,其包括分配规则在内的经济运行不可避免地要受社会主义制度环境的制约,因此其分配不可能完全自行其是,也需要在一定程度上反映按劳分配要求。虽然民营企业不可能像国有企业那样按国家规定安排收入分配比例,但也需要完善企业工资集体协商制度,着重保护劳动所得,在制度上保证职工的基本权益。

三、社会主义市场经济体制的制度优势

我国在推进市场化改革进程中曾经明确社会主义市场经济是指市场在国家

的宏观调控下对资源配置起基础性作用。党的十八届三中全会对社会主义市场经济的表述是市场在资源配置中起决定性作用和更好发挥政府作用。

习近平总书记在关于现代化经济体系的讲话中重点谈到统一开放、竞争有序的市场体系和充分发挥市场作用、更好发挥政府作用的经济体制。习近平总书记认为有效市场和有为政府的结合是需要在实践中破解的"经济学上的世界性难题"。① 联系中国实际,破解这个难题成为中国式现代化制度创新的特色。在现代化的进程中,毫无疑问需要市场充分发挥作用,也就是需要强市场。但强市场不一定是弱政府,现代化仍然需要政府的强力推动,也就是需要强政府。最为典型的是韩国和新加坡。如果没有政府的强力推动,两国绝不可能在较短的时间内实现现代化。在现代化进程中,强政府与强市场相互协同、并行不悖,市场着力从效率方面推动现代化,政府则是从协调和共享方面实现现代化的社会主义目标。关键在两个方面,一是分清政府与市场作用的边界,两者不是作用于同一资源配置领域,政府在最合适的领域和层面发挥作用;二是政府行为须遵守一定的规范。实现这一目标,既需要市场现代化,也需要政府现代化。

第三节
有效市场和有为政府的合力

在社会主义市场经济体制中推动现代化需要形成市场和政府的合力。无论是市场还是政府都要有现代化的要求和过程。

一、建设现代市场

从效益和效率方面推进现代化的制度基础是市场经济。诺贝尔经济学奖得主斯蒂格利茨在谈及发展中国家现代化时指出:"在发展中国家没有可靠的市场价格体系,企业家的供应有限,需要进行大的结构变革。"② 在中国,这个大变革

---

① 习近平:《不断开拓当代中国马克思主义政治经济学新境界》,《求是》2020年第16期。
② [美]杰拉尔德·迈耶、[美]约瑟夫·斯蒂格利茨:《发展经济学前沿:未来展望》,本书翻译组译,中国财政经济出版社2003年版,第10页。

就是推进社会主义市场经济的改革。正如习近平总书记所说:"理论和实践都证明,市场配置资源是最有效率的形式。市场决定资源配置是市场经济的一般规律,市场经济本质上就是市场决定资源配置的经济。"[1]

(一)市场的效率功能

市场经济体制的基本特征是市场决定资源配置。其基本含义是依据市场规则、市场价格、市场竞争配置资源,实现效益最大化和效率最优化。现实表现是市场决定生产什么、如何生产、为谁生产。

所谓市场决定生产什么,是指生产什么东西取决于消费者的货币选票。市场要起到决定作用,不仅要求生产者即企业自主经营和决策,还要求消费者自由选择。生产者只有按消费者需求、按市场需要决定生产什么,才能真正提供社会所需要的产品。与此相应,就要取消各种政府对企业生产的审批。

所谓市场决定如何生产,是指企业自主决定自己的经营方式,自主决定自己的技术改进和技术选择。在充分竞争的市场环境中,生产者会选择最先进的技术、最科学的经营方式、最便宜的生产方法。竞争越是充分,资源配置效率越高。与此相应的体制安排是打破各种保护和垄断,优胜劣汰,生产者真正承担经营风险。

所谓市场决定为谁生产,是指生产成果在要素所有者之间的分配,取决于生产要素市场上的供求关系。市场配置的资源涉及劳动、资本、技术、管理和自然资源。各种资源都有供求关系和相应的价格,它们之间既能相互替代又能相互补充。由此提出资源配置效率的一个重要方面:最稀缺的资源得到最节约的使用并且能增加有效供给,最丰裕的资源得到最充分的使用。这种调节目标是由各个要素市场的供求关系所形成的要素价格实现的。要素使用者依据由市场决定的生产要素价格对投入要素进行成本和收益的比较,以最低的成本使用生产要素;要素供给者则依据要素市场价格来调整自己的供给。与此相应的体制安排是各种要素都进入市场,各种要素的价格都在市场上形成,准确地反映各种生产要素的稀缺性,调节要素的供求。

---

[1] 《习近平关于社会主义经济建设论述摘编》,中央文献出版社 2017 年版,第 52 页。

市场决定资源配置突出的是市场的自主性。这种自主性不仅表现为市场自主地决定资源配置的方向,还表现为市场调节信号即市场价格也是自主地在市场上形成,凡是能由市场形成价格的都交给市场,政府不进行不当干预。这样,市场价格信号就更为准确,市场调节范围就更为广泛。而且,市场价格形成不只是指商品价格,还涉及各种生产要素的价格体系。作为市场调节信号的价格、利率和汇率都应该在市场上形成,反映市场对各种要素的供求关系。

(二) 按现代化要求完善市场

对现代化起明显推动作用的市场是现代市场。市场经济在发达国家已经有着上百年的发展历史,无论是市场体系还是市场组织都趋于完善。而在我国,市场经济发展的历史还比较短,市场结构和功能都有待完善,市场秩序也需要进一步规范。虽然我国市场经济起步晚,但标准高,需要采取有效的措施加以培育和规范,加快推进市场现代化。

在经过接近40年市场化改革的基础上,党的十九大明确加快完善社会主义市场经济体制的两个改革重点:一是建立归属清晰、权责明确、保护严格、流转顺畅的现代产权制度;二是完善要素的市场化配置。党的十九届四中全会又进一步提出,要完善公平竞争制度,强化竞争政策基础地位。这些可以说是促进市场现代化的重要制度安排,目标是构建更加系统完备、更加成熟定型的高水平社会主义市场经济体制。党的二十大要求,建设高标准市场体系。完善产权保护、市场准入、公平竞争、社会信用等市场经济基础制度。由此明确了有效市场建设的内容和方向。

第一,市场经济的基础是现代产权制度。现代产权制度涉及产权的界定、配置和流转,把人们从事经济活动的努力和财产权利紧密地联系在一起,明晰企业产权的归属、控制、产权收益和风险,把经济活动的风险和财产收益联系在一起。这是稳定持久的激励。相应的产权制度建设涉及产权归属、产权保护、产权流转、产权安全,关键是严格的产权保护。

第二,规范的要素市场化配置。相比增量要素,存量要素规模巨大。市场配置存量要素,可以在优化资产质量中提高要素配置效率。以产权流转方式进行的要素市场化配置,可以使被束缚在低效率的产能过剩部门和企业的资源由死变活。在淘汰过剩产能、污染产能、落后产能基础上腾出发展的空间和资源发展新产业、新业态,并且使资产向高效率企业集中。

第三,高标准的市场体系。建设高标准市场体系是筑牢社会主义市场经济有效运行的基础。市场体系是要素市场配置的载体和平台。市场体系建设需要按高标准要求补齐市场短板,包括完善并规范金融市场,建设和规范土地市场,发展技术市场,充分开放劳动力市场尤其是人才市场和大数据的市场分享,等等。

第四,强化竞争政策的基础地位。公平而充分的竞争是市场经济的本质特征。竞争政策则是政府为保护、促进和规范市场竞争而实施的经济政策,是国家宏观调控经济的重要方面。所要强化的竞争政策主要表现在四个方面:一是市场配置资源以竞争为导向。二是市场主体的培育以竞争为基础,特别强调公有制的主体地位要靠其竞争能力获得。三是产业组织政策以竞争为基础,强调优胜劣汰。四是市场秩序建设以规范竞争秩序为基础,特别是需要建立和完善针对新经济业态的竞争秩序。例如,互联网平台经济行业的竞争秩序建设,既要反垄断,又要反不正当竞争。

二、 政府推动现代化的功能

在现代化进程中,市场不可能解决所有的发展问题,还需要政府的介入。针对发展中国家经济增长的研究发现,"大多数经济增长的成功事例都涉及高度的政府干预"[①]。因而,政府同市场并不完全是对立的,二者互为补充,都是构成经济体制的必要因素。"在处理市场失灵(如不完全信息、不完全市场、动荡的外部性、规模收益递增、多重均衡和路径依赖性),提供公共物品,满足教育、健康、减少贫困和改善收入分配等优化要求,提供物质和社会基础设施,以及保护自然环境等方面,政府仍然具有广泛的功能。"[②]根据发展中国家的经验,进入现代经济

[①] [美]杰拉尔德·迈耶、[美]约瑟夫·斯蒂格利茨:《发展经济学前沿:未来展望》,本书翻译组译,中国财政经济出版社 2003 年版,第 296 页。
[②] [美]杰拉尔德·迈耶、[美]约瑟夫·斯蒂格利茨:《发展经济学前沿:未来展望》,本书翻译组译,中国财政经济出版社 2003 年版,第 24 页。

增长,都需要政府推动发展。

中国的举国体制制度优势决定了中国具有集中力量办大事的能力,这是中国式现代化的重要制度表征。全社会的资源除了进入市场的市场资源外,还有公共资源。公共资源是未明确私人所有权的资源,涉及自然资源、政府的法律和政策资源、公共财政提供的公共性投资和消费性支出等。中国政府掌握着较为丰富的公共资源,这是政府推动中国式现代化的基础。

既然已经明确了市场决定资源配置的格局,那么政府决定的资源配置也要作相应的调整,要大幅度减少政府对资源的直接配置,但市场对资源配置的决定性作用不能扩大到公共资源的配置。公共资源的配置不能由市场决定,原因是市场配置资源遵循效率原则,而公共资源的配置则要遵循公平原则。政府承担推动发展和克服市场失灵的任务,这都需要通过公共资源的配置来实现。政府在推动现代化方面的作为除了培育市场和推动开放外,更突出表现在以下三个方面,这三点也是实现中国式现代化所特有的。

第一,推动经济结构转型升级。在我国,制约经济长期发展的主要是经济结构问题,尤其是产业、城乡和区域结构。结构性问题不仅在于失衡,而且突出表现在处于低水准。针对经济结构问题,需要充分发挥市场优胜劣汰和自由选择机制的作用。只是对发展中的大国而言,经济结构调整显然不能完全靠市场自发调节。面对产业结构转型升级的需求,政府需要前瞻性培育战略性新兴产业、有重点地扶持主导产业和高新技术产业,这都需要国家的产业和科技政策来引导。城乡和区域结构的失衡也需要政府来协调。如此才足以促使发展要素由先发展地区流向后发展地区,打破市场经济环境下后发展地区发展要素稀薄的魔咒。

第二,推动创新。一般说来,市场竞争能够提供创新动力,技术创新也需要市场导向。但是对科技创新而言,只靠市场是不够的,原因在于"任何情况下,市场都不可能对创新提供最优的激励",因此政府发挥更大作用的方面"是作为创新的推进器"。[①] 原因有两个:一是创新的知识和技术具有外溢性,社会可以从

[①] [美]杰拉尔德·迈耶、[美]约瑟夫·斯蒂格利茨:《发展经济学前沿:未来展望》,本书翻译组译,中国财政经济出版社 2003 年版,第 337 页。

中得益，具有公共性，其收益并不会只是集中到个人。二是标准的市场经济理论只是解决市场对已有资源的配置，而创新不只是配置已有资源，还要创造新资源。重大科学创新计划、集成技术创新与知识创新、引导孵化新技术、为集聚创新要素而进行知识资本和人力资本投资、建设创新的新基建等基础设施等，都需要政府有为。

第三，促进共同富裕。中国式现代化绝不能出现贫富两极分化现象。政府主导的再分配环节起着关键性作用，其主要路径有四个：一是完善累进的所得税制度和累进的财富税制度，以缩小收入和财富差距。二是促进优质公共服务资源如优质教育资源和医疗资源在城乡、区域配置均等化。三是完善针对相对贫困群体的社会保障制度。不仅要进一步提升义务教育、基本医疗、住房安全三方面的保障水平，还要进一步扩大社会保障的范围，特别是扩大基本养老保险的内容。四是加大转移支付力度，促进不同区域、城乡在发展中实现共同富裕。按此要求，需要建立和完善政府保障基本、社会多元参与、全民共建共享的公共服务体系。公共服务要覆盖到幼有所育、学有所教、劳有所得、病有所医、老有所养、住有所居、弱有所扶和拥军优属等各个领域，体现社会主义制度的优越性。

三、在政府改革中建设有为政府

建设有为政府与政府现代化有关，主要涉及五个方面。

第一，处理好政府和市场的关系。社会主义市场经济的运行既有效率目标又有公平目标，政府有责任促进社会公平正义，以体现社会主义的要求。政府配置公共资源的行为本身也要遵守市场秩序。在市场对资源配置起决定性作用后，政府不再是市场资源配置的主体，而是从市场资源的分配者变为监管者。政府作用机制要同市场机制衔接，政府配置公共资源要同市场配置市场资源结合进行。政府贯彻公平目标的作用主要不是进入资源配置领域，而是进入收入分配领域，依法规范企业初次分配行为，更多地通过再分配和主导社会保障解决公平问题。即使要协调区域发展，政府也是在不改变资源在市场决定流向的前提下利用自己掌握的财政资源和公共资源按公平原则进行转移支付，或者进行重大基础设施建设，为吸引发达地区企业进入不发达地区创造外部条件。改革开放以来,由于我国市场经济体制快速建立,政府对市场的监管不到位,市场上经常会出现假冒伪劣产品和市场交易失信欺诈现象,从而严重扭曲了市场与社会的关系,政府也因此承担了监管的责任。因此,建立市场与社会的协调互动关系,作为市场主体的企业要自觉承担必要的社会责任,为社会和消费者提供可信赖的产品和服务。

为此,政府要着力推进三个方面改革:一是对市场作用及其机制充分放开。其中包括,凡是市场机制能有效调节的经济活动,一律取消政府审批;资本、土地、劳动力、技术等生产要素都要进入市场,而不再留在政府调节系统。包括市场价格和利率在内的市场调节信号也要充分放开。需要国家定价的只能限制在公益性公共性的范围。二是政府要主动建立市场体系和市场秩序。市场配置资源是否有效,前提是市场机制是否完善。市场秩序不是自发形成的,需要自觉建立起竞争秩序,从而形成有秩序的竞争。政府需要建立有效的契约制度和产权制度,建立公平交易、公平竞争的市场规则,建设法治化的营商环境。政府需要改革市场监管体系,解决政府干预过多和监管不到位问题。三是政府推动全国统一开放市场建设。我国是从自然经济直接进入计划经济,又从计划经济向市场经济转型的。因此,统一市场一直没有形成。为了保证市场对资源配置的决定性作用,政府要着力推动全国统一市场建设:打破地方保护;打破市场的行政性垄断和地区封锁,实现商品和各种生产要素在全国范围内自由流动;打破城乡市场分割,建设统一的城乡市场。

第二,科学的宏观调控。习近平总书记在十八届中央政治局第十五次集体学习时的讲话中指出:"科学的宏观调控,有效的政府治理,是发挥社会主义市场经济体制优势的内在要求。"[①]宏观调控是政府的基本职能之一。正如党的十九大报告指出的:"创新和完善宏观调控,发挥国家发展规划的战略导向作用,健全财政、货币、产业、区域等经济政策协调机制。"首先是促增长调结构调控机制创新。促增长的关键是保障市场对资源配置起决定性作用,更好发挥政府作用,实现消费、投资、出口三驾马车协同拉动经济增长。明确宏观经济运行的合理区

[①] 《习近平关于社会主义经济建设论述摘编》,中央文献出版社2017年版,第60—61页。

间，将其作为政府宏观调控的目标取向和运用依据，根据实际情况灵活、差别化地定向调控。其次是经济调控手段创新。"供给侧和需求侧是管理和调控宏观经济的两个基本手段。"[①]供给侧调控重在解决结构问题，注重长期；需求侧管理重在解决总量问题，注重短期。二者都是实现高质量推进现代化的有效方式。最后是经济安全保障机制创新。现代化的进程不能被发生经济危机的风险打断，统筹发展与安全是政府调控的着力点，要强化经济安全风险预警、防控能力建设，提升粮食、能源、金融等领域安全发展能力。

第三，防止政府失败。在理论上，政府代替市场是因为市场失灵，而在实践中政府也会失灵或者说政府失败。政府失败理论，不是以政府能力缺陷为基础，而是以制度性缺陷为基础。政府效率所面临的不是经济方面的挑战，而是制度方面的挑战。政府失败的制度性表现在三个方面：一是政府管制。政府管制排斥市场作用。政府对自然垄断行业如自来水、电力、煤气等行业的管制，主要采取国家定价或限价的方式，结果往往是产出下降，供不应求；政府对非自然垄断行业的管制主要采取保护或优惠某个或某些行业的方式，其结果往往是缺乏有效竞争而导致成本和价格的提高。二是寻租。寻租即利用权力寻求"租金"，寻租活动总是同政府权力相联系，或者是政府官员直接利用权力，或者是企业借助政府权力。问题的本质在于政府运用自身的权力制造出某种垄断权益，导致腐败。三是官僚主义。官僚主义导致政府扩张。政府机构存在自增长机制，社会中官员越多，"官员敛取物"就越有可能增加。既然政府失败是由其制度性原因造成的，建设现代政府的途径就是制定政府行为规则，规范政府行为，包括对管制行为的约束、对寻租行为的约束、对官僚主义行为的约束。这几个方面也就是现代化进程中政府改革的重点。

以上政府失败的制度性缺陷归结起来就是政府权力过大、政府作用范围过大。国家治理的现代化方向就是建设有限有效政府。只有权力有限、规模有限的政府才可能是有效的政府。为了最大限度地克服政府失败，需要通过有效的制度安排对政府权力及政府增长进行约束。一是使政府干预范围有限，二是使

[①] 《习近平关于社会主义经济建设论述摘编》，中央文献出版社 2017 年版，第 99 页。

政府干预手段有限,三是使政府规模有限。规范政府行为不仅靠财政和税收的约束,还要靠法治。政府权力应受到宪法的限制。政府的赋税权力要满足一致性、普遍性和非歧视性要求。

推进国家治理体系和治理能力现代化,势必要求对国家的行政制度、决策制度、司法制度、预算制度、监督制度等进行系统性的改革。约束公权力的核心是推进民主制度,让公民的选票真正起到约束官员、约束政府的作用,才算是治理能力现代化。各种权力之间应有相互制衡机制。保障公民政治权利与约束政治权力是需要同时进行的。这就需要不断完善法治,建立"法治中国"。

第四,建设服务型政府。国家治理能力现代化的基本目标是建立高效的服务型政府。政府的基本职能是实现社会福利目标。社会福利函数是社会所有个人的效用水平的函数。社会保障、国家安全、公共卫生和教育等属于社会福利函数的内容。这些属于社会福利的内容不可能靠市场调节下的个人在追求个人效用函数中实现,只能靠政府的调节来实现。这就涉及政府绩效的科学评价。政府绩效评价就是根据管理的效率、能力、服务质量、公共责任和社会公众满意程度等方面的判断,对公共部门管理过程中投入、效率、中期成果和最终成果所反映的绩效进行评定,以加强、改善公共责任机制,使政府在管理公共事务、传递公共服务和改善生活质量等方面具有竞争力。政府绩效评价的基本要求是提高政府治理水平。世界银行专家设计了6个评价政府治理能力的评价指标:政府效能、监管质量、法治、腐败控制、政治稳定、民众参与。

政府绩效评价与政府的政绩观相一致。在原有的单纯追求经济增长的发展观中,GDP指标成了一级政府的主要政绩所在。现在明确了新发展理念,就要有相应的科学的政绩观给予支持。用科学的政绩观评价政府绩效,不仅要考核GDP指标,更要考核无法用GDP反映的指标,其中包括居民收入和富裕程度指标、环境保护指标、资源消耗水平指标等。如果要考虑以人为本的发展观,政府政绩标准还要涉及人的全面发展的要求。富民不仅要使民在物质上富有,还要使民在精神上富有,其中包括享受政治上的民主与受到现代文化和教育方面的熏陶。显然,全面小康所要求的GDP指标可以提前达到,生活质量的指标、环境质量的指标、精神文明的指标、政治文明的指标、法制完备的指标等不可能像

GDP指标那样那么快实现。这些都会成为现代化进程中需要动态考核的政府绩效评价。

第五,政府善治和治理能力现代化。世界银行1997年出版的世界发展报告《变革世界中的政府》提出,"善治(good governance)"或"有效治理"是一个国家,尤其是发展中国家实现发展的关键。善治需要治理能力现代化。善治不能只是靠国家治理,还需要辅以社会治理,依靠社会组织进行社会管理。

推进现代化必然带来经济和社会的转型,不完全的市场、不完全的信息必然会给社会、企业和个人带来更多的不确定性。例如,生产要素的市场价格、消费品的市场价格、企业的并购重组、水电的供应、房地产市场行情等都会经常发生不确定的变化,包括福利制度的改革,都会产生社会矛盾甚至一定程度上的社会冲突。农民问题、失业问题、贫富差距问题都会不时地阻碍现代化的进程。因此政府需要建立保障社会公平和社会稳定的社会机制。这主要涉及建立包括养老、医疗、失业在内的社会保障制度,建立以减轻社会摩擦为目标的地方各利益群体的利益协调机制,建立以公平为目标的收入分配社会调节机制,建立政府官员与企业家相互沟通和监督的制度。政府要确保为社会各阶层(包括弱势群体)提供一个安全、平等和民主的制度环境,要从社会长远发展出发,提供稳定的就业、义务教育和社会保障,调节贫富差距,打击违法犯罪,确保社会健康发展。

针对社会发展滞后于经济发展的状况,政府要特别注重社会发展,将社会发展与社会管理有机结合起来。要通过高效的回应机制,积极回应公众的需求,主动、灵活、低成本地对外界情况的变化和不同利益的需求做出富有成效的反馈。政府的工作绩效要时刻接受公众的考察和评判,对政府部门实施绩效管理,既可以作为检验行政效能与政府服务品质的诱因机制,又可以激发公务员的责任感和荣誉感。

政府的治理能力还体现在各级政府对本地区现代化的推进和引导上。一些地区在推进全面小康时有个成功的经验,就是指标引导。将小康目标分解为若干个分项指标,然后考核各个地区小康和现代化建设的进度,效果非常明显。进入新时代,指标引导的缺陷暴露出来:指标数字难以进行定性分析,统一指标不能反映各个地方的现代化特色。例如,有的地方工业比重大,有的地方农业比重大;有的地方是发展功能区,有的地方是生态功能区。统一的现代化指标体系面对不同区域容易导致同构化,也不切合实际。为了体现现代化进程中的治理能力现代化要求,政府对现代化进程的引导和考核需要由指标引导转向法治和标准引导。一是加强现代化的法治规范建设。深圳推进现代化的经验就是法治化和市场化。法治化的重要方面是为现代化营造法治化营商环境,市场化的重要方面是为现代化培育和建设现代市场。二是制定现代化的标准,以现代化标准引导现代化进程。标准就是党所提出的 2035 年基本实现社会主义现代化远景目标:我国经济实力、科技实力、综合国力将大幅跃升,经济总量和城乡居民人均收入将再迈上新的大台阶,关键核心技术实现重大突破,进入创新型国家前列;基本实现新型工业化、信息化、城镇化、农业现代化,建成现代化经济体系;基本实现国家治理体系和治理能力现代化,人民平等参与、平等发展权利得到充分保障,基本建成法治国家、法治政府、法治社会;建成文化强国、教育强国、人才强国、体育强国、健康中国,国民素质和社会文明程度达到新高度,国家文化软实力显著增强;广泛形成绿色生产生活方式,碳排放达峰后稳中有降,生态环境根本好转,美丽中国建设目标基本实现;形成对外开放新格局,参与国际经济合作和竞争新优势明显增强;人均国内生产总值达到中等发达国家水平,中等收入群体显著扩大,基本公共服务实现均等化,城乡区域发展差距和居民生活水平差距显著缩小;平安中国建设达到更高水平,基本实现国防和军队现代化;人民生活更加美好,人的全面发展、全体人民共同富裕取得更为明显的实质性进展。在此标准下,允许各个地区在现代化标准下有特色有创造。

总的来说,实现国家治理体系与治理能力现代化的政府,是一个内部权限分工合理、职责范围有限、高效运转、与市场和社会良性互动的政府体系。实现国家治理体系和治理能力现代化,需要理顺各治理主体的功能与定位,正确处理好政府、市场、企业及社会之间的关系。

参考文献

1. 《马克思恩格斯全集》第9卷,人民出版社1961年版。
2. 《马克思恩格斯全集》第46卷上,人民出版社1979年版。
3. 《马克思恩格斯全集》第46卷下,人民出版社1980年版。
4. 《马克思恩格斯文集》第2卷,人民出版社2009年版。
5. [德]马克思:《资本论》第1—3卷,人民出版社2004年版。
6. 《列宁专题文集·论社会主义》,人民出版社2009年版。
7. 《毛泽东选集》第1—4卷,人民出版社1991年版。
8. 《毛泽东文集》第六卷,人民出版社1999年版。
9. 《毛泽东文集》第七卷,人民出版社1999年版。
10. 《邓小平文选》第二卷,人民出版社1994年版。
11. 《邓小平文选》第三卷,人民出版社1993年版。
12. 《习近平谈治国理政》第一卷,外文出版社2018年版。
13. 《习近平谈治国理政》第二卷,外文出版社2017年版。
14. 《习近平谈治国理政》第三卷,外文出版社2020年版。
15. 《习近平谈治国理政》第四卷,外文出版社2022年版。
16. 习近平:《之江新语》,浙江人民出版社2007年版。
17. 《习近平关于社会主义经济建设论述摘编》,中央文献出版社2017年版。
18. 习近平:《在经济社会领域专家座谈会上的讲话》,人民出版社2020年版。
19. 习近平:《不断开拓当代中国马克思主义政治经济学新境界》,《求是》2020年第16期。
20. 习近平:《国家中长期经济社会发展战略若干重大问题》,《求是》2020年第21期。
21. 习近平:《在庆祝中国共产党成立100周年大会上的讲话》,《求是》2021年第14期。
22. 习近平:《扎实推动共同富裕》,《求是》2021年第20期。

23. 习近平:《不断做强做优做大我国数字经济》,《求是》2022年第2期。

24. 习近平:《加快建设农业强国　推进农业农村现代化》,《求是》2023年第6期。

25. 习近平:《中国式现代化是中国共产党领导的社会主义现代化》,《求是》2023年第11期。

26. 习近平:《中国式现代化是强国建设、民族复兴的康庄大道》,《求是》2023年第16期。

27. 习近平:《推进中国式现代化需要处理好若干重大关系》,《求是》2023年第19期。

28. 习近平:《全面深化改革开放,为中国式现代化持续注入强劲动力》,《求是》2024年第10期。

29. 中共中央文献研究室:《毛泽东思想年编(1921—1975)》,中央文献出版社2011年版。

30. 中共中央文献研究室:《邓小平思想年编(1975—1997)》,中央文献出版社2011年版。

31. 中共中央文献研究室:《改革开放三十年重要文献选编》上,中央文献出版社2008年版。

32. [澳]海因茨·沃尔夫冈·阿恩特:《经济发展思想史》,唐宇华、吴良健译,商务印书馆1999年版。

33. [法]托马斯·皮凯蒂:《21世纪资本论》,巴曙松等译,中信出版社2014年版。

34. [美]H.钱纳里等:《工业化和经济增长的比较研究》,吴奇等译,上海三联书店1989年版。

35. [美]阿历克斯·英格尔斯:《人的现代化》,殷陆君编译,四川人民出版社1985年版。

36. [美]埃德蒙·费尔普斯:《大繁荣》,余江译,中信出版社2018年版。

37. [美]杰拉尔德·迈耶、[美]约瑟夫·斯蒂格利茨:《发展经济学前沿:未来展望》,本书翻译组译,中国财政经济出版社2003年版。

38. [美]杰里米·里夫金:《第三次工业革命:新经济模式如何改变世界》,张体伟、孙豫宁译,中信出版社2012年版。

39. ［美］W. W. 罗斯托：《从起飞进入持续增长的经济学》，贺力平等译，四川人民出版社1988年版。

40. ［美］迈克尔·波特：《国家竞争优势》，李明轩、邱如美译，华夏出版社2002年版。

41. ［美］威廉·阿瑟·刘易斯：《二元经济论》，施炜等译，北京经济学院出版社1989年版。

42. ［美］西奥多·W. 舒尔茨：《改造传统农业》，梁小民译，商务印书馆1987年版。

43. ［美］西里尔·E. 布莱克：《比较现代化》，杨豫、陈祖洲译，上海译文出版社1996年版。

44. ［美］西蒙·库兹涅茨：《现代经济增长：速度、结构与扩展》，戴睿、易诚译，北京经济学院出版社1989年版。

45. ［美］约瑟夫·E. 斯蒂格利茨：《社会主义向何处去：经济体制转型的理论与证据》，周立群、韩亮、余文波译，吉林人民出版社1998年版。

46. ［日］速水佑次郎、［美］弗农·拉坦：《农业发展的国际分析》，郭熙保、张进铭等译，中国社会科学出版社2000年版。

47. ［瑞典］冈纳·缪尔达尔：《亚洲的戏剧：对一些国家贫困问题的研究》，谭力文、张卫东译，北京经济学院出版社1992年版。

48. 经济合作与发展组织（OECD）：《以知识为基础的经济》，杨宏进、薛澜译，机械工业出版社1997年版。

49. 联合国粮农组织（FAO）：《2019年全球粮食危机报告》，全球应对粮食危机网络（Global Network Against Food Crises, GNAFC），2020年4月。

50. 美洲开发银行：《拉美改革的得与失：美洲开发银行论拉丁美洲的经济改革》，江时学等译，社会科学文献出版社1999年版。

51. 世界银行：《2009年世界发展报告：重塑世界经济地理》，清华大学出版社2009年版。

52. 陈迎、巢清尘等：《碳达峰、碳中和100问》，人民日报出版社2021年版。

53. 何传启：《中国现代化报告2011：现代化科学概论》，北京大学出版社2011年版。

54. 洪银兴、任保平：《新时代发展经济学》，高等教育出版社2019年版。

55. 李培林等：《当代中国城市化及其影响》，社会科学文献出版社2013年版。

后 记

发展中国家的经济发展实际上是现代化问题。发展中国家的现代化通常被认为是追赶发达国家的问题。中国是发展中大国,坚持走社会主义道路。因此中国的现代化必然是中国式的。习近平总书记在庆祝中国共产党成立100周年大会上的重要讲话中指出,我们"创造了中国式现代化新道路,创造了人类文明新形态"。基于此指导思想,本书定名为《中国式现代化论纲》。

我是长期研究发展经济学的。现代化无疑是中国发展经济学的重要方面,也是我长期研究的一个方向。21世纪伊始,我就开始发表关于现代化的论文,涉及"三农"现代化、区域现代化、"四化同步"等方面。我先后赴经济发达的苏南地区和经济欠发达的苏北地区就现代化做过专题调研。2020年12月4日,我为江苏省委理论中心组作了题为"高质量开启现代化新征程"的报告。2021年10月,我在中国人民大学政治经济学大讲堂作了题为"中国式现代化研究"的讲座。以此为基础撰写的论文《论中国式现代化的经济学维度》发表在2022年第4期《管理世界》。这些又都成了我撰写本书的基础。当本书开始写作时,我主持编写的《中国发展经济学》入选首批中国经济学教材编写计划。本书的写作正好是编写这本国家级教材的预热。

中国共产党成立100周年时我国已全面建成小康社会,开启了现代化建设新征程。本书所阐述的现代化理论包括对作为中国式现代化重要阶段的全面小康社会建设经验的总结,重点阐述了正在开启的社会主义现代化新征程所涉及的现代化战略和发展道路问题,尤为关注习近平经济思想对中国式现代化的贡献。现代化涉及经济、政治、社会、文化等各个方面。经济现代化是整个现代化的基础。本书重点研究的是经济学维度的现代化。本书在党的二十大召开之后完稿,但由于中国式现代化的理论与实践一直在不断发展中,本书每次加印之前,我都要根据党的二十大后习近平总书记关于中国式现代化的最新重要论述对书中内容进行相应的更新,及时跟踪中国式现代化新征程的理论与实践的最新发展。

本书的结构在逻辑上分三大板块。第一板块包括导论和第一章,涉及现代化的一般理论和国际借鉴。第二到第八章为第二板块,涉及中国式现代化内容。第九到十三章为第三板块,涉及中国式现代化新道路。

任保平博士、杨玉珍博士、夏明博士、刘啟仁博士、卜茂亮博士和赵华博士参加了本书的写作,他们分别根据我的研究思路提供以下各章的初稿:任保平第一、二章;夏明第五、十一章;杨玉珍第三、六章;赵华第七章;卜茂亮第八章;刘啟仁第十、十二章。

江苏人民出版社领导精心策划了本书,编辑团队和相关专家为本书的出版付出了辛勤的劳动、作出了重大贡献。在此深表感谢。

洪银兴

2022年10月完稿于南京大学

2024年6月修订于南京大学